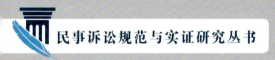

民事诉讼规范与实证研究丛书

社会治理与纠纷化解现代化
程序保障视域下民事预决效力研究

何 平 ◎ 著

厦门大学出版社 国家一级出版社
XIAMEN UNIVERSITY PRESS 全国百佳图书出版单位

图书在版编目（CIP）数据

社会治理与纠纷化解现代化：程序保障视域下民
事预决效力研究 / 何平著. -- 厦门：厦门大学出版社，
2022.9
（民事诉讼规范与实证研究丛书）
ISBN 978-7-5615-8660-0

Ⅰ．①社… Ⅱ．①何… Ⅲ．①民事诉讼－诉讼程序－
研究－中国 Ⅳ．①D925.118.04

中国版本图书馆CIP数据核字(2022)第119347号

出 版 人	郑文礼
责任编辑	甘世恒

出版发行 厦门大学出版社

社　　址	厦门市软件园二期望海路 39 号
邮政编码	361008
总　　机	0592-2181111　0592-2181406(传真)
营销中心	0592-2184458　0592-2181365
网　　址	http://www.xmupress.com
邮　　箱	xmup@xmupress.com
印　　刷	厦门兴立通印刷设计有限公司

开本	720 mm×1 000 mm　1/16
印张	15.25
插页	2
字数	240 千字
版次	2022 年 9 月第 1 版
印次	2022 年 9 月第 1 次印刷
定价	65.00 元

本书如有印装质量问题请直接寄承印厂调换

厦门大学出版社
微信二维码

厦门大学出版社
微博二维码

目　录

 引 言

一、研究的理论意义与实践价值

自我国民事诉讼体制转型以来,民诉学界围绕判决效力特别是既判力的研究已形成可观的学术积累,虽然 2022 年修正的《最高人民法院关于适用〈中华人民共和国民事诉讼法〉的解释》(以下简称《民诉法解释》)第 247 条至第 249 条可作为接引既判力相对性原则的规范,但诚如吴泽勇所言,在我国司法实务中,"既判力相对性"原理似乎尚未得到普遍的接受,或者说对该原理如何适用还没有形成广泛共识。受益于民事诉讼法教义学的启发,学理研究与立法实践的互动应如双重变奏的舞曲,当下的问题正是学理研究对立法实践的回馈不足。检视我国民事程序规范,在《民诉法解释》颁行之前,涉及确定判决效力问题的规定仅有《最高人民法院关于民事诉讼证据的若干规定》(以下简称《证据规定》)第 9 条,即本书所研究的既判事实的"预决效力"。虽然"预决效力"规则延续至今,但显然无论是在学理研究还是实务态度上,"预决效力"这一中国民事程序法上的独有规则面临理论基础不明、学理解释多元、程序规范失当、审判适用不一的现实问题,其理论根源则在于预决效力的性质认定、效力根据、适用要件、主客观范围、作用力及其与大陆法系中确定判决的既判力、争点效、参加效、反射效,英美法系中争点排除规则的勾连与区隔等问题尚处于混沌状态。

(一)选题的理论意义

本书的理论意义正在于通过梳理学说史与立法史、结合两大法系在判决效力方面的固有理论、立足我国民事司法实务的现实，围绕下述理论方面，为预决效力理论的系统化提供助益：

其一，关于预决效力的效力根据。预决效力的效力根据与预决效力规则的正当性论证(存废论)息息相关。自立法上预决效力规则诞生之日起，关于预决效力的正当性及其效力根据问题就引发了激烈论争。反对者主要是用"既判力客观范围以判决主文为限，不应扩大到作为判决理由的事实认定"进行批评，或者认为是一种事实证明效，而非法定证明效，主张废弃预决效力。支持者理由各异。有的认为是生效裁判既判力的结果；有的用新堂幸司的"争点效"理论来解释；有的以预决事实的真实性已经得到生效裁判的确认论证其正当性；有的将预决事项归入司法认知；有的比照公证事项、公文书证载明事实来理解；还有的认为上述所有的论证都不成立，指出这是一项"具有独特内涵的"制度，从诉讼上诚实信用规则、提高诉讼效率、避免矛盾判决等角度论证预决效力的正当性基础；等等。

其二，关于预决效力与其他判决效力概念的界分。首先，预决效力与既判力在性质认定(法律适用抑或事实认定)、客观范围、适用规则、作用效果上存在差异。其次，预决效力与争点效的关系较为微妙，两者在效力根据、客观范围、适用要件上存在差异。再次，预决效力与英美法上的争点排除规则在客观范围、适用要件、适用规则上存在差异。最后，预决效力与司法认知在适用规则、举证责任分配上存在差异。此外，预决效力与参加效、反射效的异同也须进一步明确与界定。

其三，关于预决效力的主客观范围的认定。首先，确定判决的类型可分为刑事确定判决、行政确定判决、民事确定判决，有必要对其预决效力进行梳理。其次，确定判决可通过争讼程序与非讼程序形成，有观点认为非讼程序形成的确定判决中的既判事实不具有预决效力。再次，预决效力的客观范围即具体何种既判事实可对后诉形成预决效力，对于既判事实的分类，可依据不同标准确定不同形态的事实，比如以与本案请求的关系划分，可区分为要件事实、间接事实、辅助事实和背景事实；以当事人争执与否划分,可区分为自认事实与争执事实等,不同类型既判事实的预决效力应进一步细分。最后,预决效力的主观范围即何种主体应受既判事实的预决效力拘束,有必要借鉴对既判力主观范围的研讨,确定预决效力的主观范围。

其四,关于预决效力的适用要件与作用效果。在比较与借鉴既判力、争点效、争点排除规则的适用要件与作用效果的基础上,注重提炼预决效力特定的适用要件。

(二)研究的实践价值

对于预决效力的研究,旨在形成较为系统的理论积淀,为民事程序法上预决效力乃至系统性的判决效力的修正提供理论资源,同时对矫正当下司法适用的混乱局面提供智力支持。

为民事程序法上预决效力乃至系统性的判决效力的修正提供理论资源。预决效力规则在其他国家法律上均未见明文规定。该规则最早出现于《最高人民法院关于适用〈中华人民共和国民事诉讼法〉若干问题的意见》(以下简称《民诉法适用意见》)第 75 条第 4 项中,然后出现在《证据规定》第 9 条第 1 款第 4 项、第 5 项,以及《民诉法解释》第 93 条第 1 款第 5 项。与《民诉法适用意见》不同的是,《证据规定》和《民诉法解释》增加了预决效力的例外规定,即"当事人有相反的证据足以推翻的除外"。尽管预决效力规则作为一项涉及判决效力问题的重要规范在民事程序立法过程中始终获得保留乃至修订,但是该规定始终欠缺明确的理论基础。其中颇令裁判者困惑的原因在于作为司法解释的制定主体,最高人民法院在不同时期对预决效力规则给出的"官方诠释"并不一致。在针对《证据规定》第 9 条的诠释中,最高人民法院认为预决效力的理论基础是既判力,而在对《民诉法解释》的解读中,最高人民法院又将该规则的理论基础变成了公文书的证明力。及至在 2016 年 3 月出现的最高人民法院《关于民事诉讼证据的解释(征求意见稿)》中,该规则又被纳入"司法认知"范畴。不难发现,最高院一直试图将预决效力规则纳入单一的民事程序理论之中,但应当看到,这一努力并未成为"解惑"的良药,因为不管是用既判力、公文书证明力还是司法认知原理来解释,预决效力规则都无法获得自洽的制度逻辑。本研究对于司法实践的一项重要意义即在于为民事程序法上预决效力乃至系统性的判决效力的修正提供理论资源。

矫正当下司法适用的混乱局面。在诸多司法案例中,法官对于预决效力的适用要件、作用效果无所适从,无法妥善区分预决效力与相关判决效力的作用半径。本研究在系统化确立预决效力的理论构造基础上可为当下司法适用的混乱局面提供矫正思路。

二、文献综述与研究方法

(一)文献综述

目前,在我国,虽然对于确定判决中既判事实的预决效力研究尚未有专著或博士论文问世,但民事诉讼法学界对于预决效力的研究已有较为丰富的研究成果。其中具有代表性的文献包括:

翁晓斌在《论已决事实的预决效力》①一文中认为,考察大陆法系国家或地区的民事程序法律与实务经验,其通说观点均为不承认判决理由具有既判力,据此说明既判事实并不具有所谓的预决效力。就我国的民事程序立法而论,我国民诉法并未对已决事实是否具有预决效力作出明确规定,应当注意到,现有不同司法解释对此问题虽有规定但存在某些冲突,且这类规定根本上都与民诉法基本原理相悖。因而,其认为当前司法实践中解决这一问题的方案应当坚持现行民诉法奉行的"事实求是"原则,并实行"再审前置",即在后诉当事人提出足以推翻前诉已决事实的证据情况下,中止后诉审理,待通过再审纠正前诉已决事实后,恢复后诉审理。未来修改后的我国民诉法则应当否定已决事实具有预决效力。

江伟、常廷彬在《论已确认事实的预决力》②一文中主张,已确认事实的预决力既不同于裁判的既判力,也有别于"争点效"和"争点排除规则",其是我国民事诉讼法确立的一项具有独特内涵的制度。然而,由于我国民事诉讼法未明确预决效力的条件和范围,致使司法实践中法院的做法各不相同,这种状况一方面有损法院判决的一致性、权威性,也与确立预

---

① 翁晓斌:《论已决事实的预决效力》,载《中国法学》2006年第4期。

② 江伟、常廷彬:《论已确认事实的预决力》,载《中国法学》2008年第3期。

决力制度的初衷相违背,因此,民事诉讼法的修改应明确预决力的条件和范围。实践中,法院应根据已决事实的不同具体认定其不同的预决力。

邵明在《论法院民事预决事实的效力及其采用规则》①一文中认为,虽然依据我国司法解释的现行规定,作为当事人无须举证证明的预决事实可以直接作为定案依据,但是这一规定在司法实务中缺乏可操作性,因为立法条文并未就预决事实的生效要件和采用规则提供具体规定,以至于实务中的做法存在众多差异。对此,其重新界定了预决效力的概念,并着重分析了预决效力的生效要件与预决事实的采用规则,同时,其还进一步讨论了争议较大的刑事判决与民事判决之间的预决效力问题。

胡军辉在《民事诉讼中如何处理既判事实预决效力问题的思考》②一文中认为,既判事实的预决效力是指前诉判决与后诉案件的审理具有先决关系时,后诉法院应当以前诉判决既判事实为基础来审理后诉的效力。既判事实产生预决效力在于其达到了法律意义上的真实程度。据此,其认为既判事实的预决效力在法律效果上具有相对性,应根据不同性质的既判事实个别化地在诉讼程序中界定其预决效力。

纪格非在《"争点"法律效力的西方样本与中国路径》③一文中认为,基于不同制度基础,两大法系国家在争点效力的问题上,分别以"程序公正"和"真实性"为核心,形成了"禁反言规则"和"公文书的证明力"规则。制约不同的争点效力规则构建的因素包括:扩大争点效力范围与强度在多大程度上有利于节约诉讼资源;事实被探究和审理的深度与范围;利用先前诉讼资料的可能性;重新审理导致矛盾判决的可能性。我国在诉讼构造和事实审理模式方面与大陆法系国家有更多的共识。因此,我国的争点效规则应将重心置于"真实性"的基础上,坚持前诉"正确"的事实认定结果。在保证实体公正的基础上追求事实认定结论的统一性和稳定性。

---

① 邵明:《论法院民事预决事实的效力及其采用规则》,载《人民司法》2009 年第 15 期。

② 胡军辉:《美国民事既判力理论研究》,北京师范大学出版社 2015 年版。

③ 纪格非:《"争点"法律效力的西方样本与中国路径》,载《中国法学》2013 年第 3 期。

段文波在《预决力批判与事实性证明效展开：已决事实效力论》①一文中认为，目前学界对于既判事实在后诉中的效力问题在学说上形成了预决力、非预决力以及证明效三种观点。其在追溯了预决效力规则生成过程之后，提出我国理论实为承袭苏联法上"预决性"这一概念，其是以免证效力为内容，本质上属于法定证明效。在性质界定的基础上，其分析认为该规定存在多重弊病，有悖于法官独立认定事实的基本规律，实质上剥夺了后诉当事人的接受裁判权，有违程序保障的基本要求。其认为就利用方法而言，可作为书证的生效判决对后诉法官认定事实应可产生一定影响，但由立法强行规定其证明力强弱则显得不合时宜，因而其主张今后应当废除预决效力规定。

曹志勋在《反思事实预决效力》②一文中主张，《证据规定》第9条规定生效裁判确认的事实具有预决效力，但我国学者对此认识不同，从立法论上看也应当否定上述事实的预决效力。事实预决效力的主张无法得到传统既判力理论的支持，为达到扩大既判力的目的，应当提起独立的中间确认之诉。比较法上虽然存在扩张既判力范围的理论主张，但是存在标准模糊、缺乏可预见性以及可能无谓浪费诉讼资源的弊端，也不适合我国现有的发展阶段。此外，预决效力不同于既判力的事实排除效，也不同于公文书的证明力规则。

丁宝同在《论争点效之比较法源流与本土归化》③一文中主张，对民事判决效力的谱系化认知，既须以"判决的确定"为界限区分未确定判决与确定判决的效力，还须区分确定判决主文与判决理由的效力。"预决效力"和"先决效力"之制度构想的提出，意在寻求"争点效"理论的本土归化。其间有本源联系，即三者均指判决理由中之判断事项的程序法效力，均源于既判力客观范围之传统制度方案的内在缺陷，且在程序法理基础和制度功能取向上存在共性；也有本质区别，即争点效强调判决理由中之判断结论的刚性确定力，并不区分争点的性质，而预决效力和先决效力则

① 段文波：《预决力批判与事实性证明效展开：已决事实效力论》，载《法律科学》2015年第5期。

② 曹志勋：《反思事实预决效力》，《现代法学》2015年第1期。

③ 丁宝同：《论争点效之比较法源流与本土归化》，载《比较法研究》2016年第3期。

突出判决理由判断之效力的柔韧性与程序性,且要区分争点的性质。

王亚新、陈晓彤在《前诉裁判对后诉的影响》①一文中指出,《民诉法解释》第93条规定的所谓"预决效力"在学理上与既判力概念存在紧密的理论联系。同时,《民诉法解释》第247条有关"裁判生效后"禁止重复起诉的规定应属于既判力概念的本土化表达,其应以既判力作为程序规范的理论基础。其细致梳理了既判力与预决效力在我国司法实践中的概念内容,以及相互间的关系,并依据前后诉的主客体及时间范围是否一致等因素考察前诉可能对后诉产生的法律效果,从解释论角度重构了对相关程序规范进行理解与适用的概念框架。

任重在《论中国民事诉讼的理论共识》②一文中也主张,虽然既判力相对性在司法实践中是否能够坚守还存在疑问,但《民诉法解释》无疑已经初步构建起完整的既判力相对性制度。在此背景下,与既判力客观范围发生冲突的《证据规定》第9条第1款第4项理应废止。

吴英姿在《预决事实无需证明的法理基础与适用规则》③一文中认为,最高人民法院制定预决效力规则时,由于未能采取一以贯之的理论基础,且制度逻辑不能自洽,不仅对相关概念的学理阐释造成障碍,而且导致司法审判中法律适用的不统一,在客观上危及司法公正与公信。前诉裁判认定的事实后诉法院可以直接认定,即判决的预决效力既不同于司法认知或公文书载明的事实,亦不能简单地用诉讼上诚实信用原则来解释,本质上是"不容再争议性"。大陆法系既判力遮断效和英美法系争点排除规则都是关于前诉裁判对争议事实的判断对后诉所应有的约束力,虽然在理论表述上各有侧重,但在制度上高度重合,体现了司法的内在规律,理应作为预决效力的法理基础。二者取长补短,可以建构统一的预决效力生成要件和预决事实免于证明的适用规则。

此外,我国学界对于与预决效力关联密切的大陆法系判决效理论的

---

① 王亚新、陈晓彤:《前诉裁判对后诉的影响》,载《华东政法大学学报》2015年第6期。

② 任重:《论中国民事诉讼的理论共识》,载《当代法学》2016年第3期。

③ 吴英姿:《预决事实无需证明的法理基础与适用规则》,载《法律科学》2017年第2期。

学说引介与知识储备也存量巨大。关于既判力理论的重要著作包括林剑锋所著《民事既判力客观范围研究》、常廷彬所著《民事判决既判力主观范围研究》、丁宝同所著《民事判决既判力研究》、胡军辉所著《民事既判力扩张问题研究》,由此可见围绕既判力主客观范围及其扩张理论的研究已较为深入,特别是对大陆法系既判力相对性原理的充分论述为我国学界达成相应共识提供了智识引导与理论宣传。

关于参加效的重要文献资料包括我国台湾地区学者许仕宦所著的《诉讼参与与判决之效力》、刘明生所撰写的《辅助参加之确定判决效力——既判力、争点效抑或参加效?》,以及我国大陆学者陈晓彤所撰写的《民事诉讼中第三人权责不对称问题研究——以我国参加效制度的缺失与构建为中心》。应当说,我国台湾地区对参加效的研究较为领先,而大陆对参加效的研究相对滞后,主要仍停留在比较法上知识引介阶段,尚缺乏对我国立法与实践的切实关照,特别是与第三人制度的融合研究尚欠火候。

关于我国法上对于日本学界提倡的争点效及美国法上争点排除效力的研究不及既判力理论的积淀,其中较有代表性的文献包括郭翔所著的《民事争点效力理论研究》,这是目前国内研究美国法上争点排除规则的核心文献,以美国法上《判决第二次重述》为蓝本系统介绍了美国法上的争点排除规则。胡军辉所著的《美国民事既判力理论研究》同样引介了美国法上的争点排除规则。而林剑锋所译的两本日本学者著作,即新堂幸司所著的《新民事诉讼法》及高桥宏志所著的《民事诉讼法:制度与理论的深层分析》成为国内介绍争点效理论最为权威的读本。此外,围绕争点效抑或争点排除规则本土化的代表文献包括丁宝同所撰写的《论争点效之比较法源流与本土归化》、曹建军所撰写的《论争点效理论对我国预决效力条款的比较法意义》等。

国内学者对于反射效的理论研究尚处于起步阶段,如廖浩所著的《民事确定判决反射效力研究》、陈晓彤所撰写的《判决对实体牵连关系第三人产生的效力——既判力扩张及"反射效"在我国判决效力体系中的地位》及吴杰所撰写的《论本案判决的反射效力——以连带债务诉讼为视角》。

关于事实证明效,国内具有代表性的文献包括段文波所撰写的《预决力批判与事实性证明效展开:已决事实效力论》及曹志勋所撰写的《反思事实预决效力》。而日本法上对事实证明效的研究较为深入。日本法上正式研究证明效概念的学者为山木户克己教授,证明效即前诉判决理由中事实认定对后诉法官判断之事实上影响。最显著情形在于,后诉中对前诉判决事实认定不负客观举证责任者,若不指摘前诉事实认定有何不当,亦未提出该认定之事实资料,后诉法院往往采取前诉判决为事实认定依据。若前诉事实认定,对后者不负客观举证责任者不利,往往在后诉中加重其主观举证责任,甚至达到与法律上推定同样之举证责任转换效果,亦有从行为效概念得出与证明效同样结论者。但证明效至今不为日本多数学说所赞同,因其为影响后诉法官自由心证之事实作用,且判决与待证事实通常并无法律上或事实上牵连,难以具备证据能力。法律赋予法官认定事实之义务,法官不能不说明事实认定之过程。再者,从程序保障观点,此种事实效力不当限制当事人攻击防御活动。美国证据法下,判决为传闻证据之一种,不得作为证据。且从辩论主义与处分权主义视角观察,法院判断之审理程序具有灵活性,径行将他人判决作为证据殊为危险。但在现代型诉讼中裁判角色异于传统诉讼。裁判对于同种纷争被害人发挥事前防止功能,或直接、间接作用,此可视为裁判所具之法政策形成之机能。而实现裁判法政策机能之效力即为波及效。小岛武司提倡灵活界定裁判事实上波及效果,对超越当事人利益之争点与诉讼构造应重新构筑"公共诉讼"之法理。伊藤真考量此种事实效力扩张应思考波及效主体适格问题,对"纷争管理权"归谁所有应有所拣选与控制。井上治典则认为,传统诉讼以当事人间具体规范、权利形成过程为中心,未将超越个别纷争之波及效果考量在内,因而对于现代型诉讼而言,应考虑重新构筑诉讼理论。

此外,我国学界对于预决效力研究进路中必然涉及的诉讼标的理论、要件事实理论、第三人参加诉讼理论,以及作为重要配套机制的争点整理程序、阐明权理论等也都形成了一定的智识储备,在此不作赘述。

(二)研究方法

研究方法是本书达成研究目的及意义的重要枢纽。本书在研究过程中融合了现有各类社会科学的研究方法,包括文献分析法、历史分析法及实证分析法等。

一是文献分析法。通过收集国内外之专书论著、期刊论文、学位论文、研究报告、相关议题之研讨会记录报告、相关之网站资料，对预决效力之议题有广泛且深入的了解，经由分析、组织架构、归纳等步骤，将所取得文献信息摄取于本书的实际撰写过程中。

二是历史分析法。历史分析法之使用，重点在于了解选题背景及其发展，以及在学术上之价值及定位。本书以学说史与立法史的梳理为两翼展开历史分析的方法，一方面，把握域外相关制度的学说史与立法史；另一方面，更为细致把握我国预决效力的学说演进与立法流变，探索其背后的社会观念与制度思想的变迁历程，并为进一步修正当下学说与立法提供社科法学上的观察视角。

三是实证分析法。确定判决的预决效力问题在我国民事审判实务中占有一席之地，是以我国实务上对于预决效力适用问题，已累积许多司法裁判。以《证据规定》第9条、《民诉法解释》第93条第1款第5项为关键词在"北大法宝"上检索，相关的案例达4000余个，其中大约有1/4涉及确定判决中既判事实的预决效力问题。对上述实务见解及法令规定，尤其是法院审理、裁判文书中所表达之见解、倾向，本书将予以系统化整理，以描绘其实际运作情形，并得出与民事诉讼法理上相契合之结论。

第一章
预决效力之性质辨析

作为展开预决效力研究的逻辑起点，追问预决效力是什么时就是在辨明其性质问题。正如有学者指出，预决效力面临理论基础不明、学理解释多元、程序规范失当、审判适用不一的现实问题，[①]其背后首当其冲的理论症结正在于预决效力的性质定位尚不明晰。而就当下学术场域的研究实况而言，性质论争当属预决效力研究领域的核心议题。[②] 这一核心议题的意义不言而喻，就学术层面而言，预决效力的性质关乎其是否能够效仿域外法系的判决效力体系建立起贯穿理论根据、适用要件、效力范围、作用效果的预决效力系统。就实务层面来说，预决效力的性质论争直接决定着现有立法规范的存废与未来立法、司法的动向。

[①] 吴英姿：《预决事实无需证明的法理基础与适用规则》，载《法律科学》2017 年第 2 期。

[②] 正是由于性质问题是研究预决效力的逻辑起点，可以说几乎所有民事诉讼领域的权威学者都对预决效力的性质问题展开过或详或略的探讨。也正基于此，学术场域才留下对此问题论争的诸多素材，虽然此处的所谓论争并无实际的学术交锋，而更多只是个人观点的表达，但不可否认的是其间相左观点的对垒与冲突显然已经达致激烈的程度。下文也将对上述学术场域的论争展开评述。

第一节　预决效力规则的实践困惑与性质论争

一、预决效力规则的实践困惑

预决效力规则自 1992 年进入《民诉法适用意见》，历经 2001 年《证据规定》与 2015 年《民诉法解释》的两度修订，直至 2015 年《最高人民院关于审理环境民事公益诉讼案件适用法律若干问题的解释》（以下简称《环境公益诉讼解释》）、2016 年《最高人民法院关于审理消费民事公益诉讼案件适用法律若干问题的解释》（以下简称《消费公益诉讼解释》）的再度拓展，其规则变迁历程赓续二十余年。然而及至当下，预决效力规则仍属"漂移"的规范，甚至一度被学者称之为"沉睡条款"。① 可以说，在司法实务中，预决效力规则的司法适用问题时常成为困扰裁判者的"顽疾"。而就我国当下民事司法实践中预决效力规则的相关案例与裁判思路而言，预决效力规则所造成的实践困惑至少表现在下述两个层面：

在立法上，现有立法规范较为粗放，缺乏精细化的适用指南。尽管就预决效力规则而言，《民诉法解释》第 93 条承袭了《证据规定》第 9 条的表达，但显然这一修订仍属不足，对预决效力规则的适用要件与作用效果的规定较为粗放，其中对"裁判所确认的事实"缺乏类型化的指引，对于法官应如何适用预决效力规则更无精细化的适用指南。同时，预决效力规则缺乏权威统一的立法说明或裁判指引，虽然长期以来我国民事立法甚少公布"立法理由书"之类的立法说明以阐释具体规范的立法目的及适用场景，但作为最高裁判机关的最高人民法院一般会以出版发行"理解与适用"丛书的形式间接弥补这一缺憾，而就历次民事程序立法的"理解与适

---

① 李浩：《民事证据立法前沿问题研究》，法律出版社 2007 年版。

用"内容而言,预决效力规则的性质、适用等问题几经变化,该规定始终欠缺明确的理论基础。因为最高人民法院在不同时期给出的"官方诠释"并不一样。在针对《证据规则》第 9 条的诠释中,制定者给出的理论基础是既判力,在对《民诉法解释》的诠释中,制定者给出的理论基础又变成了公文书的证明力。在 2016 年 3 月出现的最高人民法院《关于民事诉讼证据的解释(征求意见稿)》中,该规则又被纳入"司法认知"范畴。① 由此可见,预决效力规则尽管在历次立法及修法中被保留乃至获得修订,但仍旧缺乏权威统一的立法说明。并且,近年来,为了实现对法律法规、司法解释适用的确定性和统一性,作为最高人民法院通过直接创制或者遴选确定指导性案例等方式,指导各级法院司法裁判工作的重要制度载体,案例指导制度已在近年获得长足进步,但即便考虑到预决效力规则在最高人民法院公布的案例中偶有适用,但就目前而言,仍无指导案例或公报案例层次的裁判指引。因而立法及裁判指引的缺失构成了预决效力规则的实践困惑表征之一。

在司法中,上述立法及裁判指引的缺失使得预决效力规则在司法适用领域成为一处"灰色地带",而审判适用不一极有可能侵蚀司法统一与权威。以本书搜集的相关案例来看,通过对裁判文书说理部分的提炼与分析,诸多生效裁判在阐明预决效力规则的理论基础(效力性质)、作用根据、适用要件与作用效果、适用范围(主、客观范围)等方面存在不小的差异。其中,由于学理基础(效力性质)问题具有决定预决效力全貌的决定性作用,因而此处以司法实务中预决效力规则在学理基础问题上的裁判差异做一说明。表 1-1 的典型案例凸显了预决效力在司法适用中性质定位与作用形态的差异:

---

① 吴英姿:《预决事实无需证明的法理基础与适用规则》,载《法律科学》2017 年第 2 期。

表 1-1　典型案例

案号	裁判机关	裁判说理	性质类型与作用形态
(2014)民提字第98号	最高人民法院	"上述两个判决的主文虽均为驳回当事人的诉讼请求,而无对于案涉 24 幢房屋归属的判定,但对于该房屋归属的裁判,则构成了上述两个生效判决主文的基础,并且在两个判决理由部分均加以明确认定:'泰公司已向西湖家园业主提供公建用房 335.66 平方米,占总面积千分之十二,已超过杭州市物业管理规定的千分之七标准,安泰公司不需再提供公建用房。'为法院发生法律效力的裁判所确定的事实,法院在另案审理时应维护其既判力。因此,从 1141 号民事判决及 353 号民事判决已经予以裁判并确定的事实来看,西湖家园业主对于案涉 24 幢房屋并无实体上的所有权,此事实应对于其他案件具有既判力。"	认为生效裁判在判决理由中认定的事实对后诉法院产生既判力。因此可认为这类裁判将预决效力的性质认定为既判力。
(2011)民提字第68号	最高人民法院	"本院《关于民事诉讼证据的若干规定》第 9 条关于'为人民法院发生法律效力的裁判所确认的事实,当事人无需举证,但对方当事人有相反证据足以推翻的除外'规定,仅赋予已确认事实以相对的预决力,并非是对生效判决既判力的规定。根据该条规定,对于生效裁判预决的事实,当事人在后诉案件中无需举证,但在当事人一方举证反驳且构成优势证明的情况下,人民法院对预决事实可以作出不相一致的认定。故原再审判决关于生效刑事判决已经将本案所涉 1000 万元资金认定为属于刘炼挪用新华信托公司资金,根据《关于民事诉讼证据的若干规定》第 9 条之规定应由新华信托公司承担责任的认定,混淆了预决事实与既判力之间的关系,本院予以纠正。"	认为预决效力不同于既判力。预决效力应定位为一种相对的免证效力。据此可认为该裁判将预决效力等同于一种证明效。

续表

案号	裁判机关	裁判说理	性质类型 与作用形态
（2017）最高法行申455号	最高人民法院	"通常情况下,前诉生效裁判的既判力,仅限于裁判主文确定的范围,裁判主文对被诉行政行为合法性的评价构成该裁判既判力的客观范围;后诉判断同一行政行为的合法性,要受前诉生效裁判的羁束。而前诉的裁判理由,是建立在对主要法律事实和争议焦点问题判断的基础之上的,后者是前者的理由和根据,承认裁判主文的既判力,必然也要赋予裁判理由中对案件争议焦点和主要法律事实的判断以一定程度的既判力。据此,前诉裁判所列争议焦点在经过当事人充分辩论后,前诉对争议焦点所作的实质性判断即具有既判力,特别是前诉将案件的主要事实列为争议焦点时,更应如此。只要前诉已将权利发生、变更或消灭之法律效果中直接且必要的主要事实列为案件的争议焦点,并在经过当事人质证、辩论后作出了认定,那么,该直接且必要的主要事实,即发生争点效,形成既判力。该裁判的当事人及相关权利、义务的承担人不得在后诉中对前诉裁判已经查明和认定的主要法律事实和法律关系提出争议;即使前诉裁判认定有误,也只能通过再审程序改判,而不能直接作出相反的判断。"	认为生效裁判确认的事实应产生争点效力,而有别于既判力。简言之,是将预决效力定位为争点效力。虽然本案为行政案件,但《行政诉讼法》同样有预决效力的类似规定。本案的观点也代表了民事诉讼中部分裁判的观点,诸如原告刘毅诉被告陈行军房屋租赁合同纠纷案〔（2014）鄂武昌民初字第03567号〕、梅艳与胡威玲债权转让合同纠纷案〔（2011）江民一初字第1168号〕等。

续表

案号	裁判机关	裁判说理	性质类型 与作用形态
(2012)江民一初字第2609号	南宁市江南区人民法院	"农振东与淡村七组的房屋租赁合同已经南宁市中级人民法院作出终审判决，判令：一、解除农振东与淡村七组于2009年3月1日签订的书面协议；二、农振东向淡村七组交还位于五一路与南建路交叉路口处的铺面16间、房屋36间、场地1400平方米……现杨昌华与农振东签订的商铺租赁合同中铺面包含于南宁市中级人民法院(2012)南市民一终字第1313号案件诉争的房屋铺面场地之中，实际占用铺面的为次承租人的杨昌华，杨昌华在淡村七组与农振东的房屋租赁同关系终止时，即不再拥有占有、使用租赁房屋的合法依据，从而构成对出租人淡村七组的房屋的无权占有，淡村七组有权起诉要求杨昌华返还铺面。"	分析该案不难发现，前诉中，参加人为次承租人，被参加人为承租人，前诉判决确定的解除承租人与所有权人间租赁合同的效力应在承租人与次承租人之间产生参加效，亦即次承租人不得在与承租人的后诉中提出抵触前诉判决结果的主张（对已经解除的所有权人与承租人之间的租赁合同再为争执）。据此分析，该案是将参加效作用形态纳入预决效力之中。

司法审判中对预决效力规则性质定位的差异，进一步影响预决效力规则的适用要件及作用效果、主客观范围界定等具体问题。如预决效力规则的适用要件应否进一步细化、预决效力的主观范围可否扩张及于第三人、预决效力客观范围应涵盖何种既判事实及可否覆盖部分法律争点等问题。从司法实践的困惑出发，检视现有立法规范与裁判思路，以民事

判决效力体系理论为分析工具,上述问题将在下文对应部分予以细致分析与逐个破解。

二、预决效力性质的学理论争

预决效力规则的实践困惑成为推动理论研究的重要动力,而学术主张的对垒与立法规范的存废之争使得围绕预决效力性质问题所展开的论争显得颇为尖锐。预决效力的性质与现有预决效力规则的正当性论证(存废论)紧密关联。当下学术场域中,围绕预决效力性质问题大体形成了四股各异的学术主张:

(一)既判力说

该说将预决效力视作大陆法系判决体系中的既判力。有学者将该说作为预决效力性质论的主流观点,认为诉讼法学者一般将《证据规定》及《民诉法解释》中对预决效力的规定视作既判力或其制度的延伸使用。[1]虽然立法上并无既判力的直接规定,但民诉学者通常将《民诉法适用意见》第75条第4款作为可供援引的既判力条款,并且提出在司法实践中,最高人民法院也认为上述预决效力规定一贯遵循着既判力的要求。[2]

李浩经过对立法史的考察提出,最早规定预决效力的《民诉法适用意见》第75条第4款移植自苏联于1964年颁布的《苏俄民事诉讼法典》第55条第2款及第3款。所谓预决确定的事实也是苏联学者借用拉丁文的预决一词而来,并认为预决效力的性质问题因既涉及既判力问题,又与判决的参加效力有关需要区别对待。[3]但在其之后编著的《民事诉讼法》教科书中,则认为预决事实不必证明的理由在于,该事实在前一诉讼中已经经过法院审理并为法院的生效判决所确认,如果允许法官在后一诉讼中再次对事实进行认定,不仅不利于提高诉讼效率,而且可能出现前后矛盾的裁判。立法规定预决效力条款实际上就是赋予前诉裁判中事实的认

---

① 田平安主编:《民事诉讼法原理》,厦门大学出版社2015年版。
② 郝振江:《非讼程序研究》,法律出版社2017年版。
③ 李浩:《民事证据的若干问题——兼评最高人民法院〈关于民事诉讼证据的司法解释〉》,载《法学研究》2002年第3期。

定具有既判力，即具有拘束后诉法官的效力。①

廖中洪从证据法理论与民事诉讼立法规范角度出发，认为预决事实是指已为发生法律效力的裁判所确认的事实。预决事实不必证明的根据在于确定判决的既判力。其理据为既判力的法律效果表现为终局地确立当事人之间的实体权利义务关系，既然生效裁判对当事人之间的法律关系已经作出判定，则对作为法律关系形成基础的纠纷事实必然也作出了认定，因而在后诉中自然不必对既判事实再次进行证明，如此以防免裁判者在不同判决中对相同事实作出矛盾的裁判结果。②

胡军辉则在追溯预决效力立法目的与学术概念的语义学起源基础上，认为单纯从证据理论角度认识和把握预决效力有失偏颇，其认为预决效力实质上是在前诉判决与后诉案件的审理具有先决关系时，后诉法院应以前诉既判事实为基础来审理后诉的效力，并且这一效力与大陆法系通说的既判力存在内在关联性，其进一步认为大陆法系判决效力体系中的既判力概念实质上包含三类下位效力：一是当事人不得重复诉讼、提出与确定判决相矛盾的主张及证据材料的效力；二是法院不得再次受理或审理已获裁判的案件的效力；三是在前、后两诉具有先决关系的场合，后诉法院应当将前诉既判事实作为裁判基础的效力。其中，前两类效力可统称为既判力的本案效力，而后一类效力即可称为预决效力。因此，在胡军辉看来，预决效力并非免证效力，而是既判力的下位效力。③

常廷彬结合对司法实践的考察，将预决事实的免证效力类型化，着重提出所谓的预决效力是指既判事实对后续诉讼的拘束力，与之对应，传统大陆法系国家或地区是通过建构既判力理论与制度予以处理，并基于既判力的相关理论提出预决效力的主、客观范围的区分，效力作用的不同法效果以及不同诉讼类型中预决效力的可能形态。④

从上述具有一定代表性的学者观点出发，持既判力说的学者无一例

---

① 李浩：《民事诉讼法》，法律出版社 2016 年版。

② 廖中洪：《证据法精要与依据指引》，人民出版社 2005 年版。

③ 胡军辉：《民事诉讼中如何处理既判事实预决效力问题的思考》，载《政治与法律》2010 年第 8 期。

④ 常廷彬：《预决事实若干问题研究》，载《河北法学》2008 年第 5 期。

外将预决效力视作前诉既判事实对后诉裁判的拘束作用,并基本认同现有预决效力规则,如李浩认为立法引入预决效力规则具有积极意义,其既符合诉讼经济的普遍要求,又可避免因裁判矛盾而导致的司法权威贬损。[①] 但在当前较为宽泛的立法基础上需对预决效力作深入的理论分析。胡军辉同样认为从《民诉法适用意见》的绝对预决效力转向《证据规定》中预决效力的相对化设置无疑是对预决效力认识的深化与立法技术的进步。同时,现有规定仍旧未能反映以既判力理论为底色的预决效力的全貌,其相对性不仅体现在既判事实对后诉裁判拘束力的相对性,也应表现为对预决效力自身结合诉讼程序的多种因素作相对化的分析。[②] 常廷彬以实务中颇为常见的债权人与债务人、保证人之间的牵连诉讼为例,肯定了预决效力规则对于提高诉讼效率与保证裁判统一、维护司法权威的实际价值。同时也认为预决效力规则存在剥夺当事人程序参与辩论的诉讼权利,有损程序公正原则。并以大陆法系的既判力理论为主,提出以类型化的思考模式(如以既判事实在确定裁判文书不同位置、既判事实与请求权基础之间的关联),将既判事实予以分解,借此区分不同既判事实产生的二元预决效力作用效果(即预决效力的相对效力与绝对效力)与个别化的免证效力。[③] 由此可见,持既判力说者大体可归结为预决效力规则的改良派,其学术脉络也可概括为以传统大陆法系既判力理论为内核,完善预决效力的理论基础与制度建构。虽然既判力说内部仍存在某些差异,如预决效力究竟应视作既判力的中国样板还是既判力的下位概念,预决效力拘束后诉裁判的作用效果与既判事实的免证效力关系如何等,但既判力说的框架大体一致,只是内部细节的建构存在差异而已。

---

① 李浩:《民事证据的若干问题——兼评最高人民法院〈关于民事诉讼证据的司法解释〉》,载《法学研究》2002 年第 3 期。

② 胡文进一步考察了不同诉讼类型下的预决效力作用形态,如不同权利保护形态、不同审级、对席(缺席)审判、特殊类型诉讼(选民资格案件,宣告失踪、死亡案件,认定公民无民事行为能力、限制民事行为能力案件等),并初步阐述了我国法上的举证期限制度、非法证据排除规则、当事人处分权的运用对预决效力的影响。胡军辉:《民事诉讼中如何处理既判事实预决效力问题的思考》,载《政治与法律》2010 年第 8 期。

③ 常廷彬:《预决事实若干问题研究》,载《河北法学》2008 年第 5 期。

（二）争点效力说

随着我国民事诉讼法学领域比较法研究的不断深入，特别是英美法上争点排除效力制度、德国民诉理论中的既判力扩张理论与日本学者创立的争点效理论的引进，我国民诉法学者开始注意到既判力与争点效在理论体系与规范建构上的差异，并进而开始尝试放弃既判力理论转而以日本学界传入的争点效理论或英美法上的争点排除效力阐释预决效力的性质。另外，持争点效力说的学者认为观察当下的理论发展状态与司法实践的现实，在既判力相对性理论尚未获得共识，而以争点效力为理论定位的预决效力已然在实践中普遍运用的现状下，学术界理应转变研究方向，重视域外争点效力理论成熟地区的理论动向与制度实践，并进一步用以比照、分析与规划预决效力的中国化进程，修正我国既有的预决效力与争点效力理论之间的矛盾。①

田平安从民事诉讼规律的普适性、预决效力规则的司法实践需求与现代民事程序法治的发展角度，主张应当参照既判力理论、争点效理论及英美法上争点禁反言制度予以理解，并提出既判事实的客观范围应当限定于前诉所确定的诉讼标的及作为前诉主要争点的案件事实。虽然这一观点似乎是在界定预决效力性质时调和了既判力与争点效理论，但其又进一步主张应将预决效力的作用要件严格限定为法院的事实判断是对前诉请求中主要争点事项的判断，在前诉中当事人已尽主张与证明责任，法院对该争点已为实质性裁断，且前后两诉的系争利益大小相当。比较其为预决效力设置的作用要件与日本学者所提出的争点效适用要件，不难得出其观点实质是将争点效作为预决效力的模板。而其所提出的预决效力应由当事人援引而非法院依职权主动适用的规则更进一步表明其学术主张并非简单的调和论或折中论，而是争点效说的有力支持论。②

邵明在将预决效力与既判力全盘比较之后，提出预决效力的性质应包含两个层面，一是提出既判事实的当事人无须举证，并且无正当理由不

———————

① 郭翔：《美国判决效力理论及其制度化借鉴——基于争点效力理论的分析》，载任重：《民事程序法研究》（第 14 辑），厦门大学出版社 2015 年版。

② 田平安主编：《民事诉讼法原理》，厦门大学出版社 2015 年第 6 版。

得提出与该事实相矛盾的事实；二是法官应当直接采用既判事实，或者不得作出与既判事实相矛盾的判断，除非当事人以相反证据推翻既判事实。同时，预决效力与既判力都是民事确定判决的法律效力，在时间范围与主观范围的界定上具有一致性，但预决效力不同于既判力，原因在于预决效力的客体是案件的实体事实，而既判力的客体则指向诉讼标的，表现为确定判决中判决理由部分一般不具有既判力，而仅具有预决效力，并且既判事实在具有牵连关系的后案中可以再行提供而无须再次证明，既判力则禁止就已确定的案件复行起诉和审理。其认为与预决效力相通的并非既判力理论而是所谓的争点效力（或称争点效）和英美法上的争点排除效力。[①] 在其看来，争点效力或争点排除效力正是指当事人无正当理由不得提出与既判事实相矛盾的主张，且后诉法院应直接采用既判事实。用争点效力或争点排除效力理论阐释预决效力更符合立法规定的文义解释结论。[②]

赵泽君在比较争点排除效力与既判力理论之后，提出虽然学界为预决效力的性质寻求理论支撑的工作已经展开，但现有的既判力说在理论上难以自圆其说，既判力的客观范围应以诉讼标的为限，诉讼标的又限定于判决主文，若因判决主文有限而在既判力扩张至判决理由中判断的事项，则会出现既判力客观范围过大而诉讼标的较小的理论龃龉。同时，将存在于判决理由部分的抵销抗辩视为既判力客观范围相对性的例外缺乏合理的理论说明，而剥离这一既判力的例外规定，并纳入预决效力范畴（争点排除效力）则在支撑规则的理论建构上更为适恰。并且，判决理由中的判断是当事人提出各种攻击防御方法后经法院审理裁判的结果。诉讼上的攻击防御方法可能涉及事实、法律或证据等多个层面的争点判断，而预决效力只回应判决理由中对事实争点的判定显然周延。据此，其进一步提出预决效力与既判力虽然在约束后诉裁判方面具有相似性，但存在本质的差异：其一，在裁判的性质上，既判力只在确定判决中存在，而预

---

① 邵明：《正当程序中的实现真实：民事诉讼证明法理之现代阐释》，法律出版社2009年版。

② 邵明：《论法院民事预决事实的效力及其采用规则》，载《人民司法》2009年第15期。

决效力则并非只存在于确定判决中；其二，在庭审辩论的必要性上，既判力的作用效果不受是否经过前诉当事人间口头辩论的影响，而预决效力则必须经当事人间的实际争论后才能发生效果，因而通常即使是经缺席判决的确定判决也会产生既判力，而预决效力原则上只能存在于对席审理后的裁判中；其三，在效力作用的范围上，既判力对已经裁判的诉讼标的禁止再诉的原则是绝对的，而预决效力规则只禁止对具体争点的再次争执；其四，在效力表达载体上，既判力的作用范围局限于判决主文，而预决效力则发生在判决理由中；其五，在效力援引方式上，既判力属于法院依职权调查的事项，而预决效力则取决于当事人是否在后诉中引用既判事实。[①]

　　郭翔在系统分析美国争点效力理论构成与适用状态的基础上，结合我国判决效力理论与立法实践，提出《民诉法适用意见》第 75 条、《证据规定》第 9 条所确立的预决效力规则不仅肯定了特定事实已经法院裁判的证明力，而且从判决效力角度观察，预决效力规则的确立无疑是司法者的一次有益尝试，希冀通过赋予判决书事实理由部分以预决效力，从而减轻当事人和法院的负担。但其同时指出按照大陆法系传统的既判力理论，仅仅承认判决对事实理由的裁判具备客观上的证明效果，并不能达致减少诉累、避免矛盾裁判的制度目的。并且，既判事实中有些经过当事人与法院的认真争执与慎重裁断，有的则未必，它们之间的证明力强弱如何区分，既判力说无法提供必要理据，况且既判事实涵盖广泛，诉讼标的事实、法律要件事实都可能成为法院裁判的对象。但依既判力说，当事人无法推翻前诉中对诉讼标的的裁判，这种不加区分的规定，显然会引出既判力理论与证明制度之间的冲突。而美国法上的争点效力理论则为预决效力制度的性质定位与功能发挥提供可资借鉴的制度蓝本。[②] 同时，其认为在我国的司法实务中，将预决效力的性质定位于争点效力已获得普遍承认。并将环境公益诉讼中的既判事实在随后私益诉讼中所具有的免证效

　　① 赵泽君：《论民事诉讼争点排除规则》，载陈桂明、田平安主编：《中国民事诉讼法学六十年专论》，厦门大学出版社 2009 年版。

　　② 郭翔：《民事争点效力理论研究》，北京师范大学出版社 2010 年版。

力视作这一司法惯例的典型情形。其以《环境公益诉讼解释》第 30 条为例证,分析认为该条是对原有预决效力条款的拓展,所确立的免证效力,部分是证据意义上的,因而可反证推翻,而有些则显然具有争点效力的适用效果,即不允许重复争议。例如前诉公益诉讼裁判对于排污行为的认定,在后续牵连的私益诉讼中原告可直接援引,且依据该条规定,被告自无反证推翻的权利。[①]

丁宝同在将大陆法系确定判决效力谱系化后,提出预决效力与争点效在程序法理与制度功能上存在共性,应将预决效力制度作为争点效理论的本土化实践。其认为有关既判力客观范围向判决理由中判断事项的扩张至少表明经典既判力理论已在一定程度上脱离当下的诉讼实践,而由日本学界引入的争点效理论恰是弥合这一沟壑的重要理论工具,以争点效为内核的预决效力意在修正既判力客观范围内在逻辑缺陷,赋予确定判决中判决理由部分既判事实以通用力,即一种柔性的证明争议事实的程序法效力,其相对免证的效果可用反证推翻,显然不应纳入既判力范畴。而应将预决效力界定为在先确定判决已就某主要事实争点在判决理由中作出判定,当该既判事实在后续诉讼中再次成为争点时,当事人可无需举证,而由法院根据当事人的主张对该项争点作出与既判事实一致的判断。再者,其对预决效力的适用要件与法律效果的阐述也基本效仿争点效理论,重视当事人的程序保障与争点的实质裁判。[②]

持争点效力说的学者意识到原有既判力理论在其原生国所受到的挑战及当下我国学术研究与司法实践的现实状况,逐步从域外法治成熟地区引入修正甚至突破传统既判力理论的学术主张,特别是由于日本学者所创立的争点效理论与美国法上争点效力制度的渊源关系,持争点效力说的学者都或多或少的将目光投向大洋彼岸的美国,希冀通过观察与分析分属不同法系的美国判决效力体系,化解既判力学说与预决效力制度的紧张关系,并为当下司法实务中争点效力的制度探索提供助益。持争

---

① 　郭翔:《美国判决效力理论及其制度化借鉴——基于争点效力理论的分析》,载任重:《民事程序法研究》(第 14 辑),厦门大学出版社 2015 年版。

② 　丁宝同:《论争点效之比较法源流与本土归化》,载《比较法研究》2016 年第 3 期。

点效力说的学者对既判力说的批判主要围绕三点展开:一是立足对域外法制的考察,认为既判力传统理论在大陆法系国家或地区受到既判力扩张理论、争点效理论的持续挑战。英美法上判决效力体系特别是争点排除效力理论与预决效力在理论构成上具有共性。二是立足预决效力规则与既判力理论的通盘比较,两者在客观范围的界定、作用效果、援引方式等方面存在诸多无法调和之处。三是立足司法实践的实际状况,预决效力的实践运用与既判力说南辕北辙,在实务层面,法院更多是将预决效力比照争点效力理论予以适用。

(三)证明效力说

证明效力说可视为当下学界就预决效力性质定位问题的有力学说。该说主张将预决效力与既判力等传统判决效力体系区分对待,从现有规则的体系解释入手,将预决效力仅作为确定判决所具有的一种证明效力。

国内学者中,翁晓斌在考察大陆法系的既判力理论与制度规则后,最早提出依据大陆法系主流观点与通行制度,既判事实并不具有预决效力,其将预决效力界定为在任何情况下,后诉当事人不得对前诉已决事实再行争议,审理后诉的法院必须将前诉既判事实作为判决的基础,不得重新审理或推翻。据此其主张《证据规定》第9条所确立的规则实质上并非预决效力,而仅是赋予既判事实以免除主张该事实的当事人证明责任的效力,仅能起到相对免证的效果,显然不属于既判力范畴。①

张卫平认为《民事证据规定》第9条所表述的已为生效裁判所确定的事实,是指本案所关涉的且已在其他案件审理中为法院确认的事实。同时,由于既判事实已为生效裁判所确认,故无须在后诉中再加以证明。如在后诉中当事人有相反证据足以推翻这一既判事实的,主张既判事实的当事人仍要负担证明责任。其理据在于当事人所援引的既判事实对于后诉法院并无拘束力,只有对诉讼标的的确定事项才会拘束后诉法院。其认为预决效力不过是诉讼法考量证明效率与减轻当事人证明负担后的倾向性规定,即既判事实既已为前诉法院裁判认定,则再要求当事人予以证明势必增加当事人的证明负担。而这种免除证明的效果显然与判决的既

---

① 翁晓斌:《论已决事实的预决效力》,载《中国法学》2006年第4期。

判力并无关联,预决效力更非确定判决本身的效力,而是确定判决所附随的事实效力。更进一步说,作为判决本身所展示出的一种事实效力,预决效力本质上属于判决的证明效力。在大陆法系的诉讼理论中,一般认为确定判决中的既判事实在后诉中具有类似证据的作用,对后诉法官而言,这种证据法意义上的作用会对其审理后诉产生心证层面的影响。其认为从预决效力规则的演进历程来看,在预决效力规则化之前,我国的司法实务中通常当法院要求当事人证明所主张的事实或对方当事人反驳主张的事实时,当事人便会向法院提出上述既判事实已为确定判决所说明因而无须再重复证明,而法院一旦认可该既判事实已获生效判决确认,便认可该当事人所主张的事实。这实际上表明长期以来的诉讼实践一直是将所谓的预决效力作为一种证明效力予以斟酌。同时,其还结合大陆法系对案件事实的一般分类,认为法院认定的案件事实包括当事人自认的事实、法院推定的事实、当事人提出的待证事实及法院依职权调查的事实。由于辩论主义的要求,自认的事实、法院推定的事实属于无须证明的事实,也不必经过当事人间的质证环节。因而仅有当事人提出的待证事实才须法院在实质上予以认定,所以并非确定判决中所有的既判事实都具有免除证明的效果。①

　　林剑锋以日本法上判决效力体系的建构与变迁为线索系统研究了大陆法系既判力客观范围理论及其关联制度,提出我国法上的预决效力不同于确定判决通说所具有的既判力、执行力与形成力等判决的制度性效力,而属于非规范性的事实效力。具体而言,预决效力本质上属于既判事实对于后诉法院认定事实时产生的影响,在个案中,若没有发生特别事由,则法院应当对当事人主张的已为确定判决所认定的事实作出同样的判断,从而免除当事人对该既判事实的证明责任。与既判力重在说明前诉判决主文中的判断(法的判断层面)对后诉法院的拘束相比,预决效力强调同一事实认定(事实判断层面)对于后诉法院的影响,其不过是一种社会学意义上的制约与影响。无论是《民诉法适用意见》还是《证据规定》中的预决效力规则都是从证明以及证明责任角度来规范既判事实对于后

---

① 张卫平:《民事诉讼法》,法律出版社 2016 年版。

诉法官心证的影响①，而证明问题显然属于一个诉讼中的事实认定问题，与归属于法律问题的既判力理论毫无关联。同时，其否定既判力说的一个重要观点仍在于，大陆法系既判力客观范围的相对性原理决定了既判力的作用范围仅限于判决主文中的判断，而判决理由中的判断，包括法院所认定的事实均没有既判力。因而如果将现行立法确立的预决效力归属于既判力，则其客观范围明显过于宽泛，而这也将动摇既判力存在的正当性基础。此外，就预决效力与既判力的排除规则而言，除了提起再审，既判力无从推翻，而《证据规定》第9条则说明当事人仍可反证推翻对方所主张的既判事实的预决效力。②

纪格非通过对英美法系争点排除效力与大陆法系公文书证明力的比较分析，认为我国的预决效力制度应更多地吸纳与我国在诉讼构造与事实审理模式上更具亲缘关系的大陆法系的处理模式，即应将《证据规定》第9条第4项所确立的预决效力规则的性质定位为公文书的证明力。其理据在于，从规定的文本来看，确定判决所认定的既判事实属于免证事实，产生证明责任倒置的法律效果，这与大陆法系国家将确定判决中既判事实的记载作为公文书，并赋予较高证据效力的处理方式类似。同时，公文书证明力规则有利于弥补我国当下事实审理充实性不足的问题，而英美法上的争点效力制度对于事实审理的充实性要求较高，因而断然将预决效力改造为争点效力规则可能会造成诉讼突袭以致裁判缺乏可接受性。再者，相较于程序规则复杂的争点效力理论，公文书证明力规则显然更易理解与适用。从预决效力与日本争点效力理论及英美法上的争点效力理论的比较来看，引入以程序公正为基础的争点效力理论并不能有效提升我国司法资源的利用效率，而我国法上传闻排除规则的缺失也削弱了争点效力理论的引入基础，并且赋予既判事实何种法律效力也与维护

---

① 林剑锋认为，作为预决效力的规则意图，确认前诉认定结果对于后诉原则上具有免证效力的原因在于法院的裁判文书具有公文书证的性质，因此作为一种证据具有高度的证明力，不过基于但书的规定，这种证明力又并非绝对化的判决效力，而是可以通过反证予以推翻。林剑锋：《既判力作用范围的相对性：法理依据与制度现状》，载任重：《民事程序法研究》(第14辑)，厦门大学出版社2015年版。

② 林剑锋：《民事判决既判力客观范围研究》，厦门大学出版社2006年版。

司法权威之间并无必然联系。[①] 公文书证明力规则本质上属于证明效的一种。对此,林剑锋持相似立场,即主张前诉认定结果之所以对后诉原则上具有免证效力,其原因在于法院的裁判文书具有公文书的性质,因此作为后诉中的一项证据具有高度的证明力。[②]

段文波在追溯预决效力的制度生成史后,认为所谓预决效力除了可在苏联法上寻找到移植模板外,其既不容于大陆法系的判决效力体系,也无法寻求英美法上争点效力理论的支撑。现有的预决效力制度实为立法者借鉴苏联法上预决性的概念表达,以免证效力为内核的一种法定证明效。同时,其对既判事实预决效力的性质论争中主张保留这一规则的学术观点进行了提炼与批判,并指出虽然移植后的预决效力规则历经修正,已废弃苏联法上既判事实预决性的不可争议性,转而允许反对一方可反证推翻。但将预决效力的性质定位于法定证明效仍有碍法官独立审判与裁判的自由心证原则、缺乏对后诉当事人的程序保障,也不契合现代民事裁判的基本构造。据此,其提出应以事实证明效作为预决效力的性质定位,即将预决效力的性质界定为作为前诉确定判决对后诉所具有的事实上的影响,特别是确定判决中判决理由项下所认定的事实及对权利关系的法律判断对后续诉讼所具有的影响或效力,在判决制度性拘束力(如既判力、参加效等)所及范围内,并没有预决效力(事实证明效)直接作用的余地,因而其主张应当废止现有预决效力条款。[③]

曹志勋以德国法上的既判力理论与关联制度为分析工具,提出虽然德国国内发展的既判力扩张理论与日本学界兴起的争点效理论对传统既判力原理构成了挑战,但德国法上中间确认制度的存在使传统既判力原理能够应对这类理论诘难。据此,其认为我国法上以在后诉中应当对前诉裁判中确认的事实适用证明责任转换为内涵的预决效力无法得到既判

---

① 纪格非:《"争点"法律效力的西方样本与中国路径》,载《中国法学》2013 年第 3 期。

② 林剑锋:《既判力作用范围的相对性:法理依据与制度现状》,载任重:《民事程序法研究》(第 14 辑),厦门大学出版社 2015 年版。

③ 段文波:《预决力批判与事实性证明效展开:已决事实效力论》,载《法律科学》2015 年第 5 期。

力理论(包括既判力的事实排除效力)、争点效原理及公文书证明力规则的理论支撑。确定判决中既判事实的证明力仅体现为法院确实作出了与文书内容相同的司法行为,而并不涉及文书中法律争点、事实认定或证据评价。简言之,裁判理由中的既判事实并不会由于上述证明力的存在而得到证明。① 因而其主张从立法论上看应当废止现有预决效力规则。

持证明效力说的代表性学者着眼于现有预决效力规则的证据法属性,试图通过预决效力规则的文义解释结论,分析其与大陆法系既判力理论、争点效力理论及英美法上争点效力理论的性质差异,将预决效力制度剥离出确定判决的效力体系,无论是法定证明效、事实证明效,抑或公文书证明力规则都无一不是将确定判决视为一种证据方法,而将预决效力定位为确定判决对后诉法院在证据评价过程中对法官心证的影响,其中的差异也仅是影响程度的不同而已。同时,证明效力说也注重区分裁判者在审理过程中事实认定与法律适用的二元结构,将预决效力定位于事实认定层面的规则,而既有判决效力体系的作用对象则主要面向法律适用领域。由于民事诉讼奉行证据评价的自由心证原理,预决效力规则的存在则必然会干预法官的证据判断,在持证明效力说的学者看来,这种干预自然违背民事诉讼法教义学的基本原理,因而持该论的学者大多认为预决效力规则理当废止,即使对预决效力规则的存废未明确表明观点者,从证明效力说的立场出发也大体可以推知其态度。②

(四)特殊效说

除开上述几种预决效力性质说外,我国学者中有持特殊效说者,其代

---

① 曹志勋:《反思事实预决效力》,载《现代法学》2015 年第 1 期。

② 以纪格非所主张的公文书证明力规则为例,其在具体制度设计中主张:(1)对不同裁判文书中争点的证据效力作出区分,不应一概赋予免证的法律效力;(2)法院在不具有事实认定功能的程序中作出的裁判记录事实不具有公文书的证明力;(3)除了对主要事实的认定,前判中间接事实、辅助事实和证据的认定,应视具体情形区别对待;(4)在法律发生变化、证据发生变化、证明标准发生变化、证明责任分配规则发生变化时,对于可能影响事实认定结果的,应当允许后诉法院不受前诉判决结论的拘束。由此可见,虽然其主张应将预决效力纳入公文书证明力规则,但其制度设计却滑向了其重点批评的争点效力规则。实质上废除了现有预决效力条款。纪格非:《"争点"法律效力的西方样本与中国路径》,载《中国法学》2013 年第 3 期。

表性观点认为,预决效力规则既不同于裁判的既判力,也有别于争点效或争点排除规则,应作为我国民事诉讼法确立的一项具有独特内涵的制度。江伟区分了预决效力与既判力原理、争点效理论、争点排除规则及司法认知制度的本质差异,提出《证据规定》第 9 条确立的预决效力规则可区分为绝对的预决效力与相对的预决效力,前者指既判事实在后诉中产生的免证效力,在这种情形下,只要当事人提出记载该事实的确定判决,即完成对待证事实的证明,且这种举证不可推翻。后者只在作用效果上与前者不同,亦即后者可以由当事人反证推翻。① 吴英姿认为我国法上预决效力的作用效果表现为前诉裁判认定的事实后诉法院可以直接予以认定,其本质是确定判决所固有的不容争议性,并认为两大法系判决制度与理论建构高度重合,其中大陆法系中既判力的遮断效理论与英美法系的争点排除规则均是关于确定判决中既判事实对后诉所产生的失权效力,因而可作为预决效力的法理基础。②

虽然持特殊效力说的学者都注意到预决效力与大陆法系既判力理论、争点效原理及英美法上争点排除效力规则的差异,并试图将我国现行预决效力规范建构成为与域外民事判决效力制度比肩的中国方案。但细致考量其中具有代表性的学者观点,不难发现,这种力求原创的努力或许值得赞许但离成功尚远。例如江伟提出预决效力的构成要件应客观上满足程序保障原则、既判事实应属于构成前诉判决的主要事实、既判事实与后诉中待证的事实必须同一;主观上,既判事实只有在前后诉当事人同一的情况下才能产生预决效力。③ 将这一观点与日本学者主张的争点效相比较,几乎可以将这里所界定的预决效力视为争点效的精简版本。而吴英姿虽然认为预决效力应属于与既判力理论、争点排除规则相并列的本土制度,但又承认预决效力的本质就是既判力的遮断效,其作用效果表现为诉讼法上的失权效果,即当事人不得再次主张在基准时前已经提出过的事实和证据,同时也不得主张在基准时前已经存在、当事人应当提出却

① 江伟、常廷彬:《论已确认事实的预决力》,载《中国法学》2008 年第 3 期。

② 吴英姿:《预决事实无需证明的法理基础与适用规则》,载《法律科学》2017 年第 2 期。

③ 江伟、常廷彬:《论已确认事实的预决力》,载《中国法学》2008 年第 3 期。

未提出的事由,且无须考虑没有提出上述事由是否可归责于当事人的自身过失,而一律失权。甚至基于此而推论如果按照现行司法解释的规定,允许当事人用相反的证据推翻预决效力,则无疑是允许当事人在后诉中再次争执,这必将侵扰确定判决的安定与权威。① 可以说,这一学术主张因最终仍落入既判力理论的射程之内而遑论其特殊性。

第二节　预决效力规则的制度溯源

就方法论角度而言,当下民事司法的规范形成与制度实践都有其深刻的历史意涵,追溯考察对象的制度生成史及其所处的历史氛围是理解这一考察对象的重要研究路径与理论支点②。具体到有关预决效力的性质论争中,各学说内部都有学者将梳理与提炼预决效力制度生成史作为力证其学说主张的重要分析工具。我国民事诉讼法制的现代化进程深受苏联法的影响。虽然改革开放以来,以美国法为代表的普通法观念与制度"西风东渐"不断渗入学理研究,但都无碍于学界主流抑或司法实务所秉持的大陆法系"底色"。③ 由于历史的原因④,我国现行民事程序法上确定判决的效力制度并非沿袭自移植德日法而成的民国时期民事判决效力制度,而源于对苏联法上"законная сила"制度的参酌与移植。⑤

相应地,结合我国法上预决效力规则进入法律文本的历史背景与社

---

① 吴英姿:《预决事实无需证明的法理基础与适用规则》,载《法律科学》2017 年第2 期。

② 王耀海:《制度演进中的法治生成》,中国法制出版社 2013 年版。

③ 陈刚:《法系意识在民事诉讼法学研究中的重要意义》,载《法学研究》2012 年第5 期。

④ 1949 年 2 月 22 日,中共中央根据毛泽东提出的"废除伪宪法"和"废除伪法统"的指导原则,发布《关于废除国民党〈六法全书〉和确定解放区司法原则的指示》,明确废除民国时期的《六法全书》,这一原则在 1949 年通过的《中国人民政治协商会议共同纲领》中得以贯彻。张晋藩编著:《中国法制 60 年》,陕西人民出版社 2009 年版。

⑤ 我国民诉学界一般将苏联法上的"законная сила"汉译为"法律效力"。陈刚、程丽庄:《我国民事诉讼的法律效力制度再认识》,载《法律科学》2010 年第 6 期。

会环境①,不难发现其理论资源与立法参照也正源于苏联法,权威观点认为,预决效力规则是"借鉴原苏联民事诉讼立法而作出的规定"②,其立法参考为 1964 年颁布的《苏俄民事诉讼法典》第 55 条③第 2 款与第 3 款的规定。④ 基于这一共识性的论断,可以认定我国法上的预决效力规则正是对苏联法上预决制度的移植与本土化的结果。经由历史维度考察移植对象无疑将为理解预决效力规则的性质提供助益。

一、苏联法上预决制度述略

苏联法上的预决概念是指"这种由法院在已经发生法律效力的民事判决中所作出的有关法律事实和当事人法律关系的结论,对于解决有关同样事实的案件的法院是有拘束力的"。⑤ 这种拘束力直接表现为立法上的免证规范。苏联学者认为在民事诉讼中运用预决制度,能够帮助法院作出合乎法律与客观真实的民事裁判,强化民事裁判的稳固性,既最大

---

① 对预决效力规则立法及民事诉讼法典化进程的历史背景与诉讼文化的系统梳理与阐述。王德新:《诉讼文化冲突与民事诉讼制度的变革》,知识产权出版社 2017 年版。

② 李浩:《民事证据的若干问题——兼评最高人民法院〈关于民事诉讼证据的司法解释〉》,载《法学研究》2002 年第 3 期。

③ 第 2 款:"已发生法律效力的某一民事案件的判决所认定的事实,在审理由同样人参加的另一些民事案件时无须重新证明。"第 3 款:"已发生法律效力的某一刑事案件判决,对于审理受到刑事判决人的行为的民事法律后果的案件的法院来说,只在是否有过这种行为和此种行为是否为该人所实施的问题上具有约束力。"该条第 1 款为"第 55 条[不需证明的理由]法院认为众所周知的情况不需要证明"。梁启明、邓曙光译:《苏俄民事诉讼法典》,法律出版社 1982 年版。另本书中如无特别说明,所用苏俄民事诉讼法条目均援引自该书。

④ 也有学者认为预决效力规则源于学者对《苏俄民事诉讼法》第 120 条的扩大解释。该条规定,对于明显的情况是否可以不提出证据由法院决定。有学者就此认为法院判决中事先已经确定的事实无需证明。而所谓事先确定的事实就是指已经发生法律效力的民事判决或刑事判决中已经确定的事实情况。段文波:《预决力批判与事实性证明效展开:已决事实效力论》,载《法律科学》2015 年第 5 期。

⑤ 多勃洛沃里斯基:《苏维埃民事诉讼》,李衍译,常怡校,法律出版社 1985 年版。

限度地消减裁判结论相互矛盾的可能性，又推动诉讼中举证过程的精简化。① 同时，苏联法上将预决作为支撑司法裁判权威性的一项重要原则与制度设计，"审判权的威信，即已生法律效力的法院决定不容忽视的这种威信，在很大程度上是建筑在这个原则之上的"。从社会治理角度考察，预决也是苏联进行社会管理的一项重要原则，通过预决所具有的民众教育功能与社会整合功能，促进国家法律秩序的稳定。②

苏联法上预决制度的效力根据在于追求客观真实的司法理念。追求客观真实是苏联法上的重要原则，苏联学者甚至将其作为体现苏联民事诉讼法社会主义性质的首要原则，其他民事诉讼原则的目的都在于揭示案件的客观真实。该原则要求法院在审理案件时应当正确查明实际案情和由争议的法律关系中产生的当事人的权利和义务。③ 为此，《苏俄民事诉讼法典》第 14 条第 1 款赋予法院全面审查的职权，即"法院必须采取法律所规定的一切措施，全面、充分和客观地查明真实案情以及当事人的权利和义务，而不受已经提出的材料和陈述的限制"。据此，在事实认定方面，苏联法院不受双方当事人申请的约束，其有权认定对于案件有重要意义的一切事实，而不论双方当事人是否在诉讼中引用过该事实。在证据调查环节，不仅当事人有义务提出证据，在一定情形下，法院本身也负有这一义务。苏联学者认为法院负担这一义务是《苏俄民事诉讼法典》第 14 条第 2 款，"法院应当向案件参加人说明他们的权利和义务，提醒他们实施或不实施诉讼行为的后果，并协助案件参加人行使他们的权利"的应然结果。苏联法院在证据调查中的积极作用使其能够"跳出资产阶级法院所存在的那种狭隘法律的和形式教条主义的对待当事人利益的圈子，并且创造一种可能性来根据法院审理的结果确定实质真实，而非法律上

---

① 史图钦：《苏维埃民事诉讼上的预决（判决前提）》，张紫葛译，载西南政法学院诉讼法教研室编：《民事诉讼参考资料》，1982 年版。

② 史图钦：《苏维埃民事诉讼上的预决（判决前提）》，张紫葛译，载西南政法学院诉讼法教研室编：《民事诉讼参考资料》，1982 年版。

③ 涅瓦伊：《经互会成员国民事诉讼的基本原则》，刘家辉译，法律出版社 1980 年版。

的真实"。① 作为苏联证据法上"不需证明的理由"之一，预决制度发挥其效力的先决条件同样基于民事判决的合法性与真实性。② 这里所谓"合于真实"同样是指客观真实，"要完全按照实际存在的案情和诉讼主体之间的法律关系来确定案件的事实和争讼的法律关系。因此，不能认为，法院决定的客观真实性，只不过是根据盖然性所得出的结论"。③

二、苏联法上预决制度在其判决效力体系中的定位

苏联法上预决制度是其确定判决效力体系中的重要一环。建立法律效力体系的前提是明确"判决确定"的程序规范，《苏俄民事诉讼法典》第208 条第 1 款与第 2 款对法院判决如何获致法律效力作出了明确规定，如果没有对判决提出上诉或抗诉，在上诉或抗诉期满后，法院判决即发生法律效力。如果提出上诉或抗诉，判决并未撤销，判决要在上级法院对该案审理以后发生法律效力。苏联最高法院、各加盟共和国最高法院的判决以及其他不允许上诉的判决，在宣布判决后立即发生法律效力。苏联法上确定判决的法律效力涵盖四个方面的效能④：一是确定力，从判决发生法律效力之时起，对该民事案件的审理和解决就已结束。作出判决的法院无权改变判决。确定性的具体规则表现为，对已发生法律效力的判决提起的上诉和抗诉，第一审法院无权接受，而第二审法院也无权审查其

---

① 克林曼：《苏维埃民事诉讼中证据理论的基本问题》，马绍春、王明毅、陈逸云译，中国人民大学出版社 1957 年版。

② 在苏联学者看来，"以苏维埃国家名义宣布的每一项民事判决，都应该是具有高度正义性和道德性的文件，都应该是以反映苏维埃人民意志的法律为基础的，并且充分合于真实的文件"。史图钦：《苏维埃民事诉讼上的预决（判决前提）》，张紫葛译，载西南政法学院诉讼法教研室编：《民事诉讼参考资料》，1982 年版。

③ 史图钦：《苏维埃民事诉讼上的预决（判决前提）》，张紫葛译，载西南政法学院诉讼法教研室编：《民事诉讼参考资料》1982 年版。

④ 多勃洛沃里斯基：《苏维埃民事诉讼》，李衍译，常怡校，法律出版社 1985 年版。另除本书下述的四种法律效能外，有些苏联学者认为，法律效力的内容还应当包括执行力和形成力。但苏联学界对这两者能否纳入法律效力体系存在争议，且因两者与主题关联性不强，故本书存而不论。陈刚、程丽庄：《我国民事诉讼的法律效力制度再认识》，载《法律科学》2010 年第 6 期。

是否合法和有无根据。判决既已确定其对于该具体案件就应具有法律效力且该效力应当是稳定的，只有依照审判监督程序或者根据新发现的情况才能对该判决进行重新审理。由此可见苏联法上确定判决的确定力与德、日等国确定判决的形式确定力具有内涵的一致性；二是排除力，排除力旨在维系判决确定后法律效力的稳定性。排除力表现为如果原先的诉讼争议已由发生法律效力的法院判决解决了，那就不允许法院受理或审理与前次相同的诉讼。排除力的程序法规范为《苏俄民事诉讼法典》第208条第3款，即在判决发生法律效力之后，当事人及其他案件参与人包括其权利承继人既不得以同一理由再次向法院提出相同的主张或请求，也不得在其他诉讼中对法院已认定的事实与法律关系提出争议。排除性要求法院应主动审查受理的案件是否存在因当事人、诉讼标的及理由同一而应予以驳回的情形。据此，苏联法上确定判决的排除性与德、日等国诉讼法上确定判决的既判力制度在诉讼法效果上具有一致性；三是预决力，确定判决预决力是判决发生效力后随之产生的能够保证判决稳定性的法律后果。根据预决力的作用效果，不允许在另一件诉讼中再重新解决已经由发生法律效力的法院判决所解决过的有关事实或者法律关系问题。法院在审理另一案件时应受到先前确定判决中发生预决力的事实或法律关系的拘束；四是约束力，确定判决的这一效力是指，国家机关和公职人员无权撤销或者改变法院的确定判决，无权对法院已解决的问题作出迥异于确定判决的决定。同时，这类主体还负有协助执行已发生法律效力的法院判决的义务。此外，约束力同样扩及社会其他组织和公民。《苏俄民事诉讼法典》第13条第1款明确规定，"已发生法律效力的法院判决、裁定和决定对所有国家机关、企业、集体农庄、其他合作社组织、社会团体以及公职人员和公民都有约束力，并应在苏联全境得到执行"。但应注意，苏联法上确定判决所具有的约束力与前述确定力、排除力、预决力在效力强度上存在差异，因为依据《苏俄民事诉讼法典》第13条第2款的规定，"法院判决、裁定和决定的约束力并不剥夺利害关系人请求法院保护未经法院审理和解决争议的权利和合法利益的可能性"。由此可见，苏联法上的约束力类似于传统大陆法系国家判决效力体系中作为判决附随效力的波及效。通过对苏联法上判决法律效力体系的梳理，不难发现

预决制度实际是法律效力体系中的重要一环,可视为确定判决法律效力
在证据法上的延伸,虽然预决制度的程序规范在立法结构上归属于证据
章节,即使在苏联学者所撰写的教科书中也将其放置于"诉讼证据"一章,
但这并不影响预决制度作为法律效力版图中的核心板块之一。

三、苏联法上预决制度的适用范围

苏联法上预决制度的适用范围根据前后案件是否属于同一诉讼类型
而有所区别,就本书所研究的确定判决的预决效力而言,当后诉属于刑事
诉讼时,苏联刑事法对民事确定判决的预决效力适用范围作出了明文规
定,1923年《苏俄刑事诉讼法典》第12条[1]明确规定:"只限于有没有这件
事或者有没有这一行为,民事法庭已发生法律效力的判决才有拘束刑事
法庭的效力,但对于被告人是否犯罪并没有拘束力。"1961年《苏俄刑事
诉讼法典》[2]沿袭了这一规定,其第28条规定,"法院就民事案件所作出
的已经发生法律效力的判决、裁定或决定,对于进行刑事诉讼的法院、检
察院、侦查员和调查人员,只是在事件或行为已否发生或事实的问题上有
拘束力,而不是在被告人有罪无罪的问题上有拘束力"。苏联学者认为,
因民事审判程序本身只适于处理民事争讼,而并不能解决有关刑事犯罪
的问题,因而民事确定判决对于审理刑事案件的法庭所能发生的拘束力,
"只限于有没有这件事或有没有这种行为的问题,不能涉及被告人有没有
犯罪的问题"。[3]　而当后诉仍为民事诉讼时,这种拘束力的覆盖范围显然
要比前述确定判决对刑事审判的预决效力要宽泛很多。在1964年《苏俄
民事诉讼法典》颁行之前,苏联法上并不存在对此类适用范围问题予以规
范的明确条款,直至1964年《苏俄民事诉讼法典》第55条第2款的出现,
民事确定判决对后诉民事诉讼的预决效力才获得立法肯定。该条款赋予
"已发生法律效力的某一民事案件的判决所认定的事实,在审理由同样人

---

① 郑华译:《苏俄刑事诉讼法典》,法律出版社1955年版。

② 《苏俄刑事诉讼法典》,王之相译,陈汉章校,法律出版社1962年版。

③ 史图钦:《苏维埃民事诉讼上的预决(判决前提)》,张紫葛译,载西南政法学院诉
讼法教研室编:《民事诉讼参考资料》,1982年版。

参加的另一些民事案件时无须重新证明"的效力，且并未对"事实"的范围进行限定。值得注意的是，虽然立法上预决制度的适用对象是指民事确定判决所"认定的事实"，但无论是苏联学界还是司法裁判中形成的实务观点，苏联法上预决制度的适用对象既包括事实也包含法律关系，例如法院关于确认之诉的确定判决对所有权存在与否作出了认定，其对于之后关联的给付之诉而言，"如果争讼是发生在同一当事人之间并且源于同一法律关系的话，就具有判决前提的意义"。①

苏联法上预决制度的效力载体既包括裁判主文也包括判决理由。苏联法上关于民事确定判决哪一部分发生法律效力的问题，在其审判实践中曾发生争论，苏联最高法院一度认为判决的理由并无法律效力，但在其后的审判实践中，这一观点遭到修正。苏联最高法院全体会议曾在"关于民事原告人无权对无罪判决提起上诉"的决议中指出，"在宣告无罪判决时，民事原告人只能对刑事判决中涉及该原告人胜负结果的民事判决部分提起上诉，不应当牵连到废弃无罪判决的问题。提起上诉时，可以涉及无罪判决中影响民事诉讼结果的理由部分"。② 虽然这一决议仅是对专门问题作出的解释，但苏联学者普遍认为其对于解决判决理由的法律效力问题具有一般性意义，即如果判决理由能够成为当事人据此提起上诉的对象，则应认可判决理由对当事人具有约束力。对于民事确定判决中判决理由是否具有预决效力的问题，苏联学者的主流学说也将维系国家权威与追求客观真实的观念贯彻至此，既然法院的民事确定判决属于符合客观真实的社会主义审判的国家文件，从其发生法律效力之日起，该判决各部分均发生法律效力，若某一部分存在重大瑕疵或其事实部分与主文之间存在矛盾，则应将整个判决废弃。彼时的司法实践也追随这一主流学说的观点，苏联最高法院全体会议曾指明，"法院判决的一切部分都是紧密地相互联系着的，其中每一个部分都是其余部分发生法律效力的条件。只有这样解决这个问题，并估计到理由部分对于当事人及诉讼的

---

① 史图钦：《苏维埃民事诉讼上的预决（判决前提）》，张紫葛译，载西南政法学院诉讼法教研室编：《民事诉讼参考资料》，1982年版。

② 阿布拉莫夫：《苏维埃民事诉讼》（下），中国人民大学审判法教研室译，法律出版社1957年版。

其他利害关系人的意义,才能扫除关于理由部分的法律效力问题的一切疑义"。①

对于民事确定判决预决效力的主客观界限,苏联学者认为虽然民事确定判决作为一个整体对后诉关联民事案件发生预决效力,但这一效力应有主观和客观的限定,"已经发生法律效力的法院民事判决,只是对于某一具体的法律关系,而且只是当它牵涉到已经参加本案诉讼或虽然还未参加但可能并有权参加这一诉讼的那些主体时,才具有前提意义"。② 苏联最高法院民事审判庭在其审判实践中亦指出,"由具备法律效力的法院判决所确立的有关当事人相互关系的事实,不应该成为法庭审理另一涉及当事人这些法律关系的案件的诉讼标的"。③ 同时,由于在案件审理过程中,原告所主张的作为请求根据的事实可能随程序进程而发生变动,因而苏联法上所谓预决事实并非原告主张的作为请求根据的事实,而是"法院在本案争讼的法律关系范围之内所确定的法律事实"④。同时,当诉讼标的为诸如物权一类的绝对权利时,苏联学界的主流观点认为民事确定判决在确定某几个具体当事人之间法律关系存在与否的同时,"也就预决了将来这项绝对权利和他人利益发生冲突时的绝对权利问题,尽管那些人没有参加或不可能参加现在审理的这一诉讼"。⑤ 例如,如果法院在审理涉及返还请求权存在与否的案件中,判决认定买方购得的案涉标的物实为卖方盗窃所有权人所得。据此,确定判决中有关偷窃一节的事实,在后续买方要求卖方返还价金的诉讼中,买方便无须再进行证明。⑥

---

① 史图钦:《苏维埃民事诉讼上的预决(判决前提)》,张紫葛译,载西南政法学院诉讼法教研室编:《民事诉讼参考资料》,1982年版。

② 史图钦:《苏维埃民事诉讼上的预决(判决前提)》,张紫葛译,载西南政法学院诉讼法教研室编:《民事诉讼参考资料》,1982年版。

③ 史图钦:《苏维埃民事诉讼上的预决(判决前提)》,张紫葛译,载西南政法学院诉讼法教研室编:《民事诉讼参考资料》,1982年版。

④ 史图钦:《苏维埃民事诉讼上的预决(判决前提)》,张紫葛译,载西南政法学院诉讼法教研室编:《民事诉讼参考资料》,1982年版。

⑤ 史图钦:《苏维埃民事诉讼上的预决(判决前提)》,张紫葛译,载西南政法学院诉讼法教研室编:《民事诉讼参考资料》,1982年版。

⑥ 阿·阿·多勃罗沃里斯基等:《苏维埃民事诉讼》,李衍译,常怡校,法律出版社1985年版。

苏联法上预决制度的救济程序为再审制度。由于预决制度是苏联法上确定判决法律效力体系的重要一环，其效力形态表现为证据法上预决事实或法律关系的免证效力。同时，就《苏俄民事诉讼法典》第 55 条的规定而言，这一免证效力不存在例外情形，其适用具有刚性，反对一方无法通过证据抗辩来反驳或是推翻这一免证效力的适用。与确定判决所具有的其他法律效力的救济方式一致，预决制度的救济路径为苏联法上的再审程序。苏联法上的再审程序分为两种类型[①]：一类是"依照审判监督程序对已发生法律效力的判决的再审"，在提起主体范围上，只有根据《苏俄民事诉讼法典》第 320 条规定的法院公职人员或检察长的抗诉才能启动这一程序。在再审理由设置上，依照苏联法上《最高审判监督条例》的规定，这一类型的再审理由包括确定判决违反或没有适用苏联法律（包括没有根据或严重违反实体法与诉讼法规定）、受理了不属于法院权限的案件、判决明显违背了苏联立法指导原则和政府的一般政策。在案件审理范围上，根据《苏俄民事诉讼法典》第 327 条的规定，法院应根据现有资料，不受抗诉理由的限制，对全案是否合法、有无根据进行审查。若确定判决所预决的法律关系因法院错误适用法律而有违客观真实原则，此时即应通过这一再审程序处理；另一类是"根据新发现的情节对已发生法律效力的判决、裁定和决定的再审"，这类再审程序与前者的主要区别在于提起主体范围与再审理由设置的差异。在提起主体范围上，《苏俄民事诉讼法典》第 334 条规定，除可由检察长向作出判决的法院提出外，原审案件当事人及参加人可向作出判决的法院提出再审申请。在再审理由设置上，《苏俄民事诉讼法典》第 333 条对"新发现的情节"进行了限定，只在由于发现了在制作判决阶段尚未知晓或未估计到的对案件具有重要意义的情节而必须再审时才能适用。这一再审程序适用于确定判决中具有预决力的事实存在认定错误的情形，诸如发现申请再审一方先前无法知晓但对案件事实存在重大影响的情节、据以认定事实的证据系伪造及该预决事实所依据的确定判决或其他机关的决定已被撤销等情形。扼要言之，

---

　　① 阿·阿·多勃罗沃里斯基等：《苏维埃民事诉讼》，李衍译，常怡校，法律出版社1985 年版。

仅有特定主体经由上述再审程序方能推翻确定判决的预决力。因而,就救济路径的规范设置而论,苏联法上的预决制度也应归入确定判决法律效力体系之中。

第三节 预决效力规则的立法演进

与私法领域相比,程序法的意义和效果更加依赖于外部环境,尤其是直接仰赖于所在国家司法运行的现实状况与学术理论的资源积累①。改革开放至今,我国民事诉讼法制的变迁正是民事诉讼实践不断丰富与民事诉讼理论蓬勃发展的互动产物。②

一、预决效力规则形成的理论准备

预决效力制度虽然移植自苏联法上的预决制度,但应注意到这一移植过程并非一蹴而就,显然自 1982 年我国制定《民事诉讼法(试行)》至 1992 年预决效力规则首次进入《民诉法适用意见》间的数年理论研究与学术积累为预决效力的本土化提供了重要的经验资源。

我国学术领域中最早引介苏联法上民事判决体系的教科书认为预决制度表现为确定判决理由中事实认定对另案具有的免证效力。其认为预决制度正是与确定判决的其他效力一同构成了苏联法上民事判决效力体系。③ 1983 年,作为参与民事诉讼法立法工作的权威学者,刘家兴在西南政法学院举办的第三期全国法律专业《民事诉讼法》师资进修班上提出虽

---

① 达马斯卡:《比较法视野中的证据制度》,吴宏耀、魏晓娜等译,中国人民公安大学出版社 2006 年版。

② 张卫平:《改革开放以来我国民事诉讼法学的流变》,载《政法论丛》2018 年第 5 期。

③ 郭学贡主编:《中华人民共和国民事诉讼讲义》,东北人民大学教材出版社 1957 年版。

然德、日学者对既判力的主、客观范围均进行了界定,但为了更好地维护社会主义法制,判决的效力应只限定主体范围。同时,由于法院代表国家行使审判权,判决又经过法定程序的确认,对于当事人而言,其拘束力应当是绝对的。① 在另一本由数位民事诉讼法学权威学者共同撰写的《民事诉讼法学》教科书中,执笔人曾昭度将民事判决效力形态区分为民事判决的排除性、不可争议性与执行性,其中排除性是指民事判决发生法律效力后,排除当事人对确定判决已经认定的事实和理由再行争执,排除法院对同一案件重新审理的可能。② 就预决效力规则形成的理论准备阶段具有代表性的学术观点而言,学者们大体承袭了苏联法上判决效力体系,并通过淡化判决效力的客观范围与强化判决效力的刚性适用效果在判决效力的理论构成中为预决效力的引入留下空间。而随着同一时期苏联民事诉讼法学译著的引入,除苏联相关立法的汉译版本外,顾尔维奇撰写的《苏维埃法院的民事判决是保护主体民事权利的手段》、史图钦论证的《苏维埃民事诉讼上的预决》,以及阿布拉莫夫、克列曼、多勃罗沃里斯基等各自编撰的苏联民事诉讼法学教科书,都阐述了苏联法上判决效力体系与预决制度的理论构成与实务运作,这使得预决制度进入我国民事诉讼法学研究视域,并为我国在《民诉法适用意见》中确立预决效力规则提供了直接的理论资源。

二、预决效力规则的立法流变

从 1992 年《民诉法适用意见》的首次确立,历经 2001 年《证据规定》与 2015 年《民诉法解释》的两度修订,直至 2015 年《环境公益诉讼解释》、2016 年《消费公益诉讼解释》的再度拓展,预决效力规则的制度变迁绵延20 余年,贯穿于民商事私益与公益诉讼之中,其在性质定位、适用范围、作用效果、例外规则等方面几经变化。梳理预决效力规则的立法史既是把握其效力性质的重要研究路径与审视其规则实践的必要选择,也是探

---

① 《民事诉讼法讲座》(下册),1983 年 6 月。
② 法学教材编辑部编审:《民事诉讼法学》(修订本),法律出版社 1989 年版。

究学术理论与制度演化背后所蕴藏的社会变迁与司法演进的不二法门。

　　预决效力条款最早形成于 1992 年《民诉法适用意见》第 75 条第 4 项,其表述为"下列事实,当事人无需举证:……④已为人民法院发生法律效力的裁判所确认的事实"。彼时,该条款被解读为"举证责任的免除",这一规定的起草者认为[①],"如果案件中的某些事实已经清楚,不必再由当事人负责举证,则可免除该当事人的举证责任",而人民法院就其他案件作出的生效裁判中已认定的事实即预决的事实便属于应免除举证责任的情形,并说明这一无需证明的根据在于:一是因为该事实已为人民法院所查明,客观上无再次证明的必要;二是该事实为人民法院具有法律约束力的裁判所认定,该法律约束力包括对已认定事实的不可更改性。显然这一系列论断受到苏联法上预决制度的影响颇深。但当时亦有来自学界和实务方面的不同意见认为虽然"已决事实是发生法律效力的裁判所确定的事实。该事实无需当事人举证,对方当事人如否认已决事实,须举证证明并有效推翻原裁决,否则即可认定"。[②]

　　其后,最高人民法院将其吸纳到 2001 年制定的《证据规定》第 9 条第(四)项,并在承继原有条款的基础上,于该条新增"前款(一)、(三)、(四)、(五)、(六)项,当事人有相反证据足以推翻的除外"的例外规定。最高人民法院在其编著的权威解说书中将法院确定裁判预决的事实与众所周知的事实、自然规律及定理、推定事实、仲裁裁决预决的事实、公证证明的事实一道界定为以司法认知为理论内核的免证事实[③],并指明免证效力具有多元性,即诸如自然规律及科学定理之类的免证事实,其免证效力具有绝对性,当事人无法以相反证据加以推翻,而为法院确定裁判所确认的预决事实则仅具有相对的免证效力,当事人可以提出相反证据予以推翻。对于预决效力的效力根据,该解说书明确提出"所谓法院确定裁判预决的

---

　　① 马原主编:《〈民事诉讼法适用意见〉释疑》,中国检察出版社 1994 年版。该书的作者都是最高院参与起草该意见的审判人员。

　　② 杨立新主编:《〈最高人民法院关于适用民事诉讼法若干问题的意见〉释义》,吉林人民出版社 1992 年版。该书作者既有学者也有参加《民诉法适用意见》起草过程的审判人员。

　　③ 李国光主编:《最高人民法院〈关于民事诉讼证据的若干规定〉的理解与适用》,中国法制出版社 2002 年版。

事实，是指已为发生法律效力的裁判所确认的事实。其之所以不必证明，根据在于生效裁判的既判力"①，并进一步阐述到"既判力的作用在于终局确定当事人之间的实体权利或法律关系，并禁止就确定判决的既判事项为相异主张与矛盾判决。因此，法院要终局地确定当事人的实体权利义务，必须以对纠纷事实的认定为前提。人民法院既已查明本案的事实，那么在其他诉讼中为了防止法院在裁判中对同一事实作出相互矛盾的认定，就必须以前诉中认定的事实为准。这也是民事诉讼中诚实信用原则的要求"②。针对民事生效裁判所预决的事实，最高人民法院认为应将民事生效裁判的形成程序作为赋予预决效力的重要指针，即"为生效民事判决所预决的事实主要指人民法院依普通程序作出的生效判决中认定的事实。而依特别程序作出的生效判决中认定的事实是否也具有预决效力，需具体分析"。此外，最高人民法院对于预决效力的调查程序也进行了规范，"在实际诉讼中，如果审理案件的审判人员不知道具有预决效力的判决存在，主张存在这一判决的当事人应提出判决书或其副本予以证明，法院有权对自己已了解的预决事实进行司法认知"。这实际上确立了预决效力二元化的援引规则，即当事人申请与法官依职权适用并行不悖。同时，"判决书或副本提出后，法院就不必再对该事实进行调查，主张该事实存在的当事人即免去了举证责任"③。

及至 2015 年，《民诉法解释》第 93 条在承继《证据规定》第 9 条的基础上，对免证事实的例外规则进行了修正，即"（五）已为人民法院发生法律效力的裁判所确认的事实；（六）已为仲裁机构生效仲裁所确认的事实；（七）已为有效公证文书所证明的事实……第五项至第七项规定的事实，当事人无须举证证明，但当事人有相反证据足以推翻的除外"。而对于众

---

① 李国光主编：《最高人民法院〈关于民事诉讼证据的若干规定〉的理解与适用》，中国法制出版社 2002 年版。

② 李国光主编：《最高人民法院〈关于民事诉讼证据的若干规定〉的理解与适用》，中国法制出版社 2002 年版。

③ 李国光主编：《最高人民法院〈关于民事诉讼证据的若干规定〉的理解与适用》，中国法制出版社 2002 年版。如果当事人或有关部门请求法院出具判决书法律效力证明，法院可根据案件的实际需要出具证明，并加盖院印。具体可参见最高人民法院 1987 年 11 月《关于人民法院如何出具判决书法律效力证明问题的函》。

所周知的事实、根据法律规定推定的事实、根据已知的事实和日常生活经验法则推定出的另一事实,其免证效力的例外规则仍旧为"当事人有相反证据足以推翻的除外"。依据最高人民法院的解释,其理论依据在于立法条款中所指涉的众所周知的事实、根据法律规定推定的事实等均属于一般性事实,这类事实依靠逻辑推理或日常生活经验法则即可推论得出,故应适当降低对方当事人的反证证明标准,即在该当事人提出足以反驳这类推定事实的证据时,法院就不能免除援引免证效力一方当事人的举证责任。"但对于已为人民法院发生法律效力的裁判所确认的事实,其在性质上应属于有权机关依法确认的事实,具有很强的公信力,按照公文书证的规则,需要在当事人有相反证据足以推翻的情况下,人民法院才能否定该事实的免证效力。"[1]同时,最高人民法院认为赋予预决事实免证效力的意义在于"一是防止法院在不同的案件裁判中对相同的事实作出不同的认定,影响司法公信;二是可以减轻当事人的诉累,节约诉讼成本,提高诉讼效率"。[2]

无论是《民诉法适用意见》还是《证据规定》《民诉法解释》,预决效力规则均是以传统民商事私益诉讼中的一般性制度规则的形态出现,其适用范围辐射整个民商事私益案件,而自 2012 年修订的《中华人民共和国民事诉讼法》第 55 条引入公益诉讼制度以来,公益诉讼中确定判决对后续私益诉讼的预决效力问题即成为实务部门探索有效发挥公益诉讼程序效益、促进两类诉讼协调共生的重要课题,最高人民法院也在提炼公益诉讼制度确立后的数年实务经验基础上,相继出台特定领域的公益诉讼司法解释,并着重对公益诉讼确定判决的预决效力问题作出了进一步的规定,在预决效力的适用范围、作用效果方面拓展了《民诉法解释》的原有规定,并在一系列司法解释的权威解读中为寻求预决效力的性质定位提供了更为丰富的实务观点与理论视角。

自 2015 年《环境公益诉讼解释》正式施行,预决效力规则从一般民商

---

① 杜万华、胡云腾主编:《最高人民法院民事诉讼司法解释逐条适用解析》,法律出版社 2015 年版。

② 杜万华、胡云腾主编:《最高人民法院民事诉讼司法解释逐条适用解析》,法律出版社 2015 年版。

事私益诉讼首次进入特定类型的民事公益诉讼领域。该解释第 30 条针对环境公益诉讼中确定判决认定的特定事实赋予其预决效力，该条第 1 款规定，"已为环境民事公益诉讼生效裁判认定的事实，因同一污染环境、破坏生态行为依据民事诉讼法第一百一十九条规定提起诉讼的原告、被告均无需举证证明，但原告对该事实有异议并有相反证据足以推翻的除外"。这一条款可视为《民诉法解释》第 93 条在环境民事诉讼领域的延续，仍将既判事实的预决效力作为证据法上的一种免证效力，但区别在于针对原、被告设置了不同效力强度的例外规则，其理论依据与司法政策倾向在于"既然被告已经在环境民事公益诉讼中充分行使了举证辩论等诉讼权利，那么就不应允许其在后续的私益诉讼中作出与前诉判决确认的事实相违背的主张，但对原告而言，应充分保障其在私益诉讼中的辩论权利"，因而赋予其可反证推翻预决效力的权利。[①] 该条第 2 款进一步规定，"对于环境民事公益诉讼生效裁判就被告是否存在法律规定的不承担或者减轻责任的情形、行为与损害之间是否存在因果关系、被告承担责任的大小等所作的认定，因同一污染环境、破坏生态行为依据民事诉讼法第一百一十九条规定提起诉讼的原告主张适用的，人民法院应予支持，但被告有相反证据足以推翻的除外。被告主张直接适用对其有利的认定的，人民法院不予支持，被告仍应举证证明"。该款赋予了后续私益诉讼原告"搭便车"的权利，其中所指涉的被告责任大小、是否存在减免责任情形、因果关系存在与否等问题显然均是侵权责任法上的法律构成要件，对法律构成要件的认定属于法律评价的范畴，而与一般的事实认定有所区别。虽然该款与《民诉法解释》第 93 条在法条构造上并无太大出入，但因具体列明的免证事项不再拘束于既判事实而已辐射到法律评价层面，故而部分学者认为该款规定"已然突破传统意义上的预决效力，具有了类似于裁判遮断效力的实际效果"，[②]因而可将其视作争点效理论的具体化规范。

---

① 　江必新：《最高人民法院司法解释与指导案例理解与适用》（第 4 卷），人民法院出版社 2016 年版。

② 　郭翔：《美国判决效力理论及其制度化借鉴——基于争点效力理论的分析》，载任重：《民事程序法研究》（第 14 辑），厦门大学出版社 2015 年版。

距《环境公益诉讼解释》施行一年有余，最高人民法院又于2016年5月1日起正式颁行民事公益诉讼领域的第二部司法解释，即《消费公益诉讼解释》。该解释第16条第1款规定，"已为消费民事公益诉讼生效裁判认定的事实，因同一侵权行为受到损害的消费者根据民事诉讼法第一百一十九条规定提起的诉讼，原告、被告均无需举证证明，但当事人对该事实有异议并有相反证据足以推翻的除外"。该款明确将预决效力规则的适用范围由传统的民商事私益诉讼拓展到新型的消费民事公益诉讼，在公益诉讼与私益诉讼之间架起了裁判效力通用性的桥梁。同条第2款又明确，"消费民事公益诉讼生效裁判认定经营者存在不法行为，因同一侵权行为受到损害的消费者根据民事诉讼法第一百一十九条规定提起的诉讼，原告主张适用的，人民法院可予支持，但被告有相反证据足以推翻的除外。被告主张直接适用对其有利认定的，人民法院不予支持，被告仍应承担相应举证证明责任"。最高人民法院民一庭负责人就该解释答记者问时也直言，消费民事公益诉讼与后续可能产生的私益诉讼往往在事实认定与法律适用方面存在共通性，出于防止矛盾裁判与诉讼经济考虑，应当允许消费民事公益诉讼生效裁判的预决效力向关联私益诉讼扩张。在预决效力的客观范围上，也不再仅局限于既判事实层面，而涵盖了指向"诉讼标的以及主要争议焦点的判决理由"[①]，"经营者存在不法行为"这一判定显然不是单纯的事实认定而必然包含法律评价的后果。在预决效力的作用效果上，该条款也首次区分针对不同援引主体的法效果，存在预决效力片面扩张的情形，其背后的法理依据在于武器平等原则与程序保障观念的具体化。一方面，相对于经营者而言，消费者距离证据较远、获取证据的能力有限，基于这一证据偏在的现实状况，有必要赋予个体消费者在私益诉讼中"搭便车"的权利，消费者可在私益诉讼中直接援引消费民事公益诉讼判决中的既判事实及法律评价结果（经营者是否存在不法行为），而免除其举证证明责任。另一方面，经营者作为消费民事公益诉讼中的被告一方，其实际参与诉讼并已获得充分的程序保障，因而也应受

---

　　① 杜万华主编：《解读最高人民法院司法解释、指导性案例》（民事诉讼卷），人民法院出版社2016年版。

前诉公益诉讼确定判决的拘束,而消费者并未成为前诉公益诉讼的主体,因此不应受到前诉公益诉讼确定判决的不利拘束。故而,作为被告的经营者不能在私益诉讼中直接援引前诉公益诉讼确定判决中对其有利的认定,而仍应承担证明责任。同时该条也保留了预决效力规则的例外条款,作为被告的经营者仍可以在私益诉讼中反证推翻消费者直接援引的预决效力。[①]

2016年3月的《最高人民法院关于民事诉讼证据的解释(征求意见稿)》第25条则沿袭了《民诉法解释》第93条对预决效力规则及其例外的规定,并将该条直接纳入司法认知范畴。[②]

由此可见,虽然预决效力规则的适用范围、作用效果及例外规则不断丰富,但规则流变的基调似乎一直依循实用主义的线索,而对预决效力性质的认识则始终处于摇摆之中。预决效力规则历次修订的权威解释从效仿苏联法上预决制度的规范表达与性质认定转向将大陆法系既判力理论作为解释框架再到被认为融入英美法上争点排除效力,及其间一直存在的证据效力与证明责任问题(包括是否可界定为司法认知的问题),与前述预决效力性质的学术论争不谋而合,学术场域中既判力说、争点效力说、证明效力说等主要学说的对垒与竞争未能为指导立法及其解释的制定与实务的有序运作提供有效的理论供给与制度选择。

第四节　预决效力性质的多元解析

有关预决效力的性质定位问题,学术场域的多元论争与立法及其解释背后的理论摇摆如出一辙,虽然为因应公益诉讼与私益诉讼的衔接问

---

① 杜万华主编:《商事法律文件解读》(第144辑),人民法院出版社2017年版。

② 《最高人民法院关于民事诉讼证据的解释(征求意见稿)》(2016年3月)第25条用"司法认知"作为本条题旨,其中第1款第(六)项即确定判决的预决效力规则,并在第2款保留了"当事人有相反证据足以推翻的除外"的例外规则。吴英姿:《预决事实无需证明的法理基础与适用规则》,载《法律科学》2017年第2期。

题,预决效力规则的细节获得不断丰富,但绕不开的性质问题依然存在,预决效力规则的存废之争仍旧是重大的理论关切与实务问题。而本书在对预决效力性质论争的细致描摹基础上,透过对原有苏联法上预决效力的追溯和我国预决效力规则立法史的简要梳理与评述,既将预决效力论争的诸多面向一一展露,又为探究预决效力性质的再度出发提供了可行的研究方法与充实的学术资源。

一、预决效力与既判力的异质关系

就预决效力性质论争而言,既判力说无疑是其中形成较早,影响甚为广泛的学说,其甚至被视为预决效力性质论的主流学说,一度获得司法解释制定者的认可而成为诠释预决效力性质的官方版本,在个案的具体处理中更是有指导性观点指出,生效裁判所确认的事实属于无可争执的事实。人民法院可以依据生效裁判文书所确认的事实直接作出判断,并免除一方当事人的证明责任。如当事人不服,只能通过审判监督程序予以纠正。① 但紧随着既判力理论的精致化与域外判决效力关联理论的引入,预决效力与既判力理论间的异质关系日渐显现。

"裁判效力的问题是程序法中最核心的问题。"②对于民事程序利用者而言,民事诉讼的结果价值正在于裁判在形成实体与终结程序上的效力。在确定判决具有的诸种效力层次中,既判力无疑是最为基础性的效力。在与我国法治发展具有亲缘关系的大陆法系国家,既判力已成为程序法上确定判决所具有的一项基础性制度效力。③ 在实体法上,既判力是法院通过判决对两造当事人所争议的权利义务作出的权威判断,因之当事人间的实体法律关系得以明晰,且当事人和法院此后的行为亦受其

---

① 刘德权主编:《最高人民法院司法观点集成》(民事诉讼卷),人民法院出版社2017年版。

② 张卫平:《既判力相对性原则:根据、例外与制度化》,载《法学研究》2015年第1期。

③ 如《新法国民事诉讼法典》第480条、《德国民事诉讼法典》第322条至第327条、《意大利民事诉讼法典》第324条。张戈译:《国际法协会2004年柏林大会国际商事仲裁委员会关于既判力原则与仲裁的中期报告》,载《商事仲裁》(第十二集)2015年第1期。

拘束。而在程序法上，既判力的发生意味着当事人已然穷尽其对诉讼标的的攻击防御手段，其后即不得对同一诉讼标的的再起争执。虽然既判力辐射实体与程序，但就其发挥直接作用的诉讼场域而言仍应将其归入程序法领域，其所能发挥的诉讼法上效果包括：一是经过诉讼作出确定生效的判决可导致针对同一纠纷的争讼不再发生，因而也可称之为"禁止重复起诉"的法理；二是判决中确定的某些"既判事实"能够拘束此后发生的诉讼，当事人对这些事项不得再行争执，法院也不得作出相悖的判断。① 相对于既判力在诉讼上的效果而言，真正构成既判力理论精要的当属既判力相对性原理，其本质在于划定既判力的作用范围，亦即既判力在诉讼上的效果应对何种主体、客体及时间范围产生作用。通说认为，既判力的主观范围原则上仅及于当事人，客观范围应以诉讼标的为限，其作用效果的基准时以事实审口头辩论终结为标识。②

预决效力与既判力理论的异质关系表现为：(1)规范基础不同。除公益诉讼相关司法解释外，预决效力的规范基础应为 2015 年颁行的《民诉法解释》第 93 条第 5 款，即"已为人民法院发生法律效力的裁判所确认的事实"，"当事人无须举证证明"，但"当事人有相反证据足以推翻的除外"，而我国程序法上虽然缺少对既判力原理的直接规定，但学界主流观点则认为现行《民诉法解释》无疑已经初步构建起相对完整的既判力相对性制度。③ 其理据在于，首先，以规制重复诉讼为目的的《民诉法解释》第 247 条④实质上将既判力的客观范围限定在诉讼标的范围之内。其次，可从

① 王亚新、陈杭平、刘君博：《中国民事诉讼法重点讲义》，高等教育出版社 2017 年版。

② 丁宝同：《民事判决既判力研究》，法律出版社 2012 年版。

③ 任重：《论中国民事诉讼的理论共识》，载《当代法学》2016 年第 3 期。

④ 《民诉法解释》第 247 条：当事人就已经提起诉讼的事项在诉讼过程中或者裁判生效后再次起诉，同时符合下列条件的，构成重复起诉：（一）后诉与前诉的当事人相同；（二）后诉与前诉的诉讼标的相同；（三）后诉与前诉的诉讼请求相同，或者后诉的诉讼请求实质上否定前诉裁判结果。当事人重复起诉的，裁定不予受理；已经受理的，裁定驳回起诉，但法律、司法解释另有规定的除外。

《民诉法》第 56 条第 3 款[①]、《民诉法解释》第 249 条[②]推定立法认可了既判力主观范围的相对性原理。同时,《民诉法解释》第 248 条[③]规定了终局判决确定后的新事实对既判力遮断效的阻却效果,既判力时间范围的相对性得以确立;(2)作用效果不同。既判力的积极效果表现为确定判决中对实体法律关系状态所作出的实质性判断在后诉实体法层面对当事人及法院产生的拘束效果,而既判力的消极效果则是指禁止当事人提出与确定判决所裁判事项相异的主张,也禁止后诉对此重新受理或审查,结合前后两诉在诉讼标的上的不同关系,其作用效果又可区分为三类,其一是在前后两诉诉讼标的同一时,无论当事人胜败与否,都无法针对同一诉讼标的提出新的诉讼;其二是在前诉确定判决中针对诉讼标的的裁判结果构成后诉诉讼标的的先决条件时,法官应将确定判决中针对诉讼标的的裁判结果作为后诉裁判的基础;其三是在前后两诉诉讼标的矛盾时,法院应以前诉确定判决对请求权存在与否的判断作为后诉裁判的基础。[④]　相较而言,虽然既判力说中有观点旨在将预决效力区分为绝对的和相对的,但无论是从既有理论还是现有规则出发,预决效力的作用效果直观上都属于一种证据法上的效力,即确定判决中既判事实无须举证证明的效力,而与诉讼标的的判断无涉。即使在公益诉讼中,预决效力条款针对不同援引主体区分适用不同的法效果,存在预决效力片面扩张的情形,但其与既判力的作用效果之间仍存在本质差异。(3)适用范围不同。经典既判

---

① 《民诉法》第 56 条第 3 款:前两款规定的第三人,因不能归责于本人的事由未参加诉讼,但有证据证明发生法律效力的判决、裁定、调解书的部分或者全部内容错误,损害其民事权益的,可以自知道或者应当知道其民事权益受到损害之日起六个月内,向作出该判决、裁定、调解书的人民法院提起诉讼。人民法院经审理,诉讼请求成立的,应当改变或者撤销原判决、裁定、调解书;诉讼请求不成立的,驳回诉讼请求。

② 《民诉法解释》第 249 条:在诉讼中,争议的民事权利义务转移的,不影响当事人的诉讼主体资格和诉讼地位。人民法院作出的发生法律效力的判决、裁定对受让人具有拘束力。受让人申请以无独立请求权的第三人身份参加诉讼的,人民法院可予准许。受让人申请替代当事人承担诉讼的,人民法院可以根据案件的具体情况决定是否准许;不予准许的,可以追加其为无独立请求权的第三人。

③ 《民诉法解释》第 248 条:裁判发生法律效力后,发生新的事实,当事人再次提起诉讼的,人民法院应当依法受理。

④ 丁宝同:《民事判决既判力研究》,法律出版社 2012 年版。

力理论奉行既判力客观范围＝诉讼标的＝判决主文的教义学公式通说认为既判力的客观范围在确定判决中应以主文中的判断为准，而严格限制向判决理由的扩张。① 而根据既判力相对性原理，其主观范围原则上仅及于参加诉讼的当事人，当然基于实体法或程序法上特定因素的考量，既判力主观范围往往会扩张至特定继受人、被担当人及请求标的物占有人。② 此外，既判力还限定其效力作用的时间范围，其效力作用的基准时为事实审言词辩论终结时，既判力基准时的界定与既判力的遮断效密切关联，以既判力基准时为界，当事人对于争议权利关系在既判力基准时前已存在的事由，不得在后诉中提出，或再为争执与该事由相反的主张或抗辩。③ 而目前我国学界与实务部门对预决效力规则的适用范围尚未形成共识或清晰界定，因而持既判力说的学者也试图效仿既判力理论来建构预决效力规则的适用范围，然而从预决效力在公益诉讼司法解释中的具体规定来看，预决效力的主观范围并不局限于前后诉当事人同一的情形。同时，由于判决主文是既判力发挥作用的场合，因而目前学界主流观点普遍将预决效力的客观范围限定在判决理由中。最后，由于预决效力的作用效果主要表现为证据法上的免证效力，其作用形态与既判力的遮断效相异，因而也几乎没有触及所谓预决效力时间范围的研究成果。

二、预决效力与判决附随效力的共通性

在大陆法系民事判决效力体系中，确定判决的效力可分为固有效力与附随效力。确定判决的固有效力除了上述既判力以外，还包括通常所说的执行力与形成力。这三类制度性效力随判决确定即告产生④，也为大陆法系国家或地区的程序立法所肯定。而确定判决的附随效力是指确定判决除上述固有效力外，在特定场合尚会发生一些附随的效果，当判决

① 林剑锋：《民事判决既判力客观范围研究》，厦门大学出版社 2006 年版。

② 常廷彬：《民事判决既判力主观范围研究》，中国人民公安大学出版社 2010 年版。

③ 李木贵：《民事诉讼法》（下），元照出版有限公司 2010 年版。

④ 其中既判力是任何确定判决均会产生的固有效力，而执行力仅在确定给付判决中发生，形成力只在确定形成判决中才存在。

确定后,实体法或程序法就判决确定设有特别规定,或依据诉讼法理承认在满足一定要件情形下,可能附随确定判决的内容发生特定的法律效果,例如程序法上诉讼告知、职权通知或诉讼参加的效力即属于附随效力的范畴,而实体法上亦有具体规范认可将存在某一确定判决作为法律要件事实,进而赋予其一定实体法上的效果,这一确定判决的法律要件效力亦属于附随效力,而附随效力中向来为学界所重视的当属参加效、争点效与反射效。① 这其中,争点效更是成为预决效力性质论争中的重要一脉。本书试图在考察以争点效、参加效、反射效为内核的确定判决附随效力体系基础上,寻找预决效力与附随效力的共通性,以期为破解预决效力的性质定位问题寻得最优解。

(一)预决效力与争点效

争点效理论的创立契机在于传统既判力客观范围仅覆盖判决主文,而判决理由中判断应否具有拘束力成为理论的灰色地带与实务的争议所在。日本学者新堂幸司在参酌兼子一提出的参加效见解与英美法上争点效力理论后提出争点效理论。其主张基于当事人间的公平原则、程序保障与自我责任原则及纠纷的一次性解决理念,对于判决理由中的判断,如在前诉作为主要争点已获当事人间充分争执,并经法院实质审理,则法院对该争点的判断将发生通用力,即在以同一争点为主要先决问题的相异后诉中,既禁止当事人提出与既判争点相悖的主张或举证,又禁止法院作出与之矛盾的裁判。争点效的构成要件包括:(1)该争点属于前后诉讼中能够左右诉讼结论的主要争点;(2)当事人在前诉中已就该争点穷尽主张与举证;(3)前诉法院对该争点作出了实质性判断;(4)前后诉在诉争利益上具有同等性。② 争点效理论既是为弥补既判力理论在客观范围方面的缺省,则争点效与既判力最为重大的理论差异就在于,有别于以判决主文

---

① 邱联恭讲述、许士宦整理:《口述民事诉讼法讲义》(下),2015 年笔记版。

② 新堂幸司:《新民事诉讼法》,林剑锋译,法律出版社 2008 年版。此外,也有日本学者将当事人须在后诉中援用作为争点效的要件之一,而新堂幸司本人则认为在诉讼中,在因争点效获利的一方提出主张后,法院对该效力存在与否进行调查即可。不过,对于用以判断争点效存在与否的资料,法院应当可以依职权进行探知。高桥宏志:《民事诉讼法:制度与理论的深层分析》,林剑锋译,法律出版社 2004 年版。

中判断(诉讼标的)为界的既判力客观范围,争点效辐射的范围以判决理由中经当事人争执并被法院实质判断的主要争点为限。虽然日本实务界并未接纳争点效理论,①但日本学界对争点效理论多持基本肯定的态度。② 对于预决效力与争点效间的微妙关系,本书认为可从三个维度予以理解:一是在效力作用层面上具有一致性,德国法上既判力并不包括事实认定,如在损害赔偿诉讼中买卖标的物具有瑕疵的事实,当事人可在其他诉讼中再为争执。即使在采取既判力扩张说的学者看来,既判力也仅及于先决性法律关系,而与事实认定无关。③ 但日本学者所提出的争点效则是将重要争点限缩于当事人已经认真争执过的主要争点。关于争点效作用层面问题,即争点效究竟是在法律判断层面,还是局限于事实认定尤其是主要事实认定层面产生效力是争点效理论中的一个重要问题,这也是探讨预决效力与争点效关系时首要面对的问题。新堂幸司教授主张应当在争点与后诉的关系中来决定争点效产生的层面,而就日本主流学说而言,争点效是针对主要事实的判断而产生的,尤其有学者指出,并不是基于权利或法律关系的层次,而应当是在一定的生活事实关系是否满足法律要件的判断的层面来把握争点效。从日本学界的讨论与实务判例来看,虽然对于争点效是否能作用于法律判断层面多有争议,但从争点效要件的明确化角度考量,一般情况下,争点效在主要事实层面发生效力。④ 而预决效力则同样以既判事实为拘束对象。因而就效力作用层面

---

① 以日本最高法院的判例动向来看,最高法院以诚信原则承认前诉判决对后诉的遮断效力,而下级法院亦多循这一见解,而将争点效与诚信原则置于同一层次处理。参见东松文雄:《争点に对する判决理由中の判断の拘束力について——要件と效果との均衡に视点をおいた理论构成の试み》,《判例时报》1991年10月11日。

② 并且,支持争点效理论者又形成两大发展方向,一是强调争点效应纳入确定判决的制度性效力范畴,着重当事人程序保障与争点效要件的具体化;二是认为争点效应作为诉讼法上诚信原则的具体化适用,统一解决纷争仅属于争点效反射、附属性效果,而未积极探索争点效要件的具体化问题。而学理上持反对意见者则主要认为争点效的构成要件较为模糊,可能造成判决效力的不当扩张。参见小林秀之:《民事诉讼法ケース·スタディー19—争点効·反射効》,《法学セミナー》1992年11月第455号。

③ 沈冠伶:《判决理由中判断之拘束力》,载《台湾法学杂志》2009年第129期。

④ 关于争点效作用层面的探讨参见高桥宏志:《民事诉讼法:制度与理论的深层分析》,林剑锋译,法律出版社2004年版。

而言,预决效力与争点效同样都发生在事实层面。二是在效力作用效果上具有相似性,争点效在作用效果上表现为,后诉当事人不能提出违反已有判断的主张及举证,同时后诉法院也不能作出与已有判断相矛盾的判断。以我国台湾地区争点效理论的实务发展为例。作为继受大陆法系民事诉讼法理的我国台湾地区对争点效理论持积极接纳态度,其"民事诉讼法"修正委员会讨论既判力客观范围条款时,多数意见主张,虽然赞成判决理由中判断理应具有拘束力,唯囿于"立法"技术相当困难,故倾向于留给实务运作并形成规范。而台湾地区的司法实践更是在判例中肯定了争点效理论的指导意义,其中台湾地区"最高法院"1984 年度台上字第 4062 号判决首次承认判决理由中判断的争点效,①随后跟进的相关判例大致上均援引该判决内容作为说明,再参考学说上意见作为补充,逐步建构出台湾地区争点效的适用要件,其包括:(1)前后两诉重要争点一致;(2)当事人展开辩论;(3)法院对当事人辩论结果作出实质判断;(4)前后两诉标的利益相当;(5)该判断未显然违背法令;(6)当事人未提出新诉讼资料足以推翻原判断。② 与之相比,《环境公益诉讼解释》第 30 条在原有预决效力条款基础上所确立的免证效力,部分是证据意义上的,如不承担或者减轻责任的情形、行为与损害之间是否存在因果关系、被告承担责任大小等所作的认定,因而可反证推翻,而有些则显然具有争点效力的适用效果,即不允许重复争议。例如前诉公益诉讼裁判对于排污行为的认定,在后续牵连的私益诉讼中原告可直接援引,且依据该条规定,被告自无反证推翻的权利。由此可见,我国现有司法解释对预决效力的规定已然具备与

---

　　① 该判决指出,确定判决之既判力,固以诉讼标的经表现于主文判断之事项为限,判决理由并无既判力。但法院与判决理由中,就诉讼标的以外当事人主张之重要争点,本于当事人辩论之结果,已为判断时,其对此重要争点所为之判断,除有显然违背法令之情形,或当事人已提出新诉讼资料,足以推翻原判断就该已经法院判断之重要争点法律关系,皆不得作任何相反之判断或主张,始符合"民事诉讼法"上之诚信原则。该判决撰写者为台湾地区民事诉讼法学者陈计男。而后来台湾地区有关争点效的判决如 1984 年度台上字第 2530 号判决、2002 年度台上字第 299 号判决等均援用此判决内容作为说明。吕太郎:《所谓争点效》,载《法令月刊》2000 年第 51 卷第 10 期。

　　② 沈冠伶:《民事判决之既判力客观范围与争点效》,载"民事诉讼法"研究基金会:《"民事诉讼法"之研讨》(十七),元照出版有限公司 2010 年版。

争点效作用效果类似的制度效力，同时，台湾地区争点效理论的实践也说明，当事人未提出新诉讼资料足以推翻原判断这一争点效要件使争点效同样会在证据法层面产生作用。当事人未提出新诉讼资料足以推翻原判断与当事人有相反证据足以推翻的除外的类似规定表明，争点效与预决效力在证据法层面具有共通性。争点效并未如既判力一般成为规范确立的刚性效力（对后诉法官而言成为一种必须遵守的法规），而仍旧在证据评价环节发挥作用。三是在我国司法实践上具有共通性。通过对相关数据库的检索与分析，①不难发现，在涉及预决效力与争点效的案例中，我国当下的司法裁判存在一种较为突出的裁判思路，即将争点效解释为预决效力，并直接援引预决效力条款作为争点效的制度规范。其中典型案例如在杭州市西湖区某业主委员会与杭州某房地产有限公司清算委员会房屋买卖合同纠纷一案中，最高人民法院裁定认为，综合前案的实际审理状况，在前诉判决理由部分明确认定"安泰公司已向西湖家园业主提供公建用房 335.66 平方米，占总面积千分之十二，已超过杭州市物业管理规定的千分之七标准，安泰公司不需再提供公建用房"，已为法院发生法律效力的裁判所确定的事实，法院在另案审理时应维护其效力。② 该案中，双方当事人争议的公建用房面积问题是前后两诉共同的主要争点，而在前诉中，当事人双方已经就公建用房问题展开辩论，且前诉生效判决也对此作出了实质判断，因而作为主要争点的公建用房问题在后诉中产生的效力显然应属于争点效范畴，而法官作出这一判断所依据的法律条款则为《证据规定》第 9 条预决效力条款，其裁判逻辑自然是将预决效力与争点效画上等号。在黄佩仪与广州市第三公共汽车公司城市公交运输合同纠纷一案（前诉）中，双方当事人就侵权行为的发生过程产生争议，后经法院判决确定，在对侵权过程这一事实作出认定的基础上判定双方各应承

---

① 通过检索中国裁判文书网，在一级民事案由范围内，笔者以"预决效力"共检索出 139 份裁判文书，其中新民诉法司法解释实施之后作出的裁判文书 97 份；以"预决事实"共检索出 70 份裁判文书，其中新民诉法司法解释实施之后作出的文书 53 份；以"第 93 条第 1 款第（五）项"共检索出 2555 份裁判文书；以"第 247 条第 1 款"共检索出 2927 份裁判文书；以"争点效""争点效力"共检索出 10 份裁判文书；未检索有适用《环境公益诉讼解释》第 30 条和《消费公益诉讼解释》第 16 条进行裁判的案件。

② （2014）民提字第 98 号民事裁定书。

担的责任份额,后在广州市第三公共汽车公司与黄佩仪不当得利纠纷一案(后诉)中(要求黄佩仪返还多垫付的医疗费),黄佩仪抗辩称前诉中的有关侵权过程的事实认定存在错误,而后诉法院则认为:"本院(2016)粤01民终15517号民事判决中,已在认定侵权行为发生过程基础上确定黄佩仪自行承担60%的责任,三汽公司承担40%的赔偿责任。黄佩仪虽然称已对(2016)粤01民终15517号民事判决提出再审申请,但上述判决未被再审程序依法改判前,仍具有法律效力。《民诉法解释》第93条第1款第(五)项规定,已为人民法院发生法律效力的裁判所确认的事实,当事人无需举证证明。"①因而驳回了黄佩仪的抗辩。在前后两诉中,侵权过程都是双方争执的主要争点之一,前诉判决也已在判决理由中对侵权过程作出判定,因而在后诉中,正是争点效在发挥作用,而从法官的裁判思路来看,其同样是将争点效视为预决效力的作用形态,因而依据预决效力规则作出裁判。

(二)预决效力与参加效

在大陆法系诉讼参加理论中,参加人既然与其所辅助的当事人协力作出诉讼行为,以同时保护当事人与参加人利益为目的,自然应当一体承受裁判的结果。因而参加人对于其所辅助的当事人,不得主张前诉裁判不当。法理上将这一法律效力称为参加效。基于此参加效,嗣后在参加人与被参加人之间的诉讼中,后诉法院应受到前诉确定判决的拘束,而不得作出相矛盾的裁判。例外的,参加人如因参加时诉讼进行程度或该当事人的诉讼行为而不能提出攻击防御方法,或因该当事人故意或重大过失未利用参加人所不知的攻击防御方法则免受参加效影响(也称为参加效排除抗辩)。②通说认为参加效的主观范围一般仅在参加人与被参加人之间,至于被参加人的对方当事人,不论在该当事人与被参加人之间,或在该当事人与参加人之间,均不发生参加效。其客观范围包括判决主文就诉讼标的之法律关系的判断或确认,以及在判决理由中所为的事实

---

① (2017)粤01民终14560号民事判决书。

② 吕太郎:《民事诉讼法》,元照出版有限公司2016年版。

或法律上的判断。①

德国法上通说观点认为,第三人主动申请参加诉讼后,其与被辅助当事人之间可发生参加效。依特定情形则有参加效排除抗辩之适用。辅助参加人与被辅助当事人间并非产生既判力或争点效。既判力主观范围的扩张理论不能作为第三人参加诉讼的根据,前诉确定判决的既判力不会及于参加人。参加效本身并非既判力,也非既判力的下位概念,而仅为一种具有独立属性的裁判效力。日本学界通说亦认为确定判决在参加人与被参加人之间发生参加效,而非既判力或争点效,其认为参加效与既判力的差异在于:(1)既判力根据在于尊重法院对纠纷的裁判,立基于维系法的安定性而生的确定判决固有效力。参加效源于参加人与被参加人之间关于共同实施诉讼行为之责任分配结果应具公平性与贯彻禁反言所生之效力;(2)参加人与被参加人共同实施诉讼,参加人不能将自己应承担的责任完全转嫁给被参加人。既判力则不论胜败诉均会发生,参加效仅限于被参加人败诉的场合才会发挥作用;(3)既判力作为确定判决的刚性效力,当事人实施诉讼是否有故意或过失在所不问,而参加效性质上乃基于诉讼上的衡平要求,故如存在将责任归属于参加人欠缺正当化的情形,则有参加效例外抗辩的适用空间;(4)既判力原则上仅就法院关于诉讼标的权利关系存在与否之判决主文判断发生,参加效则不仅及于诉讼标的之判断,也涉及判决理由中关于事实认定与法律效果的判断。其理据在于参加人与被参加人应共同地展开攻击防御,因而作为判决主文前提的判决理由中的判断也应在参加人与被参加人之间产生拘束力;(5)既判力为法院依职权调查事项,参加效则须当事人援引法院始能斟酌。②

参加效与既判力的对比也折射出预决效力与参加效的诸多共通之处,在效力作用层面上,两者都包括了判决理由部分的事实认定,在效力排除抗辩上,参加效排除抗辩在证据层面也表现为参加人能够提出证明"因被参加人原因而不能提出攻击防御方法"的反证以推翻参加效的适

---

① 陈启垂:《从参加效力》,载《月旦法学教室》2017 年第 182 期。

② 刘明生:《辅助参加之确定判决效力——既判力、争点效抑或参加效?》,载《月旦法学》2017 年第 265 期。

用,在效力援引规则上,两者都应属于辩论主义的范畴,而非由法院依职权调查。同时,分析当下预决效力规则的司法适用情况,在能够纳入参加效射程的案例中,法官也往往将其解释为预决效力,并依据预决效力规则作出裁判。例如,在杨昌华诉农振东等房屋租赁合同纠纷案中,所有权人将一批铺面租赁给承租人,承租人再将其中部分铺面转租给次承租人,所有权人起诉承租人,请求解除与其签订的租赁合同,次承租人申请作为无独立请求权第三人参加诉讼。法院经审理作出解除承租人与所有权人之间租赁合同的判决。后次承租人以所有权人与承租人作为共同被告提起诉讼,其诉请法院判决承租人继续履行与自己签订的转租合同,判令所有权人停止对自己承租的铺面断水断电等行为并赔偿损失。后诉法院认为,前诉判决已经解除所有权人与承租人之间的租赁合同,而该合同为承租人与次承租人之间转租合同的基础,如果承认次承租人有关继续履行转租合同的请求,则会与前诉的裁判结果相矛盾,因而依据《证据规定》第9条中的预决效力条款驳回了次承租人的诉请。[①] 分析该案不难发现,前诉中,参加人为次承租人,被参加人为承租人,前诉判决确定的解除承租人与所有权人间租赁合同的效力应在承租人与次承租人之间产生参加效,亦即次承租人不得在与承租人的后诉中提出抵触前诉判决结果的主张(对已经解除的所有权人与承租人之间的租赁合同再为争执)。据此分析,前诉确定判决对后诉的作用实为参加效,而法官援引预决效力规则予以裁判,正说明预决效力与参加效的共通性。

(三)预决效力与反射效

通说认为,基于判决效的相对性,民事诉讼中判决效的范围只及诉讼当事人之间。这是因为民事诉讼的对象原则上是诉讼当事人之间围绕个人利益产生的纠纷,在采用处分权主义、辩论主义的诉讼结构中,如果判决效扩及没有参与诉讼的第三人身上,给第三人带来不利,有可能损害对第三人的程序保障。第三人在援引对自己有利的判决时,不必顾虑第三人的程序保障,但是诉讼当事人在前诉中获得有利判决,却出于与程序保障的关系无法主张判决效不利地扩及于第三人,这两种情况下的处理方

---

① (2012)江民一初字第 2609 号民事判决书。

式是不公平的，因此通说不允许第三人援引对自己有利的判决。根据相互性原则，仅在确定判决对自己不利也必须服从该判决效的人，才能用对自己有利的方式援引该判决，因而判决效的相对性原则也得到了严格的运用。①

但反射效力理论认为，既判力作为判决固有的效力，不会例外地扩张到当事人以外的第三人身上，但是关于诉讼当事人之间法律关系是否存在的问题，法院作出的判决产生的既判力约束，对与当事人之间存在特别关系的第三人的法律地位，会反射性地带来有利或不利的影响。②

一如前述，确定判决除固有的既判力、执行力、形成力外，有时以判决的存在为契机，会导致私法上的法律关系产生新的变动，这种现象被看作判决附随效力，也被称为判决在构成要件上的效力。具体而言，构成要件性效力的适例包括，自判决确定时起对时效制度的影响、保证人求偿权的现实化、提存物取回权的消灭等。不仅对诉讼当事人，确定判决对第三人也会产生这种构成要件性的效力，诉讼当事人之间存在一定内容的确定判决，反映在第三人的法律地位上，第三人有时会因此在权利关系上受到一定的影响，这被称为判决的反射效力。因此就效力本质而言，反射效力仅仅是实体法上的效果。所以，反射效力和既判力不同，它不是法院依职权调查的事项，只有在当事人主张时法院才会予以斟酌。同时，受到反射效力影响的人可以以辅助参加的形式参与诉讼，受到既判力扩张影响的人可以通过共同诉讼辅助参加的形式参与诉讼，但是法律只认同通常的辅助参加，然而当诉讼当事人双方合谋诉讼的情况下，法律允许无效的主张。另外，反射效力不伴随执行力的扩张，会有利地或不利地受到法律影响，在这一点上反射效力与既判力也不同。以上述反射效力理论为基础，例如，由债权人向保证人提起保证债务履行请求诉讼（后诉）时，保证人可以援引主债务履行请求诉讼（前诉）中债务人胜诉的判决，从而获得债权人败诉的判决。由此反射效力理论因为通过判决把实体法上的依存关系

① 关于判决效的相对性原则，参见三木浩一：《判决効の相対性》，载《法学セミナー》2000 年第 45 期。

② 原强：《反射効、その他》，载《法学教室》2004 年第 282 期。

反映到纠纷解决结果上,具备了实践性意义,因而得到了日本学界众多的支持。[1] 虽然学说上有观点认为反射效与既判力多有不同,并将之视为基于实体法上牵连关系而产生的所谓构成要件效力,但不可否认的是,就实体法与程序法交互作用的诉讼场域而言,反射效与以诉讼法说为核心的既判力本质论多有龃龉,同时反射效也存在为既判力主观范围扩张理论所吸收的情况。

反射效力理论源起于德国法上所谓确定判决的构成要件效力,但随着既判力性质论争中诉讼法说的渐趋有力,反射效难以与以诉讼法说为核心的既判力本质论相调和。实体法说认同既判力具有实体法上的权利创设力,诉讼当事人之间按照判决内容在实体法上也形成了契约,因而,在诉讼上判决效也扩及于遵从该契约的第三人。与此相对,诉讼法说则认为,判决单纯是法院的诉讼行为,既判力无法创设实体法上的权利关系,仅是产生了诉讼法上的约束力,只有在实体法上明文规定的情形下才认同既判力的扩张。因此反射效只是替代了实体法说中的既判力扩张,诉讼法说只认同既判力在诉讼法上的效果,如果也认同反射效在实体法上的效果,会导致主要当事人(如债务人)只在诉讼法上失权,而让次要当事人(保证人)在诉讼法和实体法上都失权,由此暴露出矛盾所在。因而,日本学者认为反射性效果"使既判力诉讼法说模糊不清",用反射效解释的各个案例,在某些情况下已经根据既判力对第三人的扩张得到解释,历史已经告诉我们,这些案例终将归于既判力的扩张。[2]

对于有必要将判决效扩张至位于从属关系的第三人这一点,既判力扩张说虽然与反射效力理论持相同观点,但是既判力扩张说也提出了批驳反射效的论点,即对第三人的扩张不应该被当作反射性效果处理,而是应该作为既判力扩张的一般问题加以解决。[3] 既判力扩张说对反射性效

---

① 原强:《反射効、その他》,载《法学教室》2004 年第 282 期。

② 铃木正裕:《判决の反射的效果》,载《判例タイムズ》1971 年第 22 期。

③ 有学者认为如果实体法上没有明确规定将确定判决作为构成要件,根据实体法上的依存关系就从诉讼法说的观点承认反射效力是很困难的。因此,暂且不考虑反射效力,根据实体法中的依存关系讨论既判力扩张的问题。参见竹下守夫:《判决の反射的效果についての覚え书》,载《一桥论丛》1986 年第 95 卷。

果说的批判是，关于既判力的本质，现在的一般观点是诉讼法说，反射性效果说与诉讼法说在理论上很难整合。另外，在效力作用形态上，反射性效果的固有作用与既判力并无差异，很难找到实质性的理据支持在既判力扩张之外认同反射性效果，并将其排除在职权调查事项范围之外，在合谋诉讼和辅助参加的形态等方面采用与既判力不同的处理方式等做法。①

此外，日本学者也注意到，在第三人希望确定判决的内容约束力扩张至《日本民事诉讼法》第 115 条规定的第三人以外的范围时，应当依照该条的目的及其中列举的既判力扩张至第三人的正当依据等，来判断是否可以将既判力扩张到第三人以外的人。具体而言，前诉判决的既判力会有利地扩张至以实体法上诉讼当事人地位为先决关系的第三人（如保证人或无限责任公司的员工），以及实体法上与诉讼当事人处于法律共同关系的第三人（不真正连带债务人、共同债务人、共同所有人等）。也就是说，如果债权人已经知道保证债务以主债务为前提，在程序保障充分的情况下败诉于处于先决地位的债务人时，即使前诉的判决效有利地及于保证人，债权人也不会遭受意外的损失，另外保证人在后诉败诉时，前诉中胜诉的债务人会收到求偿请求，那么有可能无法确保债务人在前诉判决中获得的利益，因此前诉判决的既判力也会扩张至保证人。因而，反射效应当为既判力扩张理论所吸收。

我国亦有学者认为就合理性而言，实体法上的牵连关系使得当事人与第三人之间存在法律关系上的从属性，而基于这类法律地位的从属性，确定判决应当对第三人产生反射效。② 同时有学者在分析了相关案例的基础上指出，法院通常在处理涉及反射效案件时，并不会对反射效的产生基础即所谓实体法上的牵连关系进行解释，而是直接采用预决效力规则进行裁判，认为预决效力条款起到了一种替代反射效的作用，并就此认为应当将反射效解释为预决效力的应有之义。③ 但本书认为，反射效缺乏

---

① 原强：《反射効、その他》，载《法学教室》2004 年第 282 期。

② 胡军辉：《判决如何影响实体从属第三人》，载《社会科学家》2009 年第 4 期。

③ 陈晓彤：《判决对实体牵连关系第三人产生的效力》，载任重：《民事程序法研究》（第 18 辑），厦门大学出版社 2017 年版。

独立性,而应当为既判力主观范围扩张理论所吸收。首先,从部分学者所总结的我国现有民事实体法上类似反射效的实体法规定来看,以《中华人民共和国公司法》第 20 条规定的股东滥用公司法人地位的连带责任条款为例,虽然该规范涉及的实体法律关系间存在牵连关系,即债权人与公司之间的债权债务关系若已为确定判决所认定则会对债权人与滥用公司法人资格的股东之间产生直接的实体法作用。但显然,该条并不以确定判决为股东滥用公司法人地位的连带责任的构成要件,因而这实质上动摇了所谓反射效的实体法基础。同时,由于在我国司法实践中,既判力相对性原理尚未得到普遍认可,且就如何适用该原理远未形成广泛共识,以《民诉法》第 56 条第 3 款为标志的第三人撤销之诉和《民诉法解释》第 423 条规定的案外人申请再审制度的存在实际肯定了既判力主观范围的扩张,从而压缩甚至完全吸纳了所谓反射效发挥作用的余地。其次,由于反射效以前后两诉诉讼标的之间存在牵连关系为前提,因而其发挥作用的层面也局限于前诉诉讼标的之法律判断对后诉的影响。虽然在我国当下有关预决效力规则的具体适用中,确实存在实为反射效而被视为预决效力作用形态的案例,但纵观这些案例不难发现,往往是前诉确定判决中判决主文部分的判断对后诉的作用,可见即使承认反射效,由于其效力客体主要针对诉讼标的的法律判断,因而也与预决效力的作用客体存在本质差异。另外,也有来自实务界人士在具体考察连带债务诉讼中反射效适用可能性后主张,从程序保障与公平原则考虑,虽然连带债务的担保功能在于保证债权人针对任何债务人请求都能获得全部清偿,但实体上仅确保即使一个连带债务人财产状况不良,债权人仍可从其他债务人处获得清偿,却并不意味着在针对其他债务人的后诉中,其他债务人应当承受前诉判决效力的不利影响。[①] 综上所述,预决效力与反射效之间既存在本质差异,而反射效本身又为既判力扩张理论所吸收,且在我国缺乏实体法基础。

---

① 吴杰:《论本案判决的反射效力——以连带债务诉讼为视角》,载《法律适用》2010 年第 1 期。

三、预决效力与证明效的关联性

一般而言,判决之事实上效力包括两种,即所谓证明效与波及效。日本法上正式研究证明效概念的学者为山木户克己教授,其认为证明效是"前诉判决对后诉带来的事实性影响,尤其是前诉中对诉讼标的的判断、判决理由中的事实认定与权利关系的法律判断,给后诉法院判断带来事实上的证明性效果"。最显著情形在于,后诉中对前诉判决事实认定不负客观证明责任者,若不指摘前诉事实认定有何不当,亦未提出该认定之事实资料,后诉法院往往采纳前诉判决为事实认定依据。若前诉事实认定,对后诉不负客观举证责任者不利,往往在后诉中加重其主观证明责任,甚至达到与法律上推定同样之证明责任转换效果。[①] 此外,有学者从行为效概念得出与证明效同样结论。[②] 但证明效至今不为日本多数学说所赞同,因其为影响后诉法官自由心证之事实作用,且判决与待证事实通常并无法律上或事实上牵连,难以具备证据能力。法律赋予法官认定事实之义务,法官不能不说明事实认定之过程。再者,从程序保障观点,此种事实效力不当限制当事人攻击防御活动。美国证据法下,判决为传闻证据之一种,不得作为证据。且从辩论主义与处分权主义视角观察,法院判断之审理程序具有灵活性,径将他人判决作为证据殊为危险。[③] 但在现代型诉讼中裁判角色异于传统诉讼。裁判对于同种纷争被害人发挥事前防止功能,或直接、间接作用,此可视为裁判所具之法政策形成之机能。而实现裁判法政策机能之效力即为波及效。日本即有学者提倡灵活界定裁判事实上波及效果,对超越当事人利益之争点与诉讼构造应重新构筑"公共诉讼"之法理。对此,伊藤真教授考量此种事实效力扩张应思考波及效主体适格问题,对"纷争管理权"归谁所有应有所拣选与控制。同时,传统诉讼以当事

---

① 山木户克己:《判决の证明効》,载《民商法杂志》1978 年第 78 卷。

② 伊东乾:《行為効の理論——民事訴訟法学の礎石として》,载《法学研究》1977 年第 50 期。

③ 伊藤真:《補助参加の利益再考——判决の証明効に对する疑問》,载《民事訴訟杂志》1995 年第 41 期。

人间具体规范、权利形成过程为中心,未将超越个别纷争之波及效果考量在内,因而对于现代型诉讼而言,应考虑重新构筑诉讼理论。①

就诉讼实际而言,前诉中对诉讼标的的判断或判决理由中的事实认定与权利存在与否的判断,会作为后诉中判断的参考,可以理解为,在后诉中前诉判断拥有事实上的影响力。同时,判决的证明效不仅要考虑到判决主文中对诉讼标的的判断,也当然要考虑到判决理由中的事实认定或法律判断所拥有的事实上的影响力。另外,某些权利关系已经有确定判决,且围绕该权利关系存在纷争时,即使不在判决的既判力作用范围之内,但就心理与事实层面而言,由于法官担心造成裁判的不统一,对于权利存否和事实关系等很难作出与先前判决相反的判断。可以确定地说,前诉中的判决事实上对后诉中法官的判断有相当大的影响,但其影响的形态可以有很多种。

在后诉中的争议事实与前诉判决的认定事实相同的情况下,当后诉法官基于前诉判决理由中记载的诉讼资料,自身形成了一定的心证时,前诉判决的事实认定实际上造成了一定的影响。前诉判决的事实认定对后诉带来的影响,最显著的表现为:对该事实不负客观证明责任的当事人,只是表意要争论该事实,但不具体指出前诉判决中事实认定的不当之处,也不为此提交相应的证据方法。如果争论前诉判决认定事实的当事人不为了提出反证而积极开展举证活动,那么作为该事实认定的证据资料或被排除的资料内容有具体记录的情况自然不用说,即使没有具体的记录,争论前诉判决认定事实的当事人没有积极开展反证这一言词辩论的全部状况,以及前诉中对该事实已经作出认定的事实,综合而言,就有可能导致与前诉判决相同的事实认定。易言之,从对争论事实不负有证明责任的当事人的立场上来看,如果前诉作出了对其不利的事实认定,在后诉中其主观的证明责任就加重了。但即使可以参考前诉判决的事实认定,事实上有可能会被前诉判决影响,后诉法官也应当基于后诉的审理独立形成心证。

---

① 伊藤真:《補助参加の利益再考——判决の証明効に対する疑問》,载《民事诉讼杂志》1995 年第 41 期。

作为判决事实性效力的证明效以前诉判断符合真实为前提,判决的证明效的根据在于,前诉中穷尽审理之后法院作出的判断(这一判断是在双方当事人的攻击防御下,根据调查取证的结果与辩论的全部状况,依照经验和论理法则推导出的,由具备一定资格的法官作出的合理的结论),不仅其结果是合理的,且该判断过程也应是合理的,也是合乎真实的。因而,在后诉中当事人可以主张前诉的判断不符合真实以此排除证明效。而与之相对,既判力作为对后诉的约束力,属于具有刚性的制度性效力,即使判断与真实不符,仍可在后诉中通用,不允许后诉作出与前诉矛盾的判断。值得注意的是,日本学者认为,无论是既判力、争点效抑或参加效,都以证明效为基础,在这类确定判决约束力覆盖的范围内,并没有事实性证明效直接发挥作用的余地。①

同时,日本学者也承认即使认可判决具有抽象的证明效,但这仅是事实上的影响,判决证明效对于后诉的影响会随具体的案件发生变化,很难设定统一的基准。并且,如果认可合乎真实构成判决证明效的依据,则判决确定就不一定是判决效的必须要件。当然,从更加确实地保证了该判决内容真实性这一点上来说,判决已经确定的事实可以提升判决证明效的程度。但就此而言,并不意味着判决确定是证明效的绝对性要件,从这个意思上来说,证明效与判决效力中的制度性效力(如既判力)存在本质不同。②

在前诉中为双方当事人认真争执过而成为重要争点的事项,在后诉中(即使后诉的双方当事人与前诉不同)也成为重要争点的场合,主张前诉判决认定事实的当事人在提出证据资料时并不会只是提出该判决,采取将事实认定完全依赖于证明效的态度,而是通常会把前诉所有资料作为证据提出,且就法院而言,如果判断前诉的事实认定存在问题,法官往往会要求当事人提交与前诉相关的所有证据资料。因而,就诉讼的实际

---

① 山木户克己:《判决の証明効》,载《民商法杂志》1978 年第 78 卷;王甲乙:《判决理由之效力》,载民事诉讼法研究基金会:《民事诉讼法之研讨》(二),元照出版有限公司 1990 年版。

② 奈良次郎:《判决効をめぐる最近の理論と実務》,载铃木忠一＝三ヶ月章监修:《新・実務民事訴訟讲座》(2),日本评论社 1981 年版。

过程而言,判决的证明效在事实认定方面,对法官发挥作用的余地极小。即使对法官有影响,判决也只是众多证据资料中的一部分,特别主张判决的证明效没有实益。由此可见,即使肯定判决"证明效"的存在,对于民事诉讼理论来说,判决证明效价值大小尚存疑问。而且对于裁判实务来说,从与证明责任的关系出发,想要明确定位判决的证明效是较为困难的,最终也只能将其归结为自由心证主义中的证据原因之一。

回归到我国法上的预决效力规则司法适用问题,最高院民一庭倾向性意见认为,"对于生效裁判中认定的事实,不宜从既判力的角度来理解,而应从生效裁判的事实证明效力的角度进行分析。生效裁判所确认的事实作为有效的民事诉讼证据,属于无可争执的不证自明的事实。凡是人民法院生效裁判所确认的事实,具有免除后诉当事人举证责任的效力。在后诉当事人有相反证据足以推翻的情况下,后诉法院可以径行对有关事实进行确认,而不必等待前诉判决经过再审程序变更后再行认定"①。由此可见,这类实务观点肯定了预决效力与证明效间的关联关系,甚至将预决效力完全视作证明效。但正如学理上所批评的那样,证明效以判决符合真实为根据,试图与证明责任理论产生关联②,但将证明效作为一种法定证据效力无疑是对法官证据评价的不当限制,有损独立审判与自由心证原则,而从诉讼实际出发,证明效也显然无法获得支撑,判决证明效对法官认定事实的影响可能存在,但与判决的其他附随性效力相比,证明效仅在争点效、参加效等覆盖范围之外产生某种事实上的影响,因而作用十分有限,试图从理论上界定证明效并无实益。因而我国学者与域外学界的主流观点一致,均认为所谓判决的证明效不应纳入民事诉讼法立法范畴。但正如前文论证,预决效力的作用层次不仅包括了所谓的法定证明效,在其规则建构与司法适用日渐深入的当下,预决效力至少容纳了争点效、参加效与证明效三种不同类型与层次的效力。因而即使学者主张去除所谓的法定证明效,也无法就此否定预决效力理论的其他效力层次。

①　相关裁判观点及案例情况参见刘德权主编:《最高人民法院司法观点集成》(民事诉讼卷),人民法院出版社 2017 年版。

②　更何况将预决效力视为具有免除证明责任效力的观念本就与我国当下的证明责任规则体系与证明效理论自身存在无法协调的矛盾。

四、预决效力的类型化思考

经由上述分析可知,我国法上的预决效力具有层次性,其理据在于:
(1)就对预决效力移植对象的考察而言,苏联法上预决制度是其确定判决
效力体系中的重要一环。苏联法上确定判决的排除力与德、日等国诉讼
法上确定判决的既判力制度在诉讼法效果上具有一致性。而作为我国法
上预决效力的移植对象,苏联法上的预决力是与排除力(既判力)相并立
的判决效力,其在效力范围、作用效果、救济方式上均与大陆法系传统民
事判决效力体系中确定判决的附随效力相对应。(2)就我国法上预决效
力规则的流变而言,学界与实务界对预决效力规则的性质认识多有变动,
但随着学理研究与司法实践的互动发展,预决效力已经摆脱既判力理论
的桎梏,且逐步破除证明效的藩篱,而渐向以争点效、参加效为内核的判
决附随效力聚拢。(3)就我国法上预决效力与传统既判力理论的比较而
言,两者存在显著的异质关系,在规范基础、作用效果、适用范围等方面均
存在较大差异。这一点也为目前学界与实务界主流观点所认可。(4)就
我国法上预决效力与大陆法系民事判决效力体系中附随效力的比较而
言,预决效力与争点效、参加效在司法适用领域具有共通性,而由于反射
效理论自身易为既判力扩张说所吸纳,因而将其从判决附随效力体系中
予以剥离。同时,从预决效力规则的不断演化与当下预决效力在公益诉
讼领域的不断拓展来看,预决效力已然具有争点效乃至参加效的部分性
质。而至于证明效,现有预决效力规则在司法实践中具有证明效这一面
向,但本书亦认为证明效并无理论建构的实益,因而本书同样认为对预决
效力规则的审思势在必行,而在思考方向与操作技术上,则并非因单纯否
定法定证明效而废止《民诉法解释》第 93 条第 5 款的规定,而是借重以争
点效、参加效为内核的判决附随效力原理对预决效力制度再为改良。

我国已有学者展开对预决效力理论的类型化思考,认为关于判决的
效力还需指出的是,在我国的司法实践中,前诉判决往往还可能对此后的

诉讼发挥某些区别于既判力的作用,学理上一般把这些作用统称为预决效力[①]。现行《民诉法解释》第 93 条第 1 款第 5 项并非既判力的规定,应将其理解为与既判力相并立的概念,"一个重要的有关生效裁判对于后诉可能发挥若干不同影响或作用的程序规范",在梳理预决效力司法适用与个案裁判逻辑的基础上,提出预决效力的主要类型包括与大陆法系判决效力体系中参加效概念相当的类型及仅牵涉证明强度问题的证明效类型。[②] 但本书认为,这一预决效力类型化观点未能合理区分既判力与争点效,特别是该学者所界定的积极既判力与争点效的差异,依该学者观点,所谓积极既判力的典型适用场合发生在前后两诉当事人同一,而前诉诉讼标的构成后诉先决问题时,而争点效则不受诉讼标的牵连关系的影响,而仅关注前后两诉是否存在相同的主要争点。因而,不应将争点效纳入积极既判力范畴,而应作为预决效力的类型之一。[③]

综上,本书认为不能把预决效力的作用局限于提供本证与反证的纯粹证明过程中。考虑到我国司法实务中在适用现有预决效力规则时已然覆盖较为宽泛的适用对象,因而当事人援引诸如诚实信用或程序保障等原理而展开的主张及辩论,也应纳入决定前诉裁判结果是否对后诉具有预决效力的程序与考量之中。例如确定判决如何表述才算构成对事实的"确认",或者当事人在前诉自认或未提出争议是否该承担相应责任等,某些情况下亦可构成"举证证明"的对象。就预决效力性质定位问题,现有学说中,无论是将其视为既判力、争点效抑或证明效的观点,都过于单一化与抽象化,忽视了预决效力在具体司法适用所呈现的丰富作用形态,因而有必要采取类型化的思考路径,以比较法上大陆法系确定判决的附随效力体系为参照,经由对预决效力司法适用的微观考察,本书主张应将预决效力性质定位为确定判决的附随效力,而与既判力等判决的固有效力

---

① 王亚新、陈杭平、刘君博:《中国民事诉讼法重点讲义》,高等教育出版社 2017 年版。

② 王亚新、陈晓彤:《前诉裁判对后诉的影响》,载《华东政法大学学报》2015 年第 6 期。

③ 不过颇值玩味的是,虽然上文行文中未将争点效纳入预决效力类型中,但在文末的概念图中又将争点效的适用场景与积极既判力相区别而纳入所谓"预决效力 A"类型中。

相并立。具体而言，预决效力又因其多元化的内涵，而涵盖争点效、参加效、证明效等类型。据此，预决效力可界定为前诉确定判决中既判事实对后诉裁判的作用力。同时，由于争点效、参加效构成了现有判决附随效力的重要部分，且结合上文分析，我国法上的预决效力可主要分解为与争点效、参加效相对应的效力形态，因而本书进一步主张可将预决效力具体区分为争点型预决效力与参加型预决效力。

第二章
预决效力之根据辨析

第一节 预决效力根据论的理论价值与学理争议

国家设立民事诉讼制度的首要目的在于,兼顾追求宪法体制下所承认、保障之实体权益与程序利益,并在此两者平衡之处确定真实、寻求"法"之所在及其内容为何。[①] 我国《民诉法》亦规定民事诉讼法的立法依据在于作为根本法的宪法,以及我国民事审判工作的经验和实际情况,其立法任务在于保障当事人行使诉讼权利,确保人民法院查明事实,正确适用法律。回归到预决效力的学术讨论之中,有学者质疑预决效力是否符合实现民事诉讼发现真实与促进诉讼的目的,能否担负起我国民事诉讼的立法任务,并以法教义学为指针,提出现有民事诉讼法理上的诉讼目的论、诉权论,抑或是处分原则、辩论原则及既判力理论,都难以成为预决效力的理论支撑。如果依据预决效力的现有立法与司法实践,认可既判事实都属于无须举证证明的事实,则不仅将与既判力客观范围的相对性原理相抵触,而且也将削弱辩论原则的正当性,甚至在预决效力的作用机制下,错误的事实认定会产生"涟漪效应",其消极作用会因案件事实之间的

---

① 邱联恭:《民事诉讼之目的》,载《台大法学论丛》1996 年第 24 卷第 1 期。

牵连性而可能波及其他案件，因而为了最大限度地避免这类错误成本的产生，裁判者就必须确保既判事实的可靠性，进而其将不得不发挥主观能动性在当事人提出的事实和证据之外，寻求更"确实"的事实认定，这便有悖于辩论原则的基本理念。不仅如此，由于预决效力会对后诉和他人发生作用，那么贯穿其中的民事诉讼目的也就不仅聚焦于对当事人民事权益的保护，更多了一层发现事实真相的要求。由于发现事实真相往往关涉第三人权益甚或社会公共利益，自然不能任由当事人自由处分。因之，当事人的处分权也必然受到抑制。① 同时，有学者在盘点 2017 年我国民事诉讼法理论发展态势时，也似乎共识性地认为，预决效力既不同于司法认知也并非公文书证明力，并不能以诚信原则解释其效力来源，且由于在不同案件中不同法官对同一事实认定作出不同判断的可能本就存在，故应慎重对待既判事实对后诉法院事实认定活动的影响。②

上述学术观点均聚焦于预决效力的根据问题，即当事人为何受预决效力所拘束的问题。对预决效力根据问题的回答事关预决效力在诉讼技术层面的落实问题，即关乎预决效力作用形态、主客观范围等立法论与解释论问题。从晚近大陆法系民事诉讼学理中对既判力研究的经验来看，有关判决效问题的学理研究，出现部分新进学者转向重视诉讼程序合理运作，从而在法律解释论方向偏重法律政策性及实践性立场，进而从原有性质论转向根据论。③ 特别是学界普遍认为，有关既判力性质论的诸多理论探讨，都以其特定的时代思潮为背景，并隐含各自的实践性目的主张，具有浓厚的学说史意味，但就当下诉讼法上所面临的判决效问题而言，围绕性质论所展开的讨论并无太大实益。④ 当然，上述针对既判力性质研究的结论性判断亦有其比较法上的时空背景，就预决效力性质论而言，其对于我国当下判决效学术研究与司法适用的现实意义不言而喻，如

---

① 任重：《反思民事连带责任的共同诉讼类型——基于民事诉讼基础理论的分析框架》，载《法制与社会发展》2018 年第 6 期。

② 张卫平、曹建军：《民事诉讼理论研究：深化与细化》，载《检察日报》2018 年 1 月 4 日第 003 版。

③ 陈荣宗、林庆苗：《民事诉讼法》，三民书局 2014 年版。

④ 新堂幸司：《新民事诉讼法》，林剑锋译，法律出版社 2008 年版。

果说预决效力性质论解决的是如何在民事判决效体系上对预决效力加以定位的问题，那么预决效力的根据论要讨论的是，预决效力因何会对当事人产生拘束力。在承接预决效力性质论的定位之后，探求预决效力的根据无疑是为打开预决效力本体寻求匹配的钥匙。

一如前述，参酌比较法上法律移植对象与大陆法系确定判决的附随效力体系，经由对预决效力司法适用的微观考察，本书主张预决效力在法体系上应定位于确定判决的附随效力，而与既判力等判决的固有效力相并立。具体而言，预决效力又因其多元化的内涵，而涵盖争点效、参加效、证明效等类型。因而，预决效力可界定为前诉确定判决中既判事实对后诉裁判的作用力。探求预决效力的根据首先应审思作为民事判决效体系中重要组件的争点效、参加效的效力根据为何，同时着力挖掘建基于我国法上的预决效力制度具备何种立法论或解释论上的效力根据。

第二节　域外判决附随效力的根据解析

一、争点效作用根据

由日本学者新堂幸司所创设的争点效理论，受启于英美法上的争点排除效理论及日本学者兼子一所主张的参加效扩张理论。在日本学界经与德国法上既判力扩张理论合流，争点效理论形成对既判力制度的重要补充，成为判决效理论版图中的重要模块。因而对争点效效力根据的梳理应着重在两个方向上探求，一是着眼于英美法上争点排除效力的制度根据，二是日本学界对争点效根据的理论论争。

（一）英美法上争点排除效力

美国法上判决效概念用语为"res judicata"，其概念内涵对应于大陆法系判决效体系中的既判力与争点效理论。随着美国法上判决第二次重述将原本合一的概念进行分解，对同一审判对象所发生的判决效称为

"claim preclusion"，即"请求排除效"，其可与既判力概念通约。① 对不同审判对象所生之判决效称为"issue preclusion"，即"争点排除效"，可对应争点效概念。同时，在请求排除效项下，区分原告胜诉与被告胜诉情形，前者称为混同效（merger），后者称为遮断效（bar）。②

请求排除效与争点排除效在美国判决效谱系中处于不同波段，两者在效力层次、适用要件、效力时间基准等方面均有差异③，两者在诉讼上功能大异其趣。在效力层次上，请求排除效表现为禁止相同请求之提起，争点排除效则是终结对某争点的争执，两者间具有互补性；在适用要件上，请求排除效不以当事人在前诉中是否争执为要件，而争点排除效则须经当事人充分争执；在效力时间基准上，请求排除效发生在终局判决确定时，而终局性概念并非争点排除效所必须，在特定情形下，在争点判断程序终结时即可对诉讼产生争点排除效力；在发生范围上，请求排除效仅及于诉因相同之后诉，而同一争点在诉因相异的后诉中发生作用。因而，争点排除效存在对当事人造成诉讼突袭之风险，而争点排除效适用要件中的"争点须经当事人充分争执"与"该争点之判断构成前诉裁判基础"，即发挥限缩其效力范围、防止突袭之作用。④ 当然也有观点认为两者间的差别仅是程度上的不同，二者具有互补性。尤其，争点排除效以"经当事人间实质争执"为要件，即当事人应在诉讼中现实地加以主张，就此有进一步扩张解释认为如果某争点原可在诉讼上主张却为现实地主张，则此时所谓争点排除效已然接近或类似请求排除效。美国联邦第二巡回区上

① 请求排除效相当于大陆法系的既判力。它使前诉裁判对争点的裁判具有遮断当事人以后再次争议该争点的效力。这与大陆法系的判决实质上的确定力相同。事实上，美国法上的请求效力与大陆法系的既判力都源于罗马法上的既决案件效力。郭翔：《美国判决效力理论及其制度化借鉴——基于争点效力理论的分析》，载任重：《民事程序法研究》（第14辑），厦门大学出版社2015年版。

② Geoffrey Hazard：Revisiting the Second Restatement of Judgments：Issue Preclusion and Related Problems，*Cornell L. Rev.*，1981，66，pp.534-592.

③ 依据美国第二次判决重述第13条之规定，请求排除效只在具有终局性的判决中方可适用，而争点排除效则只需终局判决已就某争点已为充分确实判断，甚而不必等待法官作出判决，在争点判断时期结束即可发生争点排除效，但前提是当事人间已达成审慎的争点协议。

④ 梁梦迪：《争点效之研究》，台湾大学法律学院2012年硕士论文。

诉审法院曾在某一案件中作成如下判决要旨,"原告虽然在前诉已经主张但未经州法院判断为违宪,故不因判决效原则而遮断。但基于下列理由而在后诉不承认该主张。合众国联邦法典第 28 篇 1738 条,联邦法院有义务充分信赖州法院之判决,因此请求排除效或争点排除效之范围须依据州法院决定。经调查,纽约州法关于既判力之概念,在同一诉讼原因中不仅经争执之争点,也包括得争执而未争执之争点同样为既判力所及,然而关于宪法上之争点,与联邦法上请求排除效不同,既判力不及于得争执但实际未争执且未判断之争点。如此处理首先能避免两诉讼间诉讼原因是否同一之问题,其次,从联邦法与纽约州法上争点排除效规则观察,争点排除效与请求排除效相互调和,因而本件以争点排除效处理可谓适恰"。①

争点排除规则是指法院对特定争点的裁判已经符合产生争点效力的条件,因而在后诉中禁止当事人重新争执该争点的规则。在诉讼中,法院如若认为应当对某争点适用争点排除规则,这就意味着当事人将不得再诉争该争点。此外,一般不能适用争点排除规则的情形包括:一是不符合争点排除规则的适用条件。争点排除规则有其适用条件,即前后诉争的争点相同、前诉法院已对该争点作出实质裁判、该争点裁判构成前诉判决的基础,通常缺少任一适用要件即表明争点排除规则无法适用;二是某些符合适用要件的争点属于争点排除规则的例外情形时,这类争点也不会适用争点排除规则。因而,就学理上所谓某一争点是否适用争点效力规则存在三种表达,即不符合争点排除规则使用要件而没有争点效力、符合争点排除规则适用要件而具备争点效力及属于争点效力规则的例外而不产生争点效力。②

近年来,美国法院在实务上有扩张判决效的倾向,其原因在于法院受案数量的大幅增加,同时,美国法上诉讼制度朝向宽松化发展的历史传统也促使判决效扩张。此外,在当下的美国诉讼制度中,因当事人提出合并诉讼请求的条件放宽,当事人可在一个诉讼中有充分机会公平提出所有

---

① 林淑菁:《民事判决效客观范围之研究》,台北大学法学系 1995 年硕士论文。

② 郭翔:《民事争点效力理论研究》,北京师范大学出版社 2010 年版。

主张并获得必要证据,这也反映出美国法上判决效的扩张倾向。在美国判例法中,争点排除规则已超越个案公正而成为普遍正义的表达,联邦最高法院的判例要旨认为"就本案判决效原则而言,悖离了先前判决效原则,且并无先例存在。据此,不能认为此种情形已获正当化。进而不得认为适用判决效原则将产生重大不公。单纯的正义是经过长时间发展,以公平适用整体法体系而逐渐形成。判决效原则是个别法官在特定事件超越某种具体目的而产生的公平决定,其致力于公共利益的表达与实现"。①

美国法上争点效存在的根据在于:(1)避免矛盾裁判的出现,维系普通民众对司法解决纷争功能的信心;(2)促进诉讼效率,减轻法院负担。争点效旨在赋予已为法院实质裁判争点以特定效力,而避免相同争点在后诉中再为争执,以免浪费诉讼资源,利于实现诉讼经济;(3)定分止争,避免纷争反复,保护当事人免受诉累。从当事人程序利益考量,避免某一方有再度诉争同一争点的可能,致使对方当事人陷入诉累而有设置争点排除效力的必要。②

英美法上争点排除规则的确立,离不开英美民事程序的总体框架与制度内涵③,其中与争点效根据颇有关系的方面在于:(1)争点排除规则与司法资源的优化配置。争点排除规则的存在使扩张了既判事实认定结论的效力范围,在后诉发挥的拘束效力也在更大程度上处于稳定状态,从法经济学的角度观察,争点排除规则的经济性在于通过确定争点的拘束力节约更多司法资源,宏观上实现司法资源的优化配置。由于英美法系普遍适用的对抗制与陪审制的司法传统,与大陆法系在事实认定与裁判方式上相比,英美法上的陪审制耗费巨大,其成本决定了如果能够充分利用一次审判结论则会节约有限的司法资源。同时,英美法上的证据开示制度的成熟也促成了争点排除规则的完善。证据开示制度的成熟意味着

---

① 案例详见林淑菁:《民事判决效客观范围之研究》,台北大学法学系 1995 年硕士论文。

② 林淑菁:《民事判决效客观范围之研究》,台北大学法学系 1995 年硕士论文。

③ 纪格非:《"争点"法律效力的西方样本与中国路径》,载《中国法学》2013 年第 3 期。

司法运营必须重视前诉中判决确定的既有结果,因为重复的开示必然意味着国家与个人间的双重耗费与拖延。因此,赋予争点排除效力就是在督促当事人审慎提出事实主张与证据,否则轻率的诉讼行为一旦为法官所驳回,也就意味着当事人丧失了改变不利判决的机会。如此,争点排除规则的存在也就相应地削弱了证据开示制度的过度激励,此外,就证据调查方式而言,由于美国法上庭审证据的调查方式以口头为原则,证人、鉴定人等必须亲自出庭接受法庭调查,因而其程序成本也甚为高昂,所以争点排除规则作为一种反向激励制度而存在就可限制因证据的重复提交而产生的成本。(2)争点排除规则与事实审程度的深化。美国法上通过证据开示制度使当事人充分收集案件证据成为可能,进而使裁判者也获得全面接近证据的机会。正是基于事实审程度的深入,美国法上主流司法理念认为,当事人的争议只要获得一次充分且公正的审理机会,程序正义就已得到落实,多次重复的审理不仅是对资源的浪费,也显得没有必要。可以说,在美国法上,纠纷一次性解决理念在司法制度的运作中得到了严格贯彻,鼓励当事人通过一次充分且公正的诉讼程序尽可能合并更多请求,允许当事人寻求排除已获实质审理的争点。比如,在美国法上某一专利侵权关联案件中,专利权人对侵权人 A 的前诉以法院认定专利权的专利无效而告终,此后,该专利权人又起诉侵权人 B,但侵权人 B 虽然未参与前诉,但根据争点排除效力中非交互性原则,其可以在后诉中主张争点排除,禁止专利权人提出专利有效的主张。对此,英国法上甚至允许以防止程序滥用为理由,法院可以决定本不应适用争点排除规则的事实产生遮断效力。①。(3)争点排除规则与证据规则的协调。在美国法上,法官在利用前诉诉讼资料上受到证据规则的制约,特别是传闻证据规则。根据《美国联邦证据规则》第 801 条规定,美国法上的传闻是指不是由陈述者在审判或听证时作出的陈述,在证据上将其用来证明所主张事实的真相。是否构成传闻的检验标准在于传闻必须是一种陈述,其形式主要为口头和书面,该陈述必须由证人以外的人作出,即在法庭上证人是在转述

---

① 纪格非:《"争点"法律效力的西方样本与中国路径》,载《中国法学》2013 年第 3 期。

他人的陈述,该陈述被作为证据提出,且举证的目的在于证明陈述所指向的事实为真。遵循这一检验标准,通常假设前诉判决中所认定的事实被后诉法院用来证明同一事实为真,则该判决本身即构成传闻证据规则拘束的对象,因而应予排除。虽然 1938 年《美国联邦证据规则》例外地承认法官具有将前诉判决的认定事实作为证据采纳的权力,但仍局限于刑事重罪的终局性定罪判决。① 因而,前诉判决所认定的事实在绝大多数情形下均无法作为证据使用。所以,美国法上传闻证据规则的存在给裁判者一种对前诉判决所认定的事实结果非此即彼的选择:要么具有争点排除效力,要么完全排除在诉讼之外。(4)争点排除规则与矛盾裁判的防免。美国法上所采行的事实审与法律审分离的制度设计,使得陪审团成为单独负责事实认定的主体。而陪审员组成较为复杂,因而一个潜在的推论在于,不同的陪审团面对同样的证据可能作出不同的事实认定。同时,由于对陪审团的事实认定结果的监督非常有限,通常仅在上级法院认为陪审团的事实认定明显不当时才会撤销陪审团的裁决结果,因而这一乏力的监督方式难以有效纠正前后两诉中出现的不一致的事实认定结果。此外,美国学界也普遍认为,考虑到陪审团的人员构成,如果贸然赋予前诉裁判的争点以证据效力,那么陪审团成员间的认识偏差可能导致难以对这类"证据"作出正确评价。②

(二)日本法上争点效根据的论争

日本法上争点效根据的论争主要围绕日本最高裁判所昭和五十一年(1976 年)九月三十日第一小法庭作出的判决(以下简称"五十一年判决")展开,该判决所展示的确定判决中主要争点在后诉产生的遮断效也被称为"五一型遮断效"。

日本最高裁判所昭和四十四年(1969 年)六月二十四日判决(以下简称"四十四年判决")曾否定日本学界首倡的争点效理论,清楚表明不承认确定判决既判力以外之效力。而五十一年判决却一改前述判例观念,从

---

① 王进喜:《美国〈联邦证据规则〉(2011 年重塑版)条解》,中国法制出版社 2011年版。

② Edwourd W. Hinton,Judgment of Conviction,Effect in a Civil Case as Res Judi-cata or as Evidence,*Illinois Law Review*,1932,27,pp.195-196.

正面肯定了诚信原则在判决效力领域的适用。五十一年判决中所认可的五一型遮断效被日本学者视为争点效理论的具体化。该案中,案件的诉争标的物为日本政府依据《自耕农创设特别设置法》所征收的农地。前诉为该农地原所有权人依据农地买卖合同向征收机关提起转移农地登记请求诉讼,并以被告接受原告所支付的部分价金为由主张返还不当得利请求诉讼。前诉判决中,法院驳回主位请求,而认为预备请求有理由。该判决确定后,原告在次年又提起后诉,主张依所有权人地位请求转移案涉土地登记,同时要求除去土地上耕作物并返还土地。后案请求被日本最高裁判所驳回,其判决要旨表明,"基于上述事实关系,纵使前后诉讼标的不同,原土地所有权人对登记土地所有权人以征收处分无效并要求返还土地为目的而提起本件诉讼,事实上可认为是对前诉的再度争执。尽管当事人在前诉中可以提出本件诉讼请求且不存在障碍,但当事人却未提出,并且本件诉讼提起时距离上述征收处分作成时已逾二十年,考虑到允许原所有权人的请求,依据征收处分取得土地的受让人或其继承人的法律地位长期不稳定,则应依据诚信原则驳回原所有权人的后诉请求"。① 就五十一年判决观察,日本最高裁判所在判决中至少形成了两个重要的判决效观念,一是纵使前后两诉诉讼标的不同,前诉确定判决中已为实质审理的特定争点可能在后诉中产生遮断效,二是五一型遮断效的根据并非传统既判力理论,而是诉讼法上的诚信原则。

山木户克己在注解五十一年判决时提到,本判决的重点在于征收处分作成近 20 年后提起本诉,这正是基于诚实信用原则发现的状态之一,即诉讼上的权能失效理论,故应该理解为承认诉权的失效。但是,其在评价五十一年判决时批判道,并不是因为原告在前诉中的主张也是以征收处分的无效为前提,导致对方认为原告不会再主张无效,并以此为前提采取了相应的态度,而且,前诉的败诉判决确定之后不久就提起了本诉,所以根据诚实信用原则确定诉权失效是很困难的。另外,山木户克己认为本案属于实体关系中诚实信用原则的表现,适用于失效原则,并认为"问

---

① 具体案例参见林淑菁:《民事判决效客观范围之研究》,台北大学法学系 1995 年硕士论文。

题不在于诉讼的反复，而是当时已经可以主张无效的情况下，却在很长一段时间之后才主张（行使权利）的行为违反了诚实信用原则"。[1]

对此，小山昇认为，将重点放在"本诉提起时距离收购处分已经过去了近20年"的情况上是有问题的。相反，问题的重心应该是把本诉视为实质上对前诉的反复。也就是说，本案中，从前诉原告的主张本身来说，B请求（基于回购合同的请求）被驳回后，原告为了收回所有权必然会提出A请求（以收购处分无效为原因的请求），在这种不存在任何障碍的情况下却没有在前诉提起A请求，由于对B请求有了确定性的判决，因此感觉包括A请求在内也已经尘埃落定。问题的重心在于，就A请求提起诉讼感觉是对诉讼的反复。另外，这里的诚实信用原则指的是当后诉的请求至少对前诉的机会不构成障碍时，却没有提起后诉请求，经过了相当长的一段时间之后，对方自然会期待原告不会再提起与后诉请求接近的诉讼。诚实信用原则不允许违背上述诉讼的期待。此外，和原判决不同，关于避开了排除矛盾行为的理论，该判决认为本案中发生矛盾的行为是没有提起诉讼，这是一种不作为，而且，该行为关系到处分权主义，与诉讼的程序过程（程序的形成和审判资料的收集）不相关，在这一点上，是否适用于排除矛盾行为的法理尚有质疑的空间。[2]

小山昇的理解实际回避了争点排除规则的法理，但是中野贞一郎对此持反对意见。中野贞一郎认为，本案的原告在前诉和后诉中对案件构成方面的态度是互相矛盾的，因此适用于争点排除规则的法理。即在前诉中，被告只要争取前手原被告之间回购合同的效力即可，而无需顾及收购处分的效力问题。但是，原告把收购处分的无效作为请求理由提起了后诉，对于被告来说，也就产生了证明收购处分有效性的需要。但是，收购处分已经过去了20年，存在证据消失等障碍，被告处于困难境地。被告信任原告在前诉中请求原因的举证方式，并依次长期采取了对策，但是原告就同一纷争按自己的意愿随意叼扰被告，持续给被告造成应诉的负担，结果导致其法律地位长期处于不稳定状态，这一点违反了社会生活上

---

① 山木户克己：《民事訴訟法判例研究》，有斐阁1996年版。
② 小山昇：《小山昇著作集 第2卷（判决効の研究）》，信山社。

的伦理要求即诚实信用原则，是不被允许的。

　　小山昇的意见将重点放在纷争的反复上，而中野贞一郎和山木户克己的重点在于，当事人在距离收购处分 20 年后改变态度，以收购处分的无效作为请求原因。[①] 出现这种观点上的差异，本身就意味着五十一年判决带有多重"性格"，但是两个观点的重点不同，给推论本判决的影响范围，即本判决在判例法上的意义——"根据诚实信用原则排除后诉"带来了微妙的差异。但这些观点又在某些方面存在共通之处，一是原告为了收回案涉土地一直主张 B 请求，因而有必要维护对方对原告态度的信任，虽然没有构成前诉的争点，但也应该排除针对 A 请求原因（收购处分无效）争点提出的主张。二是对方信任的具体内容，对方的考虑是，由于原告一贯维持 B 请求，因此认为原告不会为了收回案涉土地而提出 A 请求，只需要通过 B 请求的诉讼，就能解决有关土地归属的争议。这是上述学者间观点的共通之处。而学者间的不同之处在于保护对方信任的根据。亦即，究竟是因为前诉已经得到解决，后诉的提起是对前诉的反复，因此不能允许后诉，还是原告的态度已经获得了对方的信任，后诉的提起意味着原告态度发生改变，而根据禁反言的要求不允许这种情况的发生。

　　同时，小山昇认为不仅仅是在前诉中争论的主要争点（买卖合同的有效或无效），而是更高层次的，围绕案涉土地所有权归属的争议。在这一点上，本判决的遮断效产生的争点，不仅仅是"认真辩论过的争点"，而且是"对方正常期待当事人认真辩论的争点"，换句话说，有必要解释为"对方相信已经不会再提出的争点也包含在内"。另外，中野贞一郎在提到禁反言时，不仅仅是主张的内容前后矛盾的情况，还包括诉讼上作为或不作为的态度方面前后矛盾的情况，例如最初决定采取不作为态度，不提出 A 主张，但后面又决定提出 A 主张。

　　上述对于五十一年判决的众多学说后，还有竹下守夫论文的发表。[②] 从这篇论文的完成时期来看，竹下守夫考虑了关于五一年判决基础的上

---

　　①　中野贞一郎：《民事訴訟における禁反言》，载《司法研修所論集》1976 年。

　　②　竹下守夫：《争点効・判決理由中の判断の拘束力をめぐる判例の評価》，载《民商法杂志》1986 年第 93 卷。

述学说,在此基础上,分析了判决理由中判决约束力的根据即诚实信用原则的内涵。竹下守夫认为,根据诚实信用原则,判决理由中的判断对后诉有约束力,承认对后诉有约束力的情况可以分为根据"排除矛盾行为"的法理承认约束力的情况,以及依照"权利失效法理"予以解说的情况,这两种观点本质上都可以说是依据诚实信用原则。但因为参照的法理有所不同,因此各自的适用要件也不同。具体而言,在"排除矛盾行为"的观点下,"不允许自己主张某些事实,并以此获得胜诉判决的一方,用自己不愿意被该判断约束,或该判断的正当性没有保障等理由,在维持自己在该判断基础上既得利益的同时,主张自己之前提到的事实是不真实的","根据排除矛盾行为的原则,为了维系胜诉一方对败诉当事人的信任,在原则上,如果前诉判决理由中对某些法律状态是否存在作出了判断,败诉当事人在后诉中不能提出与前诉该判断相反的主张"。

另一方面,从权利失效的法理上看,"确定判决理由中已经作出判断的事项,一方当事人相信在前诉中已经得到解决,这是正当的想法,作为法律的规范性要求,针对同一事项无法强制对方再度应诉的情况下,可以让与该理由中的判断相反的攻击防御方法失权"①。所谓争点效,指的就是"诚实信用原则的具体发现,它的基准是,对于再次应诉是否存在规范性要求的可能"。竹下理论通过关注诚实信用原则的发生形态,认为根据诚实信用原则排除后诉主张的情况,也分为基于禁反言法理的情况和基于权利失效法理的情况,由于这一点的区别,两种情况各自的适用要件也不同。新堂幸司认为可以高度评价竹下理论,它对争点效理论,甚至判决的遮断效理论的根据都提供了有益的启发,但是,这些理论具体将怎样发展,新堂幸司认为要从不同角度予以考察。

首先,竹下理论中基于诚实信用原则发生形态的分类,究竟是说明性工具,还是为了引出具体的解释论提出的实践性工具? 根据松浦馨的分析,在民事诉讼法上使用诚实信用原则概念时,可以分为作为说明性概念

---

① 竹下守夫:《争点効·判决理由中の判断の拘束力をめぐる判例の評価》,载《民商法杂志》1986 年第 93 卷。

使用,以及作为实践性概念使用的情况。① 竹下理论究竟属于哪一种情况呢?

竹下守夫论述道,论文的目的是"从诚实信用原则的角度,阐发判决理由中判断的约束力这一难题,验证究竟能在多大程度上支持争点效的观点"②。从这一点来看,为了验证诚实信用原则能多大程度地支持既没有实定法上的明文规定,且可以说与实定法互相矛盾的争点效,所以应该是处理诚实信用原则在实践上的意义。从上述实践性的观点出发,关注诚实信用原则的发生形态,在目前为止作为争点效处理的案例中,去掉以禁反言法理为基础的案例后,从剩余的案例中可以得到基于权利失效法理的结论,进一步说,这两组案例中,作为基础的诚实信用原则发生形态不同,因此可以得出适用要件也不同的解释论,可以说其背后的意图是极富实践性的。

但是,新堂幸司的质疑在于,将诚实信用原则置换为权利失效的法理,并将这一行为本身视作争点效的根据是否可能? 将诚实信用原则更换为权利失效的法理,对解释论上关于争点效的展开,究竟能起到什么作用? 无视前述问题,只是在论及争点效的根据时,将权利失效的法理作为说明性的道具使用无法令人信服,且权利失效的法理作为说明性的法理是否成功也颇为可疑。

竹下理论的做法是,从涉及争点效的案例中,选出排除了后诉禁反言

① 诚实信用原则的概念,指的是涵盖现存的法规和理论而被理念化、抽象化的概念,其具体内容确立于既有的法规或既有法律理论当中,诚实信用原则仅仅是赋予既有法规、法律理论形式上的特征和说明后加以使用。诚实信用原则本身是不需要具体化或要件化的概念"。另外,诚实信用原则作为实践性的概念,适用于既有的民诉法法规和法律理论后,结果反而违背了具体的正义,这种情况下,特别是招致诚实信义丧失,不诚实横行的结果时,诚实信用原则就成了排除、修正既有法规和法律理论适用的根据。从这个意义上来说,诚实信用原则具有排除、修正既有法规和法律理论的实践性目的,为了与承载具体内容的既有法规和法理论抗衡,必须将诚实信用原则本身具体化,因为目的在于排除实定法或具备实定效力的法律理论,所以为了优化诚实信用原则作为解释性理论的说理程度,必须明确其要件。松浦馨:《当事者行為の規制原理》,载《讲座民事诉讼4 审理》,弘文堂1985年版。

② 竹下守夫:《争点効·判决理由中の判断の拘束力をめぐる判例の評価》,载《民商法杂志》1986年第93卷。

主张的案例而归入"禁止矛盾行为"的观点开展统一性的考察。竹下守夫的观点是，在承认判决理由中的判断具有约束力时，与其把它作为判决在制度方面的效力，不如直接从诚实信用原则直接承认约束力的存在，根据诚实信用原则的发生样态对产生约束力的情况分类更加自然。①

但是，新堂幸司对在涉及争点效的案例中，把权利失效的法理看作是争点效作用根据的观点并不赞同。②

首先，与禁止矛盾行为对比，把争点效归类于基于权利失效法理的约束力，这种分类是不是准确地指明了失效权能的范围和根据尚存疑问。确实山木户克己的评论和解释，把"五一型遮断效"作为权利失效的法理说明，似乎没有什么不妥。另外，从这个意思上来说，从权利失效的名称来看，当然是包括五一型遮断效的。但是，竹下守夫是不是这样理解尚不明确。倒不如说，竹下守夫根据权利失效的法理，承认下列案例中的约束力。买方对卖方提起所有权转移登记请求诉讼，是否由于发生错误导致买卖无效成了唯一的争点，经过审理后，法院认定由于错误导致买卖无效。驳回诉讼请求的判决确定后，买方以同一份买卖合同为由，提起了诉争不动产的迁出请求诉讼，主张通过其他的证据能证明买卖合同不存在错误，即便买卖发生错误，卖方也存在重大过失，这种情况下，买方受到了由于发生错误导致买卖无效这一判断的制约，即使还有其他证据或重大过失的主张，也不允许再围绕这些问题展开争论。在这个案例中，失效的权利是什么？是主张卖方存在重大失误这一诉讼上的权能？是提出其他证据证明不存在错误的权能？还是与前诉判决理由中买卖无效的判断相

---

① 新堂幸司认为争点效的确确保了纷争解决的实效性，说到该效力的根据，主要在于当事人责任，当事人责任的基础是当事人围绕主要争点显示出了争论的态度，同时当事人之间作为社会存在发生了纷争，法院对该争点作出的判断是纷争解决的基准。当争点效排除后诉的禁反言主张时，也是基于当事人责任。但是，这里并不是要否定在前诉中没有围绕同一争点展开争论，也没有否定前诉并未确定、或前诉本身并不存在的情况下，根据禁反言会排除与之前行为或态度矛盾的主张。只是在上述情况下，不存在前诉判决的争点效问题，只是作为禁反言的问题处理。另外，在说明争点效的源头问题时，可以解释为"争点效排除的主张中，也包含禁反言的主张"，只要将争点效作为前诉判决的效力——即前诉中围绕主要争点展开争论的当事人责任——制度化，就没有必要逐一回顾一般条款。

② 新堂幸司：《民事訴訟法学の展開》，载《民事诉讼法研究》2000 年第 5 卷。

反,主张买卖有效的权能? 新堂幸司认为在这里不必拘泥于上述细节问题,而是应关注该案例中失效权能的范围或依据,与五一型遮断效失权的范围和依据比较之后,重点关注二者之间的显著差异。

在新堂幸司所举案例中,前诉中关于主要争点——错误的有无,或是否由于错误买卖合同无效已经作出了判断,这里失效的权能是提出与前诉确定判决相反的主张或证据的权能。与此相反,五一型遮断效中,在前诉中没有成为主要争点的争点,即关于收购处分无效的主张,或以此为由提出请求的权能成为失权的对象。不难想象在探索各自的适用要件时,无法忽视在这一案例中成为主要争论点,而在五一年判决中没有成为主要争点的要素。但是假如两个事例被一起归类为权利失效法理发生作用的话,在这个分类中,上述的不同点究竟会有多少实践层面的意义呢? 这种粗略的分类反而舍弃了两个案件中在失权范围和依据上的差异,有可能会丢失解释上的重要论点。另外,假如竹下守夫不想把五一型遮断效包括在依据权利失效法理产生的约束力中,容易造成权利失效法理的分类中自然包括五一型遮断效的误解,让人们认为五一型遮断效可以很容易通过权利失效法理来说明。所以就会产生疑问:这种分类作为说明性工具是否合适。

新堂幸司认为在竹下理论中最无法接受之处在于,将权利失效的法理作为争点效作用的根据。[1] 根据竹下守夫的观点,上述涉及当事人主观错误与否的案例中,主张或举证没有错误、即使有错误卖方也存在重大失误因而买卖有效的权能失权、权能失效的理由中,没有包括已经过去了很长时间这一点。那么,对于用权利失效的法理来说明失权根据的做法,新堂幸司认为其正当性存在疑问。

当然,竹下守夫所说的权利失效的法理,指的是禁反言保护一方当事人信任对方出于自我意愿积极作为而产生的外观,与此相对,权利失效的法理目的在于保护当事人信任由于对方当事人不作为产生的外观,经过了很长时间这一点并不一定必要。因此,从上述涉及当事人主观错误与否的案例来看,前诉中没有主张卖方有重大过失或提出其他证据,在这里

---

① 　新堂幸司:《民事訴訟法学の展開》,载《民事訴訟法研究》2000年第5卷。

属于"不作为"，对方信任的对象是：已经不会再提出上述的主张和证据，因此可以说，以上主张、举证的权能失权。[①]

但是，不能只因为前诉中没有主张某些攻击防御方法的不作为事实，就推论出在诉讼标的不同的后诉中无法提出这些主张的失权效果。因为诉讼法上的一般原则是，如果前诉和后诉的诉讼标的不同，在后诉中提出攻击防御方法就不会受到前诉判决效力的制约。正是因为如此，竹下守夫也提到由于"在期待的时期内"，即前诉中由于不行使权力导致失效。但若如此阐释，则必有疑问在于为什么明确期待要求当事人在前诉提出主张。在期待的时期，即前诉中没有提出的攻击防御方法，在后诉就不能提出的这种解释，只是换一种形式表达了"失权"这一效果，而并没有明确失权效果的根据。竹下守夫对失权的根据作出了如下论述，"只要是某些事项成了纷争的原因，由于提起诉讼或应诉，维持了诉讼的情况下，期待诉讼双方围绕这个重要争点穷尽所有的攻防手段，对于诉讼的双方当事人来说并不是过分的要求""当事人希望通过诉讼寻求纷争解决的意愿当中，究竟有没有寻求解决纷争原因或冲突解决的意愿呢？即使实际上没有这种意愿，至少围绕纷争的原因或冲突点诉讼双方展开攻防，在判决下达之后，一方当事人信任纷争的原因或冲突点已经得到解决，期待法律上的和平时，从诚实信用原则的立场上看上述信任受到法律保护，虽然已经不可能再围绕这一争点的判断展开争论，但是这也没有违反对方的主体意愿，没有违反第 199 条第 1 项的宗旨。另外，如果是对该主要争点作出的判断，在原则上也有正当性的保障"。[②]

主要争点涉及当事人的意志决断、对法律上和平的期待、对穷尽攻防的正当要求（规范性的要求），以及现实中攻防的展开、判决中的判断等要素，这些要素作为主要争点约束力，即前诉未提出的攻击防御方法的失权的根据或正当性的保障被列举出来。以围绕主要争点穷尽攻防的正当要求作为前提，如果攻击防御方法没有适时提出，在后诉也无法提出。"现

---

① 竹下守夫：《争点効・判決理由中の判断の拘束力をめぐる判例の評価》，载《民商法杂志》1986 年第 93 卷。

② 竹下守夫：《争点効・判決理由中の判断の拘束力をめぐる判例の評価》，载《民商法杂志》1986 年第 93 卷。

实中攻防的展开"和"穷尽所有的攻防"并不一定相同。如果穷尽了所有可能的攻防手段,就不会残留失效的新主张或举证,即在前诉中没有提出的主张或举证,因此失效的对象就不存在。所以,这里所谓"攻防的展开",指的就是"现实中展开了某种程度的攻防"或"展现出了争论的态度"。这里竹下守夫的论述就可以理解为,诉讼法上的一般原则是即使不主张也不会失权,但是加上围绕主要争点充分展开攻防这一正当要求,虽然是否争论属于个人选择,但是既然现实中展现了争论的态度,且接受了判决,也就可以理解为,再次围绕主要争点展开争执的权能失效了。而失权的根据,就是围绕主要争点穷尽攻防的正当要求,现实中展现出了争论的态度,以及判决已经确定这三点,而在前诉中没有提出某些攻击防御方法的不作为,因此在后诉中提出攻击防御方法的权能失效的观点即是上述要素的结果。

从上述内容来看,在上述案例呈现出的遮断效中,依据竹下理论,"已经展开了攻防""展现出了争论的态度"等当事人的"作为"态度明显被视作失权的必要条件。虽然如此,把上述范围的遮断效按照权利失效的法理分组——保护一方当事人对对方当事人"不作为"的信任,作为解释论上的实践分类是否恰当也会成为问题。当然,从权利失效的法理寻求五一型遮断效的根据是没有什么问题的。

但是在这种情况下,山木户克己关于诉讼提起权能的看法,即认为距离纷争原因的发生经过了很长时间以后,A请求的原因,即请求权在实体法上失效也是可能的。[①] 小山昇的观点是,由于时间经过,原告自始至终贯彻B请求的前诉已经终结,因此认定为已经结束的本案纷争,在后诉中又被反复提起,这就是失权的根据。另外,中野贞一郎认为,原告在前诉中采取一贯主张争执B请求的态度,同时在后诉中提出A请求,这种态度的变化违背了禁反言,不能得到认可。但是,这些观点中,前诉中没有提出A请求这一原告不作为的态度,作为诉讼法上权能的失权或失效的根据,是必不可少的——如果在前诉中已经提出,在后诉中再次提出就会构成既判力的问题,如果没有这个不作为,原本也就不会产生既判力以

---

① 　山木户克己:《判决の証明効》,载《民商法杂志》1978年第78卷。

外的"失效"问题,从这个意义上来说,不作为的态度是必不可少的构成要素,但是单凭这一点无法构成失效效果的基础。正是因为前诉中原告一贯主张 B 请求并展开争论的作为态度,所以被告才会期待不用为了解决土地归属纷争而提出 A 请求,诚实信用原则考察的就是对上述期待的保护。因而,是否认同五一型遮断效的问题,也有必要围绕前诉中原告作为态度进行多角度的比较性考量。但是,把五一型遮断效归类为着眼于原告不作为态度的、权利失效法理的例子,作为引领认识论的分类是否妥当,新堂幸司认为这仍是存疑的。如前所述,竹下守夫的观点中对于五一型遮断效的依据并不明确。从其引证的根据论来说,关于 A 争点(收购处分的无效),双方当事人均没有展现出争论的态度,因此,缺乏这里提到的权利失效法理的适用条件,因而如果没有其他的根据,是不可能为五一型遮断效提供依据的。从这个意义上来看,有必要限定竹下守夫提到的"权利失效法理"的适用范围。①

由此可见,关于日本争点效理论的根据论争,即当事人何以受争点效拘束的问题。日本学界在围绕日本最高裁判所五一年判决中所提炼的五一型遮断效根据解说上,大体形成了两种相异的观点:一种观点认为争点效属于判决的制度性效力。如新堂幸司在提出争点效理论之初即认为应将争点效作为判决制度的效力,并与判决的其他效力相比较,而决定其适用范围。持这种观点的学者主要有仓田卓次、吉村德重、住吉博等。他们认为争点效的根据应比照既判力,立足于判决的制度性效力,并进而强调从当事人的程序保障出发,致力于争点效要件的明确化。另外一种观点认为,争点效应解释为诚实信用原则在判决效层面的具体适用,而不应将其作为独立的判决效力理论而予以制度化。持这种观点的学者主要有小山昇、中野贞一郎、竹下守夫等。具体而言,小山昇认为,争点效理论应视为判决效力与诚信原则的合成之物。中野贞一郎则主张,争点效就具体适用而言,实质具有个别化判断的诚信原则的性质,应舍去成为判决效力要件的定型化思考,而力求从个别的、回顾的判断,并进而适用诚信原则。竹下守夫进一步认为,应依据诚信原则内含的矛盾举动禁止原则和权利

---

① 新堂幸司:《民事訴訟法学の展開》,载《民事訴訟法研究》2000 年第 5 卷。

失效法理作为判决理由中判断发生拘束力的根据,并且依据二者发生拘束力的要件有所区别。按照竹下守夫对矛盾举动禁止和权利失效法理的区别适用,其实质是以权利失效法理作为争点效的根据。对此,我国学者中亦有持类似的观点者,其认为,"按照大陆法系传统的既判力理论,其效力仅及于诉讼标的,由此就存在诉讼中已经争议的焦点,由于不是诉讼标的本身导致纠纷不能一次性解决,且可能发生前诉与后诉的矛盾,为了解决这一问题,日本学者新堂幸司借鉴英美法判决效力理论,提出了'争点效'理论。这种对已经争议确认的争点同样具有约束力,是一种与既判力并行的效力。这种效力的根据就是诚实信用原则。"[①]

二、参加效作用根据

就参加效作用根据问题,早期日本学界曾在既判力说与参加效力说之间徘徊。而后,铃木重胜以"公平之要求"为出发点,认为参加效力应扩张及于参加人与对方当事人之间。继而,新堂幸司提出争点效理论,认为参加效也在争点效力理论射程范围之内,其试图以参加效为媒介,将在当事人间发生的争点效,扩张及于参加人与对方当事人之间。此后,井上治典提出诉讼参与者程序权利已获实质保障的观点,旨在消解参加效与既判力之间在作用根据上的差异,并试图以程序保障与自我责任原理统一以既判力为首的裁判效力体系作用根据理论。[②] 日本学界围绕参加效根据问题的论述,实则反映出各学说对辅助参加制度机能的不同认识。这不仅体现在早期参加效力说与既判力说的论争,而且在后期出现的各家学说中,其目的均在于试图打破辅助参加人地位的从属性,并由此发展出统一判决效力体系作用根据的尝试,即在强化辅助参加人诉讼地位基础上,认为既然辅助参加人利用辅助参加以维护自己利益之认真程度,在实际上较诸在自己成为当事人之后诉中维护本身权益时,有过之而无不及,

---

① 张卫平:《民事诉讼中的诚实信用原则》,载《法律科学》2012 年第 6 期。

② 纪钧涵:《当事人适格与判决效力主观范围扩张之研究》,台湾大学法律学研究所 2005 年硕士论文。

并且为使被参加人胜诉而倾注全力,辅助参加人为诉讼遂行实际上所花费之劳力、时间、费用,恐怕亦非在自己成为当事人时之下,而且"有时被参加人本身亦未必有遂行诉讼之热忱,反而是辅助参加人独自遂行诉讼,因此,辅助参加具有诉讼担当之机能"①,则应可导出"共同形成裁判基础者,理应受裁判拘束"之公平要求及正当化依据。井上治典认为,就自身所关心之事项,已被赋予参加机会,而实际上已尽攻防之能事,或者可充分期待其应作为攻击防御之基准,是否足以正当化"在当事人之间,或者参加人与对方当事人之间,判决理由中判断亦生拘束力"之结论。向来认为争点效是当事人以充分为攻击防御所导出的判决效,与既判力遮断效在适用要件上差异显著,但应看到程序保障的充分与否也是既判力根据论的重要支撑。同时,争点效理论认为在前诉中可期待当事人提出的主要争点,即使当事人在前诉中未尽攻击防御手段也应被遮断。这一观点实质上将攻击防御方法在前诉中是否当然可期待当事人提出作为决定争点效遮断范围的重要基准。因此,上述观点不仅从贯彻程序保障与扩大诉讼制度纷争解决功能间的互动关系出发,探讨了判决效的作用根据,而且一改此前重视当事人在前诉中是否有提出攻击防御方法的可能,而着重当事人在前诉中应提出何种攻击防御方法,以此作为探究当事人提出责任、划定参加效范围的根据。程序保障作为参加效作用根据理论,既可以稳定当事人的诉讼预期,避免对当事人的诉讼突袭,也能够维护对方当事人认为争议事项已获确定解决的合理信赖。②

参加效是指存在于参加人与被参加人之间的判决效,不论是参加人或被参加人均不得对他方主张所受本诉讼败诉判决的裁判不当,此种参加效是基于参加人与被参加人在诉讼上居于共同战线遂行诉讼,因而就败诉结果应共同承担责任。虽然参加效有助于纷争的统一解决,节省法院及相关方的诉讼成本,但究其正当性根据而言,则无法抛离参加人与被参加人间的共同遂行诉讼的立场。参加人如因诉讼进行状况或被参加人

---

① 纪钧涵:《当事人适格与判决效力主观范围扩张之研究》,台湾大学法律学研究所 2005 年硕士论文。

② 邱联恭讲述、许士宦整理:《口述民事诉讼法讲义》(三),2015 年笔记版。

的诉讼行为而导致其诉讼活动受到妨碍,此时,要求参加人受本诉讼裁判的参加效所拘束明显不公,对其程序权保障也并不充分,因而该条表明参加人与被参加人应共同承担诉讼的败诉责任。[①] 而此处所谓参加人与被参加人应共同承担诉讼的败诉责任即是贯彻诉讼法上诚信原则的应有之义。

我国台湾地区民事程序立法中对参加效作出明文规定,台湾地区"民事诉讼法"第 63 条规定:"参加人对于其所辅助之当事人,不得主张本诉讼之裁判不当。但参加人因参加时诉讼之程度或因该当事人之行为,不能用攻击或防御方法,或当事人因故意或重大过失不用参加人所不知之攻击或防御方法者,不在此限。参加人所辅助之当事人对于参加人,准用前项之规定。"对此,台湾地区学者认为该条是在继受日本法制及相关学说基础上,结合台湾地区民事司法实践而形成,该条所揭示的参加效应不仅及于本诉讼当事人,也及于当事人双方与参加人之间。因为,该条立法是以对诉讼主体程序权保障的程度作为界定判决效力所及范围的正当化基础,并为贯彻统一解决纠纷、节省司法资源、谋求诉讼经济、维护法安定性及保护程序利益等要求,使涉及本诉讼中同一争点的利害关系人,负有尽可能利用本诉讼程序以统一解决纷争的协力义务。为此,台湾地区民事程序立法将诉讼参加作为赋予程序权保障与谋求统一解决多数人间纠纷的手段,而以第三人是否参加本诉讼为基础,据此判定第三人有无不能参与本诉讼而影响其判决结果的"可归责于己的事由",以及可否主张不应受本诉讼判决效所及。[②] 台湾地区的司法实践也肯定了上述观点,台湾地区"最高法院"102 年度台上字第 1126 号判决指出,"参加人因其所辅助当事人之行为,不能用攻击防御方法,依民事诉讼法第六十三条第一项但书规定,固得对其所辅助之当事人主张本诉讼之判决不当。唯所谓因所辅助之当事人之行为,不能用攻击或防御方法,是指如因该当事人已为舍弃、认诺或自认,致参加人不能与其行为抵触而无法用攻击防御方法

---

① 许仕宦:《参加诉讼之判决效》,载《月旦法学杂志》2016 年第 254 期。

② 许仕宦:《第三人诉讼参与与判决效主观范围》(下),载《月旦法学杂志》2010 年第 179 期。

而言。又参加人为辅助一造当事人参加诉讼后，得随时为辅助上所必要之一切诉讼行为，不以参加时之一审级为限，惟参加之目的，既仅在辅助当事人，则该当事人是否撤回上诉仍应尊重其意愿，参加人不得以该当事人撤回上诉致其无法于上诉审参加行为而不能用攻击防御方法，而谓其得对当事人主张本诉讼之裁判不当"。①

有学者在比较参加效与既判力的异同后，提出如果参加效与既判力在作用根据上完全一致，则参加效在效力程度上应与既判力相似，而排除所谓参加效例外事由的适用余地。因而参加效的正当化基础在于参加人与被参加人间的程序权保障，如在前诉中程序权保障不足，则法的安定性要求应予退让，而以保护参加人与被参加人的程序利益，维系两者间的公平为要。因而，向来学说及实务均认为确定判决对参加人所发生的效力属于参加效，而非既判力。同时，参加效适用于被参加人败诉的场合，其客观范围不仅涵盖判决主文中涉及诉讼标的的判断，也包含判决理由部分作出的对事实或法律上争点的判断，而其主观范围则一般仅限于参加人与被参加人之间。参加效与既判力不同，后者发生时不问被参加人胜败与否，且后者以诉讼标的的判断为限。这其中作用根据的差异是重要原因，学说上认为既判力是基于法院以公权判断解决纠纷的结果，为阻止当事人对同一诉讼再为争执的制度，是落实法安定性的要求，而参加效则基于参加人与被参加人共同分担遂行诉讼的败诉责任，是为贯彻公平原则。② 当然满足此项公平原则也应以参加人已获得充分程序保障为前提。

同时，台湾地区民事程序立法上引入诉讼告知或职权通知制度以强化参加效的适用，而据此也可推知程序保障观念对于参加效正当化的意义。台湾地区民事程序规范中的诉讼告知或职权通知的制度旨意在于"为使有法律上利害关系第三人知悉诉讼而有及时参与诉讼之机会，避免第三人嗣后再提起第三人撤销之诉，以维持确定判决之安定性，并贯彻一

---

① 许仕宦：《诉讼参与与判决效力》，新学林出版有限公司 2010 年版。
② 邱联恭：《程序主体概念相对化理论之形成及今后》（下），载《月旦法学杂志》2012 年第 202 期。

次诉讼解决纠纷原则,应赋予法院适时主动将诉讼事件及进行程度通知有法律上利害关系第三人之职权"。[①] 据此,职权通知规定的制度旨趣正在于要求法官应适时赋予上述利害关系人相当的事前程序保障,以求诉讼纷争的统一解决。诉讼告知与职权通知制度的存在对参加效而言,可发挥多重功能[②]:一是增大利害关系人参与诉讼的可能性,有利于充分搜集事证,促进诉讼各方间攻防的展开,充实辩论;二是给予利害关系人事前的程序保障,使其有机会参与诉讼,维护其实体与程序权益;三是为参加效及于利害关系人提供正当化基础。由于台湾地区"民事诉讼法"规定受告知或通知的第三人可参加诉讼,但未参加或逾期参加诉讼,原则上视同参加诉讼,而不得主张本诉讼之裁判不当。其理据在于,第三人既然已被赋予事前的程序保障,那么其应受参加效拘束。

第三节　预决效力根据的多维解析

一如前述,参酌比较法上法律移植对象与大陆法系确定判决的附随效力体系,经由对预决效力司法适用的微观考察,本书主张预决效力在法体系上应定位于确定判决的附随效力,而与既判力等判决的固有效力相并立。具体而言,预决效力又因其多元化的内涵,而涵盖争点效、参加效、证明效等类型。因而,预决效力可界定为前诉确定判决中既判事实对后诉裁判的作用力。本书试图结合对作为民事判决效体系中重要组件的争点效、参加效作用根据的把握,并以我国现有规范与政策为依归,重塑预决效力作用根据理论,为进一步划定预决效力的作用效果及其范围奠定基石。

一、预决效力与法安定性

法安定性或制度效力理论是大陆法系民事诉讼法学界与实务部门对

---

① 许仕宦:《诉讼参与与判决效力》,新学林出版有限公司 2010 年版。

② 许仕宦:《诉讼参与与判决效力》,新学林出版有限公司 2010 年版。

以既判力为核心的判决效作用根据的首要观点。由于我国学界曾长期将既判力作为预决效力的性质定位，因而，作为既判力重要理论根据的法安定性理论也成为我国学者在论证预决效力作用根据时的首要选择，由于前文已对预决效力的性质定位予以澄清，故而可以肯定预决效力与既判力间的诸多差异，虽然两者间差异显著，但并不能武断认为预决效力与既判力在效力根据方面也南辕北辙，因而仍有必要考察法安定性理论。

确定判决是国家公权力作用下纠纷解决机制的重要公共产品，而以既判力为核心的判决效制度则为该公共产品贴上认证标签，使其具有司法终局效力，亦即，在前诉中已经为法院实质判断的当事人间的争执，不得被再次提出或审理。故而有学者指出，"假使将既判力除去，则所谓裁判将丧失本质上的意义"。[①]

可以说，传统大陆法系观念之下，既判力作用根据主要在于谋求判决确定的法权利关系的安定性，因而可以说，就民事纠纷解决的实效性而言，确保判决终局性的既判力对于民事判决效力体系而言具有确定无疑的制度价值，法安定性的要求使得既判力成为一种制度性效力。这种制度性效力的存在，使得纠纷的解决获得终觉性的确定，并进而维系了民众对司法制度运作的基本信心与国家社会秩序的稳定。法安定性理论一直是大陆法系有关既判力根据论的主流观点。而这种观点也与诉讼法说的既判力性质论息息相关。由于诉讼法说重在强调诉讼制度以公权力解决纠纷的功能，因而，在根据论上也倾向性主张既判力是基于纠纷的一次性解决理念与一事不再理原则而产生的制度性效力。[②] 有学者指出，从经验上看，在现代文明国家，既判力规范是一项具有普适性的法理学原则，属于其所在法律体系的核心组成部分，而既判力产生的根据则在于[③]，对真相的探求必须在某一时刻终止，这种司法终局性的观念直接催生了法安定性原理，而法安定性原理也受制于公平与效率原则的协调，对败诉方不断重审的纵容，有时必须受限于对胜诉方信赖利益的公平保护。就此

① 三月章：《既判力》，邱联恭译，载《台大法学论丛》1983 年第 12 卷。
② 林剑锋：《民事判决既判力客观范围研究》，厦门大学出版社 2006 年版。
③ 克莱蒙特：《既判力：司法之必需》，袁开宇译，载《清华法治论衡》2015 年第 2 期。

而言,务实的正义观从来都是兼顾司法成本,而避免一味追求事实真相的。显然既判力概念的内涵就是确保特定事项一经决定就不容再被争执。在程序法层面则意味着法安定性要求避免对同一事项作出不一致的判决,同时,法安定性不仅是服务于公平与效率互动关系的重要理论,也是推动司法制度高效运作的重要依托。毋庸置疑,有必要限制当事人任意否定确定判决的自由,而裁判者自身也不应肆意地废除一个确定判决,从司法制度的统一性立场来说,作为一个整体的司法机关都有维护确定判决稳定性的动机。这既是避免司法资源无故浪费的必然选择,也是维系司法制度权威的重要支撑。德国法上普遍认为既判力是国家透过法院为保护权利所设的必要机制,其根据在于法安定性的维持与法院权威的维护,因而,不当判决也发生既判力的危险相较于不可忍受的法律安定性,仅属次要。而在美国法上,"res judicata"制度也强调不论判决正确与否,甚至于抵触宪法时,也当然发生。因为该制度之根据在于确保司法资源的合理使用与避免一方当事人受他方滥用诉讼的骚扰。可以说,不论为维护司法权威、节省司法资源与防免被告应诉之烦,其利益之保障皆可归于法安定性的实现。[①]

回归到预决效力作用根据问题,由于长期以来,学术研究与司法实务对预决效力与既判力的比较研究不甚深入,两者交叉勾连较多,在预决效力作用根据问题上,从 2001 年《证据规定》到 2015 年《民诉法解释》权威解说书对此似乎可说是一脉相承,针对《证据规定》第 9 条第 4 项的规定,证据规定制定者认为预决效力理论的价值"在于将一种纯粹的私权纠纷通过诉讼这一国家权力确认后获得了一定程度的安定性,正是这种安定性使社会发展和交易安全更具有计划性和稳定性"。[②] 对于《民诉法解释》第 93 条第 5 项,司法解释制定者仍然认为,"对预决的实施予以免证的意义在于:一是可以防止法院在不同的案件裁判中对相同事实作出不同的认定,影响司法公信;二是可以减轻当事人诉累,节约诉讼成本,提高

---

① 陈玮佑:《民事判决既判力正当性的再考察》,台湾大学法律学院 2009 年硕士论文。

② 最高院民事审判第一庭编:《民事诉讼证据司法解释的理解与适用》,中国法制出版社 2002 年版。

诉讼效率"①。显然最高司法机关所确立的"防止矛盾裁判""维系司法公信""减轻当事人诉累"等预决效力正当性基础都是承袭自既判力作用根据理论，本质上是将法安定性理论视为预决效力的制度根据，并将其归入与既判力一道的确定判决所具有的制度性效力。

虽然将法安定性理论视作预决效力的制度根据似乎有一定道理，观念上将防止矛盾裁判、维系司法公信、减轻当事人诉累视为预决效力的当然追求或也无妨，但就现有立法的解释论出发，以法安定性理论作为效力根据理论仍有值得商榷之处，其中较为突出的一点在于效力排除机制的差异。通常认为，再审制度是调和确定判决安定性与正确性而存在的法律制度，其目的在于允许再审原告仅在一定严格限制下方能提出再审申请，而唯有通过再审程序才能破除确定判决的既判力。大陆法系国家往往将再审制度设计为一种例外规定，在立法技术上一般采取限制列举的方式，因而可以肯定为兼顾法安定性，利用再审制度的条件颇为苛刻，德国学者普遍认为，无论如何不能以确定判决存在错误认定而打破其既判力，即法院不得就判决错误问题进行审查。若原告有再审事由时，应进行较复杂而有不变期间限制的再审程序，在有德国法上回复原状之再审事由时，通常必须先进行刑事诉讼获取形式判决。若当事人单纯主张确定判决错误而要求法院就错误进行审查时，此举违反法安定性要求，也与德国法上再审制度的设立目的相违背。日本战后判例亦认为，当事人诈骗取得的确定判决具有既判力，但例外地允许被害人以确定判决属于诈骗取得为由，不经再审程序而独立提起侵权行为损害赔偿之诉，对此，仍有日本学者认为这类判例违背法安定性要求，并主张立法者设置再审制度（严格限制再审事由与提起再审的不变期间）的基础在于确定判决的既判力，若不经再审程序而直接允许推翻诈骗取得的确定判决，无异于使再审制度沦为具文。②

与大陆法系国家的通行做法一致，我国法上也采取再审制度作为突破既判力的重要制度，现行《民诉法》第 16 章审判监督程序对再审提起的

①　杜万华、胡云腾主编：《最高人民法院民事诉讼司法解释逐条适用解析》，法律出版社 2015 年版。

②　陈荣宗：《诈骗取得确定判决之效力与被害人之损害赔偿请求》，载民事诉讼法研究基金会：《民事诉讼法之研讨》（十），元照出版有限公司 2001 年版。

主体、再审事由、申请再审期限及再审审理程序等作出了系统性规定。同时，需要注意的是，《民诉法》第 56 条第 3 款确立的第三人撤销诉讼制度也具有破除不当判决既判力的作用，并且《民诉法解释》对第三人撤销之诉、再审之诉及执行异议的协调衔接问题作出了进一步规定。虽然，在《证据规定》施行后，曾有实务观点认为，"未经审判监督程序撤销或改判的确定判决，具有法定的权威性。确定判决所认定的事实也可以作为证据直接使用。因而对同一事实或法律关系，如果已经存在在先的确定判决，则后诉法院应作出一致认定。其根据在于，法院在后诉裁判中必须尊重在先的确定判决，否则审判秩序无从保证"。[①] 这一观点实际上将法安定性作为预决效力的作用根据，并将预决效力等同于既判力，认为预决效力也应同既判力一般唯有经过再审程序方能推翻。而从预决效力后续理论发展与规则修订来看，对已为确定判决所认定的事实，并非须经过审判监督程序才能纠正，而是在后诉中有相反证据足以推翻即可。由此可见，预决效力作用根据与法安定性理论仍存在差异。更为具体地说，在预决效力的根据理论中，法安定性并非居于核心地位。同时，就比较法上的研究不难看出，上文对争点效、参加效的理论引介也证实了法安定性理论无法作为争点效、参加效的主要根据予以认定，在与预决效力具有共通性的争点效、参加效发挥作用的场合，首位的考虑不在于法安定性，而是下面将要论及的诚实信用原则与程序保障原理。

二、预决效力与诚信原则

如前所述，争点效理论的重要根据在于诚信原则，一般认为争点效是诚信原则运用于判决效果的情形，属于诚信原则在判决效层面的延伸。新堂幸司虽然认为争点效应与既判力一般获得制度性效力，但仍肯认其应以诚信原则及当事人间的公平为根据。争点效理论受启于兼子一主张的参加效扩张理论，而所谓参加效扩张理论（赋予参加人与对方当事人间

---

① 梁曙明、李伟：《〈关于规范人民法院再审立案的若干意见（试行）〉的理解与适用》，载《人民司法》2002 年第 11 期。

就判决理由中判断以拘束力）的根据也是从诚信原则上禁反言要求衍生而来，被认为是诚信原则适用于参加效的自然结果。因此，作为预决效力的重要面向，争点效与预决效力在根据论上同样具有共通性，除理论上说明外，就我国当下立法的解释论角度而言，也有必要论定预决效力与诚信原则的关系问题。

作为日本法制母国的德国，其实体法与诉讼法上的诚信原则对日本学界阐释争点效根据理论产生了直接影响。竹下守夫认为，以诚信原则思考争点效理论，首先应探究德国民法上诚信原则，尤其是"不合法行使权利"的理论。《德国民法典》第 242 条规定，"债务人有义务照顾交易习惯，以诚实信用所要求的方式履行给付"①。其实质理念在于对作出法律行为的主体，要求其注意对方当事人的正当利益，意即作出法律行为的主体在一定程度上违背该法律关系意义或目的，且有害于对方利益，或存在主体间明显利益失衡情形时，可认为该行为已违反实体法上的诚信原则。德国法上的诚信原则一般具有三个作用面：一是针对义务人的作用，补充契约上或法律上当事人固有的义务，即为实现契约或法律意旨而赋予行为人各种附随义务的正当性基础；二是针对权利人的作用，即避免权利滥用的作用；三是修正作用，即在权利义务关系确立后，如遇情势变更，不能期待义务人依契约或法律上要求履行预定义务时，则应依据情势变更原则矫正权利义务内容的作用。此时，诚信原则不仅是立法者实现法秩序再平衡的工具，也是法官造法的媒介。同时，德国法上，认为滥用权利的情形包括：（1）行使不合法的权利或利用不合法的状态；（2）权利失效；（3）当事人不合法的援引方式。如前所述，竹下守夫将"权利失效法理"与"矛盾举动禁止原则"作为说明诚信原则适用于判决效的依据。

日本民事程序立法吸纳了来自德国法上的诚信原则，1996 年日本修订《民事诉讼法》时，在其第 2 条便确立了诚信原则，即当事人须以信义诚实地履行民事诉讼。在此之前，日本学界已普遍承认诉讼法上的诚信原则区别于民法上的诚信原则而具有独立意义。日本立法者认为，由于当事人实施妨碍相对方举证、拖延诉讼之类的不诚实诉讼活动有碍民事诉

---

① 陈卫佐译注：《德国民法典》（第 4 版），法律出版社 2015 年版。

讼得以公正、迅速进行。因而，为防止此类现象发生，并正确地实现法的理念，就有必要让进行诉讼的当事人承担诚信义务。[①]

由于诚信原则内涵丰富，属于极具弹性的概念，因而为避免其恣意适用，便有必要将诚信原则作用形态予以类型化，实现诚信原则适用的清晰与规范。对此，日本学界通常将诚信原则区分为四类予以讨论[②]：

一是排除不当形成的诉讼状态。一方当事人恶意造成符合程序法规范的状态，并试图不当利用这种状态，或者相反地，故意妨害这类状态的形成试图规避某些法律效果。此时，应当以诚信原则予以矫正，对上述行为作出否定性的法律评价。例如，当事人在合同纠纷中设置有利于己的管辖连接点刻意增加被告的应诉负担。对于这类情况，作为具体的反制措施，《日本民事诉讼法》第17条允许将案件移送到被告地法院予以解决。当然也有意见认为，为警示原告作出有悖伦理性的行为而有必要适用诚信原则，如在诉讼终结前已预期将败诉的一方，为了逃避对对方的债务而有意以低价获取实际价值极低的债权，并以此作为自动债权进行抵销。这类当事人以滥用抵销权的方式刻意造成的实体法上状态，同样违反诚信原则，应禁止其进行抵销抗辩。

二是诉讼上的禁反言。诉讼上的禁反言也称禁止与先前行为相矛盾的举动，其是指一方当事人在诉讼上的行为、主张已经获得对方当事人的信赖，但在对方当事人为此积极构筑好防御"工事"后，却又提出与先前行为或陈述相矛盾的行为或主张。例如，在以返还房屋为诉请的案件中，被告主张自身具有承租权，在其主张得到认可，且法院驳回了原告的诉请后，前诉原告又以支付租金为诉请针对同一被告再次起诉，而此时，被告却主张自己并非承租人。再如，原告起诉的被告已经死亡，被告的继承人委托诉讼代理人申请承继诉讼，法院认可继承人承继诉讼的请求，并最终认可原告的诉请。但此后，该继承人在上诉理由中却主张原告提起诉讼时以死者为被告应属违法，应驳回其起诉。此时，该继承人直到上诉前为

① 张弘：《解读日本民事诉讼中的诚实信用原则》，载韩波：《民事程序法研究》（第10辑），厦门大学出版社2013年版。

② 本间靖规：《民事诉讼中的诚实信用原则》，张英译，载任重：《民事程序法研究》（第12辑），厦门大学出版社2014年版。

止一直作为当事人参加诉讼，到了上诉阶段却提出被告主体不适格的主张，这显然属于违反诚信原则的行为，因而不被允许。①

三是诉讼上的权能失效。一方当事人长期怠于行使其在诉讼上的权能，令对方当事人由此产生该权能应不会被行使的判断，并对此产生信赖时，怠于行使权利一方又试图行使该权利，这同样有违诚信原则。亦即，为了保护当事人对对方不会行使某项权能的信赖，而应认定该诉讼上权能的失效。例如，原、被告上一代之间存在确认不动产所有权并变更登记的诉讼，但在诉讼中原告作为继承人承继了诉讼，此后由于原告应征入伍，诉讼也因而中止。不过，在诉讼中止35年后，原告申请重启诉讼。对此，法院虽然准许了重开辩论的申请，但以原告35年来对诉讼置之不理的态度违反诚信原则为由驳回了其诉请。其理据为由于原告对诉讼怠于履行其注意义务，长达35年的时间经过已经使被告形成对方已不会再为请求的信赖，但此时原告再次提出争执，其行为显然违反伦理性要求。再如，当事人受到公司的辞退处分，并领取经济补偿，时隔9年提起诉讼要求确认原辞退处分无效。此举无疑违反了诚信原则，因而未获许可。诉讼上权能失效与禁反言的差异在于，前者对方当事人信赖的对象是因一方当事人积极地依据自身意志行动而形成的行为结果，而后者对方当事人信赖的对象则是因一方当事人不作为的状态而产生的行为结果。

四是禁止诉讼上权能的滥用。诉讼上权能应在一定限度内予以实施，如果当事人企图滥用诉讼上权能，其滥用行为将因违背诚信原则而不生产原有效力。例如，当事人已将自身所持有的公司股权全数转给他人，但其为恢复自身在公司的经营权，对股权受让人，以股权转让未经股东会议批准为由提起确认股权转让无效诉讼。此案中，原告作为出让人有义

---

① 在日本司法实务中这一原则存在适例，原告根据其所拥有的票据债权，对诉讼外属于Ａ的动产申请临时扣押，被告（Ａ的亲属）以包括此动产在内的经营权已经转让给自己为由提起第三人异议诉讼（前诉）。前诉中，被告就经营权转让一事积极进行了举证，并将有关商号使用权的契约公证资料等作为证据提交。但是在随后原告以接受了经营权转让为由要求被告支付同一票据的诉讼中（后诉），被告却否认从Ａ处受让了经营权。针对该案，日本最高裁判所在认可了禁反言原则后认为，根据已经发生的事实提起诉讼，对此事实的存在极力主张并举证的一方当事人，在其后对方当事人依据此事实存在为前提而提起的后诉中，却断然否定此事实的存在，毋庸置疑这严重违背了诚信原则。

务召开股东会议,但其却怠于履行该转让程序,而后又试图以该程序瑕疵否定股权转让行为,显然这与诚信原则相抵触,应被视为滥用诉权。此外,诉讼上权能滥用的实例常见的还有以拖延诉讼为目的,而向法院提出各种事由申请回避的情形。日本法上为了应对此类问题,对理应由该法院管辖的案件提出回避申请的,法院在审查后发现明显是为了拖延诉讼时,判例认可该法官有权简易驳回该回避申请。

日本学者在上述诚信原则的类型化基础上,提出诉讼上的禁反言与权能失效原则均为诚信原则适用于判决效作为判决理由中判断是否发生拘束力的指针。当然二者在适用场合上仍有一定差异。① 即虽然同样以诚信原则作为争点效的作用根据,但对于胜诉或败诉当事人发生作用的机理有所不同。诉讼上禁反言作用的场合,是前诉胜诉当事人为维持前诉判决所获得的利益,而在后诉中推翻自己于前诉所为的主张或举证,试图获得其他与前诉确定判决不相容的利益,为除去此种诉讼上的不当性,即以矛盾举动禁止原则发挥拘束作用,因而诉讼上禁反言的规制对象原则上为前诉胜诉的当事人。与此相对,权能失效法理一般适用于前诉因怠于行使某攻击防御方法而致败诉的一方当事人,在后诉中再度提出相同主张或抗辩的场合,此时其行为颠覆了对方当事人的正当信赖,有违权能失效法理。故权能失效法理一般对败诉当事人发生作用。

我国台湾地区司法实务中对争点效根据问题的论述同样以诚信原则为主,台湾地区的判例认为,"法院在判决理由中,就诉讼标的以外当事人主张之重要争点,本于当事人辩论之结果,已为判断时,其对此重要争点所为之判断,除显有违背法令之情形,或当事人已提出新诉讼资料,足以推翻原判断之情形外,应解为在同一当事人就该重要争点所提起之诉讼中,法院及当事人就该已经法院判断之重要争点,皆不得任作相反之判断或主张,始符合民事诉讼上诚信原则"。②

---

① 林淑菁:《民事判决效客观范围之研究》,台北大学法学系 1995 年硕士论文。

② 台湾地区"最高法院"1984 年度台上字第 4062 号判决,类似的判决还可同"最高法院"1999 年度台上字第 557 号判决、1999 年度台上字第 2230 号判决及 2000 年度台上字第 44 号判决。参见林诚二:《再论诚实信用原则与权利滥用禁止原则之机能》,载《台湾本土法学杂志》2001 年第 22 卷。

与日本民事诉讼法上诚信原则的法定化相仿，我国在 2012 年《民诉法》修订过程中明文确立了诚信原则，其基本内涵为法院、当事人及其他诉讼参与人在审理民事案件和进行民事诉讼时，必须遵循诚实信用原则。诉讼主体在民事诉讼中应当诚信实施民事诉讼行为是民事诉讼法的基本要求。诚信原则在民事程序法上的明文化是因应民事司法的现实需求而生，近年来，当事人滥用诉讼权利、恶意诉讼、虚假诉讼、拖延诉讼、诉讼中虚假陈述、伪造证据等时有发生，民事程序立法希望诉诸诚信原则的法定化矫正这类失信行为。同时，由于诚信原则主要目标在于矫正当事人在诉讼中的失信行为，因而我国法上诚信原则的适用对象主要是当事人。同样由于诚信原则较为抽象的属性，我国学者对于诚信原则适用类型的认识大体与日本学界的普遍观点类似，一般包括①：(1)当事人真实陈述的义务。真实义务通常被认为是诚信原则的主要内容。法理上一般将真实义务限定为主观真实义务，即当事人只要根据本意进行真实陈述便符合真实义务要求，即使经审理后发现，当事人的陈述与案件事实不符，也无法视作违反真实义务。这一方面在于无法要求当事人陈述与客观事实完全一致，另一方面主观真实义务对于诚信原则在发现真实方面的作用较为有限；(2)促进诉讼的义务。促进诉讼义务要求当事人在诉讼中应避免拖延诉讼或干扰诉讼的行为。而应协助法院及时推进诉讼程序。这一义务对当事人诉讼行为的具体规范体现在，一是当事人不得迟延提出攻击或防御方法，二是当事人不得提出显无理由的回避申请(回避权的滥用)，三是当事人不得故意规避法定的审级或诉讼程序(如通过拆分诉讼标的使之适用于小额诉讼，由此获得小额诉讼程序带来的利益)等；(3)禁止以非法手段形成不正当诉讼状态。当事人遂行诉讼应遵循诚信原则，而不得以欺骗或其他非法手段形成不正当的诉讼状态，从而获得适用或

---

　　① 张卫平：《新民事诉讼法专题讲座》，中国法制出版社 2012 年版。除下述五类情形以外，学者认为还有一类，即诉讼上权能的丧失。因行为人长期不行使诉讼上的特定权能，使得对方产生一种行为人大概不会行使该权能的期待，一旦达到如此阶段，行为人还可以行使权能的话，就将有损对方的期待，因此，为了维护这种期待，在此情形下权能的行使是不合法的，也就是所谓失权的原则。法理上通常认为，在规定的期间内不行使权利救济的方法，则可以适用失权原则。但本书认为这同样可以纳入诉讼上权能滥用的类型而予以规制。

排除某一法规所带来的不正当利益。例如管辖权的滥用，原告通过编造虚假的管辖原因事实，从而获得有利于自己的管辖；（4）禁反言。这一原则的具体适用要件通常包含三个要件：其一，当事人在诉讼中实施了与先前诉讼行为相矛盾的行为；其二，对方对先前诉讼行为产生信赖，其三，使信赖其先前行为的对方陷入不利境地。例如，作出自认之后，在无正当理由的情形下撤回自认即违反禁反言要求；（5）诉讼上权能的滥用。虽然诉讼制度给予了当事人某些权能，但权能必有其边界，而诚信原则的存在就是廓清诉讼上权能边界的重要标尺。通常诉讼上权能滥用的情形可通过权利人有无正当理由予以判断，如无正当理由反复要求审理法官回避、期日指定申请权的滥用等。而构成实务上处理难点的是诉权滥用问题。由于诉权被认为是现代宪法上公民所应享有的基本权利，因而在大陆法系国家或地区中，强调诉权保障往往是理论与实务的动向，而对以诚实信用原则规制诉权滥用行为，则较多持审慎态度。

虽然前文论及有学者质疑诚信原则不应作为我国法上预决效力的作用根据。但本书认为，这类质疑的前提与本书对预决效力的性质定位截然不同，预决效力是与既判力并列，以争点效、参加效为内核的判决附随效力，其在与争点效作用一致的场合，预决效力作用根据也自然无法离开诚信原则。可以说，预决效力是诉讼法上诚信原则在判决效层面的延伸。从民事立法的解释论角度出发，诚信原则应成为预决效力的重要根据之一，其理据在于：其一，预决效力内嵌敦促当事人促进诉讼的义务。促进诉讼义务旨在督促当事人在诉讼中应避免拖延诉讼或干扰诉讼。这一义务对当事人诉讼行为具体规范的一个重点在于当事人不得迟延提出攻击或防御方法，而预决效力的存在对试图推翻这一效力的当事人而言无异于一个反向激励，即如果不及时主张并举证，预决效力便有可能适用而产生对其不利的后果，因而否定预决效力的一方将更为积极地围绕反证事由提出主张、搜集并提交证据；其二，预决效力反映了诉讼上的禁反言原理。不论预决效力作用效果是确定判决中判决理由项下已获法院实质审理的既判事实在后诉中免于证明还是直接拘束后诉法院、当事人不得再为审理或主张，预决效力都反映了诉讼上的禁反言原理，就考量这一原则的具体适用要件而言，一是当事人在诉讼中实施了与先前诉讼行为相矛盾的行为，试图在后诉中继续争执确定判决已经认定的既判事实；二是由于前诉的审理与裁判结果已经使得对方对先前诉讼行为产生信赖，认为既判事实已获认可；三是如果放任任意攻击既判事实的行为无异于会使信赖对方先前行为的当事人陷入不利境地。因而有必要设置预决效力制度予以规制前述行为，而这正是诉讼上禁反言原理的体现。诉讼上禁反言作用的场合，是前诉胜诉当事人为维持前诉判决所获得的利益，而在后诉中推翻自己于前诉所为的主张或举证，试图获得其他与前诉确定判决不相容的利益，为除去此种诉讼上的不当性，即以矛盾举动禁止原则发挥拘束作用；其三，预决效力贯彻了诉讼上权能失效原则。预决效力的作用效果不仅止于现有规范上的所谓免于证明的效力，其存在争点效作用效果中的遮断效果。这一遮断效果实质上贯彻了诉讼上权能失效原则。① 因行为人长时期不行使诉讼上的特定权能，使得对方产生一种行为人大概不会行使该权能的期待，一旦达到如此阶段，行为人还可以行使权能的话，就将有损对方的期待，因此，为了维护这种期待，在此情形下权能的行使是不合法的。权能失效法理的适用情形在于前诉怠于行使诉讼权利的一方，因怠于行使某一攻击防御方法而致败诉，在后诉中再度提出相同主张或抗辩，此时便打破了对方当事人已然形成的正当信赖，要求对方当事人应诉即违背权能失效法理。此时，预决效力即贯彻了诉讼上权能失效法理的要求。

此外，一个值得思考的方面在于，就大陆法系国家特别是上文重点引介的日本法上的理论进展而言，作为一项具有弹性的原则，诚信原则的具体化或类型化有赖于研究的不断深入与司法案例的不断积累。前者依托于良好开放的学术氛围，后者则需要借助具有示范性和规范性的司法判例制度。有学者指出，考虑到当前司法公信与权威的实际状况，希冀通过司法判例形成诚信原则的具体适用指南颇为困难。因而，作为司法判例的重要替代品，由最高人民法院制定具有针对性的司法解释通常是落实法律原则的主要法律技术途径。② 但这一技术路径的难点在于，若没有充分的司法裁判积累与系统的抽象思维能力将很难实现规范的抽象化和类型化。

① 刘显鹏：《民事诉讼当事人失权制度研究》，武汉大学出版社 2013 年版。

② 张卫平：《民事诉讼中的诚实信用原则》，载《人民法院报》2012 年 9 月 12 日第 07 版。

同时,寻找具有说服力的典型案例是制定司法解释之外的重要技术补充。但由于指导性案例的产生,须历经相当复杂的程序,因此难以在短时期内就生产出数量足够、质量上乘的指导案例。此外,诚实信用原则的适用中也应避免矫枉过正,应在适恰运用诚实信用原则与保障当事人诉讼权利的正当行使间寻求平衡。诚实信用原则构筑了当事人诉讼权利的边界,是对当事人行使诉讼权利的制约,因此,在欠缺明确制度规定的情形下,也容易诱发以诚实信用原则不当干预当事人诉讼权利的情形,而有损诉讼公正。要使诚信原则在民事诉讼中发挥其应有的作用,还需要进一步提升司法公信力、健全司法裁判的功能,而在健全判决效体系方面,则必须深度提炼既判力、预决效力等各自理论内涵与制度细节,否则诚实信用原则很容易因为"适用难"或"适用乱"而被束之高阁,成为一条"睡眠"条款。

三、预决效力与程序保障

程序保障观念晚近成为民事诉讼理论研究的重要动向,尤其重视以程序保障与自我责任理论重释民事诉讼法理上从辩论主义到判决效各层次具体规范,而程序保障观念作为一种强有力的正当性根据论在判决效领域已占据重要地位。即使对以法安定性为根据的既判力而言,程序保障论也将重点转移至对前诉中当事人程序保障的有无和程度的考量,以此作为划定既判力等判决遮断效范围的重要指标。

虽然程序保障如同法理上公正、平等概念一般,难以清晰界定其内涵与外延,其本身也并非可视为一切诉讼上制度的正当化基础,且在不同诉讼观下往往呈现出不同含义。但无可置辩的是,当今社会普通民众个人权利意识的勃兴促使程序保障的涵摄范围不断扩张。而在学者看来抑制程序保障泛化的有效路径不外乎回归程序保障的原点,并在民事诉讼链条上的各具体领域逐个回应具体问题。①

虽然解决纠纷往往是民事诉讼的主要目的，但应注意到，一味追求纠纷解决的实效性，则意味着当事人处分权的压缩，当事人程序主体地位的下降，形成过于强调法院（国家）之立场的结果，最终将不免损害当事人的实体权益。事实上既判力根据理论也是这一诉讼观的历史产物，如前所述，这也正是新堂幸司所批判的对象，并在此基础上提出争点效理论。争点效一改以往将判决效根据诉诸法安定性的理论传统，特别强调民事诉讼程序中的程序保障，以此与强调解决纠纷实效性形成一种联动关系。而在涉及辅助参加场合，作为程序利益的参加权，与诉讼结果有利害关系或者称其权利受伤害的主体应享有诉讼告知、作为辅助参加人或独立当事人参加诉讼的权利，②而在程序保障已为充实的场合，自我归责原则的确立则又为程序保障的泛化倾向设定了必要的边界，参加效的根据由此也脱离了单纯强调法安定性的理论立场，而更为突出参加人与被参加人之间共同遂行诉讼，并因而共同承担诉讼责任的理论根据。显然，这一理论根据直指程序保障与自我归责原则。

在日本民事诉讼法学界，一般认为，有关程序保障的理论大致经历了三个阶段（学说上通常称为程序保障的三波）。第一波是以山木户克己教授在 20 世纪 50 年代提出的"当事人权"理论为标志。这一理论着眼于非讼程序中相关人与诉讼程序中当事人之间的地位及权能比较，提出了当事人权能的概念，其中包括期日的立会权、辩论权、阅览记录权、指定期日申请权、上诉权、限定裁判范围及资料权能等。虽然当事人权理论并未直接提出程序保障的理念，但应当看到，这一理论从当事人权利本位出发思考诉讼程序中当事人权能的应然状态，实质是在诉讼程序中确立了当事人程序主体地位之观念，可说是程序保障理念的先声。第二波则以新堂

---

① 具体来说，程序保障理论在期日、期间的选定、送达程序、主张举证程序、调解程序及上诉程序等具体领域多有涉猎，并结合真实发现、公正性及论争规则的建构等诉求，研究应当如何确保当事人的程序利益。参见段文波：《程序保障第三波的理论解析与制度安排》，载《法制与社会发展》2015 年第 2 期。

② 段文波：《预决力批判与事实性证明效展开：已决事实效力论》，载《法律科学》2015 年第 5 期。

幸司在20世纪60年代提出的程序保障论为代表。随着"为了当事人利益的理论"这一诉讼观的确立,新堂幸司在其理论中明确提出程序保障之概念,并对其内容予以具体阐述,以日本宪法上所确立的国民接受裁判权为内容,强调保障程序主体在诉讼中的地位,强化程序保障与失权效之间的联系,形成了"程序保障与自我归责"理论,并将其适用于民事诉讼理论及制度的解释论之中。具体到判决效领域,新堂幸司反思了以往传统上将法安定性视为既判力根据的理论,并进一步在以争点效为中心的判决效主客观范围的扩张问题中,主张受判决拘束之人是否现实地享有作为当事人地位的接受裁判权,也即是否获得程序保障应当成为主要的标准。新堂幸司基于对争点的类型化认为,当主要争点和正当期待解决争点相同时,程序保障下的当事人自己责任应当直接发挥作用。故而,可以正当要求双方当事人就主要争点穷尽攻防,如果现实中展开了攻防,那么期待该争点获得解决即属正当,双方当事人应共同遵循法院对该争点的判断,如在后诉中重复提出与该结论相反的主张,即应视为对自己责任的悖反。① 此外,在诉的利益、当事人适格、反射效等问题上,乃至"程序事实群"等概念的提出,无一不是以程序保障获得与否作为其展开具体问题解

_____

① 例如,东京地方法院昭和六十三年(1988年)12月20日判决即认可了这一判断。本案中的土地,由甲卖给乙,又由乙转移至丙,都经过了所有权转移登记,由此甲对丙提出转移登记请求,主张甲乙间的买卖合同不成立,即使合同成立,也由于错误导致买卖无效,诉求恢复真正的登记名义,并一直争论到三审,但被法院驳回诉讼请求,确定败诉(前诉)。甲进而对乙和丙提起诉讼,争论买卖合同的成立与否问题,主张所有权,请求注销各个转移登记并确认甲的所有权(本诉)。法院认为,从与丙的关联来说,关于登记请求的诉讼标的相同,因此根据既判力,后诉登记请求的理由不存在,关于所有权确认请求,法院判断"实质上是前诉的反复","在本诉中将所有权确认请求也一并提出,明显能看出是为了避免与前诉判决的既判力抵触",认定违背诚实信用原则,不论事实存在与否,判定请求的理由不存在。在这个案件中,从后诉判决可以明显看到,是否由于买卖合同成立导致甲丧失所有权的问题,在前诉中完全成了争点,关于这一点双方当事人穷尽攻防后,法院判定合同有效、甲丧失所有权,在这一案例中,关于买卖合同的有效性和甲丧失所有权判断的争点效存在,不可能从甲没有在前诉提出所有权确认请求的不作为态度(权利失效的法理),推导出主张所有权这一诉讼上权能的失效效果。围绕买卖合同的效力(以及与此同时甲所有权的存在与否)作为登记请求的前提,已经充分展开了争论,这里当事人责任才是失效的根据。参见新堂幸司:《民事訴訟法学の展开》,载《民事诉讼法研究》2000年第5卷。

释的指向标。① 第三波程序保障论则更进一步试图在渐次展开的民事诉讼进程中来寻求诉讼的普遍价值,强调程序自身的独立价值,认为诉讼上的论争是经由程序中不同主体间作用的分担逐步呈现的,而对这一论争或对话的程序保障则构成了诉讼目的。程序保障的内涵则表现为这一程序进程中当事人间的交涉方式及其规则。虽然作为一种推动民事诉讼法学的重要理论思潮与方法论的再生产而言,程序保障第三波理论打破学科间的藩篱,将原本属于法社会学领域中的交往及对话理论作为解构民事诉讼传统理论的工具颇具新意,但这种理论突破本身似乎并未完成理论建构,而且与现行规范的解释论尚难调和。由于程序保障第三波理论超出了作为规范法学的民事诉讼法学的既有框架,具有不接受法的一般性、普遍性的特点,日本民事诉讼法学界对程序保障第三波理论反应冷淡。② 与第一波及第三波相比,以争点效理论为代表的第二波程序保障论显得更为成熟,与实定法制度之间的联系更为紧密,进而在具体解释论的运用中更具实用性。

争点效与参加效在根据论上共通于程序保障原则,而程序保障与自我归责原则紧密关联。与之相应,预决效力的根据论中也离不开程序保障这一重要支柱。在争点效与参加效的适用要件与作用效果中,程序保障与自我归责原则发挥了重要指针作用。争点效以重要争点已经当事人间充分的攻击防御为要件,而在辅助参加场合,参加人实质参加诉讼(或经诉讼告知、职权通知)同样是参加效得以发挥作用的重要条件,同时,参

---

① 新堂幸司将民事诉讼中产生行为规范与评价规范分离之现象的原因,归结为程序安定性要求,但从更深层次来看,新堂教授这种规范二分化解释论方法的提出,无疑与其摆脱传统的性质论束缚而展开具体的利益状况衡量之研究方法及思维(有关详细参照后述四)有着密不可分的关系。新堂教授在判断前诉判决对后诉遮断效范围的问题中,认为受"程序事实群"的影响导致评价规范与行为规范的分离,而这并非基于单纯的"程序安定性"要求而是基于如下这种考量的结果,即避免同一纠纷实质地被反复争议或者一方当事人对于某争点既已解决的合理期待应当受到保护。因此,有关上述两种规范分离的原因毋宁可以从新堂教授一贯所强调的"法的安定""诉讼经济"、"诚实信用原则"上予以追寻。参见新堂幸司:《新民事诉讼法》,林剑锋译,法律出版社 2008 年版。

② 田中成明:《现代社会与审判:民事诉讼的地位和作用》,郝振江译,北京大学出版社 2016 年版。

加人与被参加人之间还应有共同的诉讼遂行行为。而在作用效果上,虽然新堂幸司认为争点效在效果上应与既判力一致,一旦适用即成为一种制度性效力,但在我国台湾地区的司法实践中,裁判者将"显有违背法令之情形"与"当事人已提出新诉讼资料,足以推翻原判断之情形"作为争点效作用效果的例外情形,而在参加效场合,以第三人是否参加本诉讼为基础,据此判定第三人有无不能参与本诉讼而影响其判决结果的"可归责于己的事由",以及可否主张不应受本诉讼判决效所及。由此可见参加效本身并不具有与既判力等效的制度刚性,其效力排除机制的存在正表明程序保障与自我归责原则不仅构成上述效力的根据也是框定效力拘束效果的重要指针。而在我国法上预决效力规则的具体实践中,程序保障理念同样贯彻在预决效力的适用案例中,例如上海美锦公司与无锡良品汇公司、上海文峰千家惠公司合同纠纷一案中[①],一审法院认定,"本案双方当事人争议的焦点是,在本案中出现的新证据是否足以推翻美锦公司提交生效法律文书所确认的事实。依据《民诉法解释》第 93 条第 5 项,在浦东法院开庭审理原告美锦公司诉被告文峰千家惠公司买卖合同及联营合同纠纷一案时,文峰千家惠公司提交《文峰千家惠超市供应商转档函》和《爱仕达文峰交接库存补差表》,证明库存 192185.65 元转入良品汇公司。美锦公司虽认为债权债务是另行结算的,但美锦公司除了陈述外,并未向浦东法院提供已经存在的《协议书》来证明其主张"。二审法院进一步明确指出,"结合美锦公司、良品汇公司、文峰千家惠公司、证人张某的陈述,及《协议书》条款的字面含义,可以确定《协议书》约定的给予良品汇公司的补差款 62497.16 元为毛利及折扣,并不包含库存货物的价款 192185.65元。美锦公司与文峰千家惠公司之间的债权债务包括库存在内的价款应由双方自行结算。本案中出现的新证据,即《协议书》和证人证言等足以推翻浦东法院(2015)浦民二(商)初字第 1710 号民事判决对该问题的认定。另外,良品汇公司系没有参加过(2015)浦民二(商)初字第 1710 号案

---

① (2018)苏 02 民终 345 号民事判决书。类似以程序保障为判旨的案例还有(2018)辽 01 民终 2061 号民事判决书、(2017)沪 0115 民申 43 号民事裁定书、(2014)渝五中法民终字第 02750 号民事判决书等。

件民事诉讼的当事人，其在前诉中就涉案库存的'争议焦点'没有机会发表相关的抗辩意见，也没有机会进行举证和质证，如前诉裁决确认的事实在本案中直接认定，无疑是强迫其接受没有参加过的诉讼裁判的约束。因此，浦东法院(2015)浦民二(商)初字第1710号民事判决，对良品汇公司不能发生预决效力"。本案中，前诉的当事人为上海美锦公司与上海文峰千家惠公司，两者争执的重要争点为"结算款中是否包含库存价款"，而在前诉中，两家公司围绕这一主要争点，由于美锦公司除主张外，并未向前诉法院提供相应证据以佐证其主张。因而，这一重要争点实际未获得当事人间的充分争执，至少一方实际未穷尽其攻击防御方法。因此后诉法院因美锦公司提出所谓新证据而推翻了前诉对这一重要争点的判定。同时，后诉的当事人之一无锡良品汇公司并未参与前诉，因而从程序保障的角度考量，前诉重要争点的判断也不应及于该方当事人。上述判旨显然贯彻了程序保障理念对当事人诉讼权利的落实，实质上也是以程序保障理念作为划定预决效力作用范围与适用对象的重要根据。由此可见，在这则争点效类型的预决效力规则适用案例中，考察前诉当事人的诉讼参与情况、主张及举证情况构成了后诉法院据此是否适用预决效力及在多大程度或范围内适用预决效力的根据。

第三章

预决效力之适用要件与作用效果厘定

如果说预决效力的性质辨析与根据探微奠定了预决效力塔楼的地基,则预决效力的适用要件与作用效果问题无疑是预决效力塔身的钢结构。性质论争与根据理论解决了预决效力应否及为何能成为判决效体系中的重要一员,可视为预决效力的外部证立。而适用要件与作用效果问题则力图从预决效力内部着手,建构其制度本体,探讨判决理由中的哪些判断、应当在何种条件下产生何种效力,以期实现预决效力理论的规范化。

第一节　预决效力适用要件与作用效果论争

一、预决效力适用要件与作用效果的学术争议

一直以来伴随着预决效力性质与根据论争,我国学界对于预决效力的适用要件与作用效果认识同样存在观点分歧与冲突。可以说,预决效力性质论证中既判力说、争点效力说与证明效力说的论争一直延烧至预决效力适用要件与作用效果的论争之中。

在持既判力说的学者中,常廷彬认为,根据既判力的理论来分析预决

效力,可以得出预决效力的几个适用结论:一是只有判决主文中的既判事实才具有预决效力,二是预决效力仅在前后诉当事人同一的情形下发生作用,三是预决事实的证明须遵循正当程序保障原则。同时,其认为预决效力有绝对效力与相对效力之分。其中,绝对效力是指不可推翻的效力,即当事人不得在后诉中举证予以推翻,而法院应当直接予以认定。而相对效力则是指可以推翻的效力,即对待证事实而言,当事人可以主张预决效力而免证,但同时对方当事人可以通过提出反证予以推翻,因而法院不能直接认定。① 胡军辉则未直接提出预决效力适用要件,而是认为,既判事实的预决效力本质上是前诉判决结果构成后诉审理案件的先决关系时,后诉法院应当以前诉既判事实作为后诉裁判的基础,属于既判力的下位效力。预决效力在于表达既判事实在法律层面上的真实程度,预决效力具有相对性,不同性质的既判事实在同一诉讼中具有不同的预决效力。而在民事诉讼中预决效力也应根据具体场合予以确定②:以民事纠纷的性质与内容区分,确认判决与变更判决由于调整了当事人间的权利义务关系,因而在后诉中具有绝对的预决效力③,而给付判决在后诉中通常没有预决效力;以作出确定判决的审级区分,一审未上诉的确定判决,其预决效力最低,二审终审确定判决效力层级居中,而再审确定判决预决效力最高;以庭审结构区分,对席判决预决效力较高,而缺席判决预决效力较低;以既判事实的特殊性区分,针对选民资格案件的确定判决一经作出,当事人不得再争议,后诉法院也不得作出相反认定,针对宣告公民失踪、死亡案件的确定判决,通常认为其对后诉不具有预决效力,针对认定公民

---

① 其建议预决效力规则应修改为"经当事人申请,且同时符合下列条件,已为人民法院发生法律效力的裁判所确认的事实,当事人无须举证,但对方当事人有相反证据足以推翻的除外。(一)参加诉讼的当事人;(二)该事实须是人民法院判决的主要事实;(三)对该事实的证明符合正当程序原则"。参见常廷彬:《预决事实若干问题研究》,载《河北法学》2008 年第 5 期。

② 胡军辉:《民事诉讼中如何处理既判事实预决效力问题的思考》,载《政治与法律》2010 年第 8 期。

③ 这里所谓的绝对的预决效力是指前诉判决对后诉所具有的不可争辩的先决作用,后诉法院必须在前诉判决基础上进行裁判,即便当事人在后诉中提出了新证据也不能例外。

无民事行为能力、限制民事行为能力案件的确定判决对后诉没有预决效力,针对认定财产无主案件的确定判决原则上在后诉中具有预决效力。此外,吴英姿虽然将预决效力本质上定位于既判力的遮断效,但其又认为预决效力是指对于生效法律文书所确认的事实,法院可以直接认定而当事人无须举证证明的事实认定规则,属于证据规则上的免证规则之一,并主张预决效力在本质上是确定判决认定的事实在后诉中不容再争议。同时,其在探讨预决效力生成要件与适用规则时则又主张预决效力本质上的"不容再争议"使"预决事实不允许当事人用相反的证据推翻"①,且在预决效力适用上,其主张应当由当事人主张为前提。

作为持争点效力说的学者,田平安认为,承认前诉案件事实的预决效力必须有严格的条件:其一,法院的事实判断是对前诉请求中主要争点事项的判断;其二,在前诉中当事人尽到了主张和证明责任;其三,法院对争点作出过实质判断,前后诉所争执的利益几乎相等。在预决效力的援引程序上,一般认为预决效力规则应由当事人在具体案件中提出,法院不能依职权主动适用,并且,当事人在援用既判事实时还应当对此承担举证责任,即必须向法院提供生效的法律文书。在预决效力的作用效果上,田平安认为按照法律规定预决事实并没有绝对的免证效力,受其不利益的当事人可以提出相反的证据予以推翻。《民诉法解释》第 93 条第 2 款规定,当事人有相反证据足以推翻既判事实时,负举证责任的当事人仍需要提供证据证明其所主张的事实。②

邵明认为,预决效力表现为确定判决认定的事实对后诉法院和当事人具有约束力,即后诉法院不得作出与既判事实相矛盾的事实认定,除非当事人提出相反证据推翻了既判事实,同时,当事人无正当理由不得提出与既判事实相矛盾的事实主张。与既判力相比,既判事实在后诉中可由当事人提出且无需证明,而既判力则禁止相同案件再行起诉或审理。预决效力的适用要件首先应当是既判事实构成后诉案件事实的一部或全

---

① 吴英姿:《预决事实无需证明的法理基础与适用规则》,载《法律科学》2017 年第 2 期。

② 田平安主编:《民事诉讼法原理》,厦门大学出版社 2015 年版。

部,同时还应具备[①]:(1)前诉判决为确定判决,且未被依法撤销或变更;(2)在前诉中,对作为主要争点的既判事实按照正当程序作出了证明。比如,先前诉请没有给予当事人对证据充分发表质证意见的机会,限制了当事人的程序参与权,既判事实的真实性也可能存疑,且这样的裁判应被撤销或变更;(3)后诉当事人与前诉当事人一致或为前诉当事人的诉讼承继人,同时,预决效力也会扩张及于与前诉存在法律上利益关系的当事人。在主观范围上,预决效力与既判力基本一致。针对预决效力应纳入辩论主义抑或依职权探知的问题,邵明认为不管是法院依职权主动采用还是当事人已申请援用,都应遵循相同的程序规则,即在采用既判事实之前,法院应当对是否具备上述预决效力的适用要件进行审查,并且应当保障后诉当事人的程序参与权,特别是保障反对一方当事人推翻预决效力的反证权。否则,当事人可寻求上诉或再审予以救济。同时,针对预决效力的例外情形,邵明提出在如下情形,当事人可推翻预决效力:(1)不具备预决事实的生效要件;(2)前诉判决的取得存在欺诈或串通;(3)提出了基于正当理由而未在前诉判决中举示的新证据;(4)法官有违辩论主义的基本要求而将当事人未提出的事实或证据作为裁判的基础等。此外,其认为应赋予法官对预决效力的权衡适用权,即在考虑到包括收集证据在内的所有情况下,法院认为适用预决效力规则将会对后诉当事人造成明显不公的,可在充分说明的基础上不予适用。此外,若预决效力所依据的确定判决被依法撤销或变更,或者既判事实的真实性被推翻的,当事人可通过上诉或再审程序寻求救济。

在持证明效力说的学者中,纪格非主张应根据裁判文书的不同性质区分争点的证明效力,其结合不同诉讼程序产生的事实认定结论,主张将预决效力区分为绝对免证效力、相对免证效力与公文书证明力。其中,绝对免证效力的适用场景在于存在刑事有罪判决时,该判决对后诉而言,当事人无须就犯罪事实存在与否承担证明责任,且在该刑事判决被撤销前或变更前,不允许当事人加以争执;而相对免证效力则主要适用于行政诉

---

① 邵明:《正当程序中的实现真实:民事诉讼证明法理之现代阐释》,法律出版社2009年版。

讼之中,即行政确定判决所认定的事实,主张该事实的当事人在后诉中不承担"客观意义上的证明责任"[①],但应当允许对方提出反证予以推翻;而在民事诉讼上,预决效力主要表现为公文书证明力,其与相对免证效力的差异在于,相对免证效力较之于公文书证明力更稳定,否定方应当承担客观意义上的证明责任。而公文书证明力则意味着对于文书内容真实性的证明责任,仍属于主张适用预决效力的一方。同时,在预决效力的适用要件上,不必将前诉当事人已经获得充分的诉讼机会作为重要考量,因为对于后诉而言,审查前诉程序保障或诉讼机会的充分与否难以操作。此外,大部分持证明效力说的学者则因从根本上否定预决效力理论,故而对预决效力的适用要件与作用效果更是无从谈起。

就学界对预决效力适用要件与作用效果的现有研究而言,应当看到,预决效力的适用要件与作用效果的观点纷呈客观上反映了学术研究的多元性,从事实认定到法律适用,从证据法(包括证明力、证明责任等)到判决效,预决效力适用要件与作用效果问题涉及领域广泛,但也应看到,学界对此问题总体上仍缺乏共识,就某些学说观点而言,自身仍缺乏自洽性,如吴英姿虽然将预决效力定义为一种证据规则,但又认为其效力应与既判力的遮断效等价,属于不容再争议的效力,却又主张应将预决效力纳入当事人处分权的范畴,由当事人决定援用与否,由此可见,其既未能贯彻既判力的一般原理,也无法将预决效力与既判力理论作出合理切割,预决效力的适用要件语焉不详,而作用效果又欠明晰,最终仍旧退回其所批判的理论混沌局面。

而考察纪格非的观点不难看出,其所谓的绝对预决效力已然脱离证据法层面,而与其将预决效力定位于证明力规则存在龃龉,而且其所主张的在民事诉讼中,被告人不得援引刑事无罪判决中的事实认定结论,不得将其作为证明被告人没有实施侵害行为或者不应当承担法律责任的证据,使用的论断既无充分说理,也缺乏对现实诉讼状况的关照。而其他两种形态本质上都是与证明责任分配及转移问题相关,但显然证明责任的

---

① 纪格非:《"争点"法律效力的西方样本与中国路径》,载《中国法学》2013 年第3 期。

对象并不是所有待证事实或重要争点，而是针对与诉讼标的有关的主要事实展开，因而其将预决效力的客观范围与证明责任的对象等同起来，这本身就值得商榷。此外，当行政确定判决中认定的既判事实构成后诉民事案件的重要争点时就应以客观证明责任转移进行处理也并非定然，更何况，从解释论的角度出发，《民诉法解释》第 114 条已就公文书证明力作出明确规定，国家机关依其职权制作的文书，其所记载的事项应可推定为真实，但有相反证据足以推翻的除外。同时，作为查证公文书真实性的手段，法院可以要求制作文书的机关或者组织对文书的真实性作出说明。如果将预决效力作为一种公文书证明力，则消解了预决效力作为既判力之外判决效体系重要补充的意义。况且即使以公文书证明力理论观察，预决效力也难以与其对接。依据制作主体的不同，诉讼上文书又分公文书与私文书之别，所谓公文书即指由公共机构在其职务权限内或者在其被分派的业务领域内以规定的形式记录的书面思想表示。而相对于后诉而言，确定判决若被当事人作为证据提交确实可视为一种公文书。又依据文书内容的不同，公文书仍可细分为处分性公文书、报道性公文书，其中，处分性公文书是指通过书面方式来实施法律上行为而形成的公文书，确定判决即属于处分性公文书，通常认为就形式证据力而言，若为公文书则可推定其真实成立，但就文书的实质证据力而言，也即作为特定主体观念表达的书面记载，其内容对于证明待证事实存在与否的效果，处分性公文书仅可以直接证明"证书制作人通过该证书实施了记载内容的法律行为之事实"[1]。德国法上一般也认为处分性公文书中所包含的处分或裁判与从该文书中得出的内容相一致，也即证明法院确实作出了确定判决中所记载的司法行为，如对某一事实争议作出了认定，但不能就此认为对这一事实的真实性作出了证明。[2] 且《德国民事诉讼法》第 314 条（事实的证明力）明确规定，确定判决中记载的事实，以当事人的口头陈述为限，可作为证据在诉讼中提出，但仍旧仅能证明当事人作出了该口头陈述，而

---

① 新堂幸司：《新民事诉讼法》，林剑锋译，法律出版社 2008 年版。

② 新堂幸司：《新民事诉讼法》，林剑锋译，法律出版社 2008 年版；穆泽拉克：《德国民事诉讼法基础教程》，周翠译，中国政法大学出版社 2005 年版；姜世明：《释明程序中之证据方法提出》，载《月旦法学杂志》2010 年第 182 期。

并不能证明该口头陈述的真实性。① 《德国民事诉讼法》第 415 条(公文书中陈述的证明力)规定,公共官厅在其职权内,或由具有公信权限的人在其事务范围内,依正规方式制作的文书为公文书。该公文书对其中所记载的仅在公共官厅或具有公信权限的人面前所为的陈述,提供完全的证明。② 该法第 417 条(载有主管官厅的陈述的公文书的证明力)规定,由官厅制作的,载有公务上的命令、处分或裁判的公文书,对于其中的内容,提供完全的证明。此处所谓完全的证明是以心证程度为对象,即法官对公文书显示的裁判行为形成确实的心证程度。同时,这种完全的证明只有在证明该文书系伪造或者做成该文书的过程不正确才允许被推翻。对公文书证明力规则的比较法考察,不难看出其与学者所主张的预决效力式公文书证明力并不一致,且与现有预决效力的规范也大相径庭,因为目前《民诉法解释》第 93 条第 2 款规定,当事人举证推翻的对象显然并非确定判决系伪造或制作过程不正确,而是否定确定判决中认定的事实。因而试图将预决效力理解为公文书证明力的学术努力仍缺乏说服力,在理论建构的细节上存在缺陷。

二、预决效力适用要件与作用效果的实务困惑

回溯司法实务对预决效力适用要件与作用效果的理解与适用,针对预决效力的作用效果,司法解释制定者的认识定位同样随着理论发展与社会变迁而有变动:①绝对效力阶段。司法解释制定者在解读最早版本的预决效力即《民诉法适用意见》第 75 条第 4 项时,将预决效力的作用效果定位于"举证责任的免除",即"如果案件中的某些事实已经清楚,不必再由当事人负责举证,则可免除该当事人的举证责任"③,而人民法院就其他案件作出的生效裁判中已认定的事实即既判事实便属于应免除举证责任的情形。从这一解读的内涵来看,这里所谓的"举证责任"应理解为

---

① 曹志勋:《反思事实预决效力》,载《现代法学》2015 年第 1 期。

② 如无特别说明,本书所引《德国民事诉讼法》条文均出自丁启明译:《德国民事诉讼法》,厦门大学出版社 2016 年版。

③ 马原:《〈民事诉讼法适用意见〉释疑》,中国检察出版社 1994 年版。

主观上的证明责任也即提出证据的责任。同时，这一时期的预决效力作用效果的显著特征在于规范适用上的绝对性；②相对效力阶段。这一阶段以《证据规定》第9条第2款设置的反证例外条款为标志，修正了《民诉法适用意见》中预决效力作用效果的绝对化倾向转而采取允许当事人反证推翻的相对化策略。司法解释制定者在2001年制定的《证据规定》第9条第4项中将法院确定裁判预决的事实与众所周知的事实、自然规律及定理、推定事实、仲裁裁决预决的事实、公证证明的事实一道界定为以司法认知为理论内核的免证事实。① 并基于事实的自然属性，将这一免证效力进行多元化区分，即诸如自然规律及科学定理之类的免证事实，其免证效力具有绝对性，当事人无法以相反证据加以推翻，而为法院确定裁判所确认的预决事实则仅具有相对的免证效力，当事人可以提出相反证据予以推翻。② 针对民事生效裁判所预决的事实，最高人民法院认为应将民事生效裁判的形成程序作为赋予预决效力的重要指针，即"为生效民事判决所预决的事实主要指人民法院依普通程序作出的生效判决中认定的事实。而依特别程序作出的生效判决中认定的事实是否也具有预决效力，需具体分析"。这一时期，最高人民法院对于预决效力的调查程序也进行了规范，"在实际诉讼中，如果审理案件的审判人员不知道具有预决效力的判决存在，主张存在这一判决的当事人应提出判决书或其副本予以证明，法院有权对自己已了解的预决事实进行司法认知。判决书或副本提出后，法院就不必再对该事实进行调查，主张该事实存在的当事人即免去了举证责任"③。由此可见，这一阶段的司法实务对预决效力作用效果的类型化与学界对预决效力的分类（绝对的预决效力与相对的预决效力）具有共通性，从《民诉法意见》中绝对化的效力转向《证据规定》中相对

---

① 李国光主编：《最高人民法院〈关于民事诉讼证据的若干规定〉的理解与适用》，中国法制出版社2002年版。

② 李国光主编：《最高人民法院〈关于民事诉讼证据的若干规定〉的理解与适用》，中国法制出版社2002年版。

③ 李国光主编：《最高人民法院〈关于民事诉讼证据的若干规定〉的理解与适用》，中国法制出版社2002年版。如果当事人或有关部门请求法院出具判决书法律效力证明，法院可根据案件的实际需要出具证明，并加盖院印。具体可参见最高人民法院1987年11月《关于人民法院如何出具判决书法律效力证明问题的函》。

化的效力规定是预决效力制度的重要转向。

随后,2015 年颁行的《民诉法解释》第 93 条在承继《证据规定》第 9 条的基础上,进一步贯彻了上述预决效力作用效果类型化的思路,对已为人民法院生效判决所确认的事实无需举证的例外规则进行了修正,即"已为人民法院发生法律效力的裁判所确认的事实、已为仲裁机构生效仲裁所确认的事实、已为有效公证文书所证明的事实,当事人无须举证证明,但当事人有相反证据足以推翻的除外"。而对于众所周知的事实、根据法律规定推定的事实、根据已知的事实和日常生活经验法则推定出的另一事实,其免证效力的例外规则仍旧为"当事人有相反证据足以反驳的除外"。司法解释制定者认为,其理论依据在于众所周知的事实、根据法律规定推定的事实、根据已知的事实和日常生活经验法则推定出的另一事实属于一般性事实,均是基于逻辑推理或日常生活经验法则推论得出的,故应适当降低对方当事人的反证证明标准,即在该当事人提出足以反驳该推定事实的证据时,法院就不能免除援引免证效力一方当事人的举证责任。"但对于已为人民法院发生法律效力的裁判所确认的事实、已为仲裁机构生效裁决所确认的事实和已为有效公证文书所证明的事实,在性质上属于有权机关依法确认的事实,具有很强的公信力,按照公文书证的规则,需要在当事人有相反证据足以推翻的情况下,人民法院才能否定该事实的免证效力"。[①] 不难看出,《民诉法解释》对预决效力的作用效果及其根据的诠释一改先前效仿既判力的理论定位,转而参照公文书证明力理论予以解说。

(3)多元效力阶段。如果说在绝对效力与相对效力阶段,预决效力作用效果还仅局限于证据法,那么以公益诉讼领域(特别是环境公益诉讼)预决效力规则的确立为标志,预决效力作用效果已然突破了传统证据效力,而跨入了判决效层面,形成一种多元效力格局。

在 2015 年施行的《环境公益诉讼解释》中,预决效力规则从一般民商事私益诉讼首次进入特定类型的民事公益诉讼领域。该解释第 30 条针

①　杜万华、胡云腾主编:《最高人民法院民事诉讼司法解释逐条适用解析》,法律出版社 2015 年版。

对环境公益诉讼中确定判决认定的特定事实赋予其预决效力,该条第 1 款规定,"已为环境民事公益诉讼生效裁判认定的事实,因同一污染环境、破坏生态行为依据民事诉讼法第一百一十九条规定提起诉讼的原告、被告均无需举证证明,但原告对该事实有异议并有相反证据足以推翻的除外"。这一条款实质上针对原、被告设置了不同性质的作用效果,由于针对"已为环境民事公益诉讼生效裁判认定的事实",原告仍有提出异议并可反证推翻的程序权利,这一部分可视为《民诉法解释》第 93 条在环境民事诉讼领域的延续,仍将既判事实的预决效力作为证据法上的一种免证效力,而本款并未赋予被告在后诉中再度争执既判事实的程序权利,司法解释制定者认为其理论依据在于"既然被告已经在环境民事公益诉讼中充分行使了举证辩论等诉讼权利,那么就不应允许其在后续的私益诉讼中作出与前诉判决确认的事实相违背的主张,但对原告而言,应充分保障其在私益诉讼中的辩论权利",因而赋予其可反证推翻预决效力的权利。① 由此可见,"已为环境民事公益诉讼生效裁判认定的事实"对于被告而言,不再仅是证据层面的拘束力,而已成为一种禁止在后诉中再为争执的制度性效力,突破了传统意义上的预决效力,具有了类似于裁判遮断效力的实际效果,因而可将其视作争点效理论的具体化规范。同时,程序保障观念也进入司法解释制定者进行价值权衡的司法政策考量序列之中,并继而成为预决效力新的重要理论支点。

就预决效力的适用要件而言,不无遗憾的是,现有针对预决效力的权威解读中尚未有涉及这一领域的专门规定或论述,这一方面突显出司法实务自身积累的薄弱与学术研究对司法实务的理论供给不足,另一方面也显示出预决效力要件化的难度较高,当然学术研究中的混沌局面客观上也使得司法实务缺乏足够清晰与系统的理论参照,进而在各种学说论争中游移不定而迟迟无法为预决效力构建自洽的适用要件。

梳理上述围绕预决效力适用要件与作用效果所展开的学术与实务图景,不难看出,处于核心地位的议题在于预决效力作用效果的适用层面,

---

① 江必新:《最高人民法院司法解释与指导案例理解与适用》(第 4 卷),人民法院出版社 2016 年版。

即其应属于当事人不得再为争议、法院应直接将之作为裁判基础而不得再为审理的法律适用层面的判决制度性效力,还是证据法上免除当事人主观证明责任归属于事实认定层面的证据效力。围绕这一核心议题,周边仍有许多子议题需要理论论证与实务回应,如预决效力的适用要件应如何确定,预决效力应由当事人援引还是法院依职权认定,预决效力的例外情形应包含哪些,预决效力在证据法层面与客观证明责任关系如何,预决效力应适用何种排除程序等。本书承接前文对预决效力类型化的思路,将预决效力区分为争点型预决效力与参加型预决效力,并结合上述思考与问题,逐一检讨各类型下预决效力的作用效果与适用要件。

第二节　争点型预决效力适用要件与作用效果

由于当下学界与实务部门对预决效力的研究重心仍局限于预决效力的性质定位与根据理论,对预决效力作用效果,特别是适用要件的学理研究与制度探索都缺乏一定的智识积累,故而对争点型预决效力适用要件与作用效果的理解也就不得不借重比较法上的学术资源(以日本法上争点效理论为主,参酌美国争点排除规则与我国台湾地区争点效理论及实务①),不过由于预决效力在司法案例方面的积累,实际上对这一问题的研究眼光可在域外法制与本地实践之间来回穿梭,同时以前文论及的诚实信用原则与程序保障理念作为构建预决效力适用要件与作用效果的重要指针,进而形成适应我国现实情状的理论模型。

------

① 有学者认为,台湾地区有关争点效适用要件的实务见解实际上接近日本学说及美国法上所设定的要件,其中的差异主要在于台湾地区与美国法在判例数量积累与要件解释细致程度存在不同,且美国法上的排除规则较台湾地区的实践更为多样,当然也有观点认为台湾地区争点效力的适用要件虽然主要借鉴自日本学界,但两者仍存在诸多差异。参见沈冠伶:《判决理由中判断之拘束力》,载《台湾法学杂志》2009 年第 129 期。

一、足以影响判决结果的主要争点

（一）新堂理论体系中的主要争点

新堂理论体系中的"主要争点"，是指"将左右诉讼结论的争点"①，这一界定与美国法上争点排除规则中将争点限定为"判决所不可或缺之争点"及我国台湾地区实务上所建构的"足以影响判决结果之争点"②具有共性。而细究其理据则主要在于：一是从诉讼经济的角度而言，诉讼上所呈现的事实类型多样，但并非所有进入审理视野的事实都具有影响判决结果的性质，意即在诉讼上本就无法左右诉讼结论的争点，根本没有必要成为当事人间攻防的争点，法院更无须审酌当事人所提出的相关事实及证据；二是从程序保障的视角观察，对于不足以影响判决结果的争点，难以预期当事人及法院就该争点并不会尽力攻防与审理，因为基于程序保障的理念无法强行要求当事人承担受该争点判断拘束的责任。

同时，新堂理论体系不仅给出了将左右诉讼结论的主要争点这一抽象判断，更在前文论及的探讨日本法上五一型遮断效的基础上，贯彻程序保障的理念，提出了"程序事实群"概念，要言之，这一概念所关注的对象为诉讼程序如何开展，诉讼程序如何进行也构成了所谓程序事实群样态。沿着这一概念线索，新堂幸司认为作为行为规范的诉讼标的与作为评价规范的遮断效范围原则上应相一致，但仍然存在判决效与诉讼标的客观范围不一致的例外情形，而争点效即属于这一范畴，对此，新堂幸司进一步将其体系中的争点区分为"主要争点""期待解决争点"及"正当期待解决争点"，其中主要争点是指当事人在诉讼中实际展开攻防，并为法院实质判断的争点，而期待解决争点则是指一方当事人期待获得司法最终解决的争点，而当前述两者发生错位时，为保护当事人的合理期待，法院有必要在通盘考量程序事实群的基础上，寻求最符合当事人间公平原则的

---

① 新堂幸司：《新民事诉讼法》，林剑锋译，法律出版社 2008 年版。
② 梁梦迪：《争点效之研究》，台湾大学法律学院 2012 年硕士论文。

争点,而这一争点即为正当期待解决争点。[①] 借助从程序事实群到正当期待解决争点这一系列的概念工具,新堂幸司复盘了日本法上的五一型遮断效,这对于如何在个案中理解并把握主要争点提供了绝佳的模板。

　　新堂幸司在对日本昭和四十四年判决,昭和五十一年判决及相关的学说、竹下理论进行了细致分析后,认为在处理对于判决遮断效的相关判例时,有必要使用"主要争点""期待解决争点"及"正当期待解决争点"这一组概念予以切入。诉讼常态下,在前诉中实际上成了主要争点的事项(主要争点),与对方期待获得解决的争点(期待解决争点)在实际诉讼中相一致的情形,其认为这属于争点效的典型样态。而五一型遮断效与之不同,其差异在于主要争点与期待解决争点并不吻合。因而在新堂幸司看来五一型遮断效并非典型意义上的争点效,但出于争点效理论的精致化与指引判例展开的必要性考量,新堂幸司认为应着重讨论五一型遮断效中"主要争点"和"期待解决争点"为何不同及在何种条件下可以允许二者多大程度上分离等问题。首先,新堂幸司承认在诉讼中存在"主要争点""期待解决争点"及"正当期待解决争点"三者间并不吻合的实际情况。日本昭和五十一年的判决即为适例,该诉讼中有围绕回购合同是否有效的争点(B)和围绕国家的收购处分是否有效的争点(A),以及围绕原告是不是争议土地所有人的争点(C)。B是前诉中的主要争点,A虽然没有成为前诉主要争点,但是C可以看作正当期待解决争点。当然,也有"主要争点"和"期待解决争点"相同的情况。此外,新堂幸司基于对上述在争点类型的思考,认为判例中经常使用的"纷争反复"这一概念,无论在哪个类型的争点中,都表示前诉判决中对"正当期待解决争点"作出判断后,当事人又提出与此相反的主张,造成纷争反复。

　　而在日本昭和四十四年判例中,主要争点在于是否承认由于欺诈导致合同撤销,而买卖合同的成立与否则未成为主要争点。另外,除了该笔交易之外,原被告之间不存在其他的所有权转移原因,这一点也没有争议,因此可以说本案中期待解决争点上升到了系争物所有权归属争议,期

---

　　① 　林淑菁:《民事判决效客观范围之研究》,台北大学法学系 1995 年硕士论文。

待解决争点也成为正当期待解决争点。① 就解释论角度而言，让争点 C
成为正当期待解决争点的前提是当事人已经围绕 B 争点展开了充分争
论，因而理论上要求双方当事人围绕 A 争点穷尽攻防具有正当性。即使
现实中关于 A 争点没有展开攻防，被告仍具有 C 争点获得最终解决的合
理期待，且从公平的观点来看，与保障原告在诉讼上的权能（提出关于 A
争点主张的权能）相比，有必要认为更应该尊重被告的这一期待。

　　同时，新堂幸司将主要争点与期待解决争点及诉讼标的客观范围三
者间的互动关系视为锚定判决效体系的重要标尺，主要争点与期待解决
争点一致即属于争点效作用范围，正当期待解决争点与诉讼标的的范围
相同则既判力发挥作用。而五一型遮断效则位于这两者之间。

　　此外，新堂幸司从法官指挥诉讼的角度出发，认为作为裁判者，法官
应尽可能明确期待解决争点，而且，应当让当事人理解期待解决争点与当
下诉讼中正在争论的主要争点之间处于何种关系，如果关于期待解决争
点存在尚未提出的主张，并且可以预见到，该主张是足以认真审理的、实
质性的攻击防御方法，法官应及时阐明，告知当事人失权的风险，以期对
诉讼上期待解决争点进行更加充分的审理。虽然问题在于从哪里能更好
地找到正当期待解决争点，但是在给付之诉中，新堂幸司认为理想的做法
是引导期待解决争点出现在给付请求权基础上，如所有权是否存在、买卖
合同是否有效等。虽然有批评认为，要求的范围扩大至此会导致单个诉
讼的复杂化，但该批评意见也不适用于所有的情况。因为如果提起所有
权确认诉讼，期待解决争点应该会不由分说地立即上升到所有权是否存
在的高度，即使上升到这种程度，也不会有人考虑到诉讼会复杂的批评
意见。

　　总之，新堂理论体系中的主要争点应是判断前后两诉请求当否之过
程中的主要争点，这属于争点效客观范围的问题。是否属于主要争点取
决于当事人是否将其作为争点的态度，双方当事人必须在前诉中就该争
点认真争执，后诉中也应有同样的态度，唯其如此，可以令当事人承担争

---

① 新堂幸司：《民事訴訟法学の展開》，载《民事诉讼法研究》2000 年第 5 卷。

点判断结果之责任。[①]

(二)美国法上争点排除规则要件之前后诉争点相同

美国法上争点排除规则的首要问题在于如何确定前后诉中所涉及的争点是否具有同一性,换言之,后诉法官如何确定禁止当事人再为争议的争点属于争点排除规则所涵盖的争点。争点的同一性问题也被称为争点的维度问题。关于此问题,美国《第二次判决重述》在其第 27 节评述中提出争点维度问题是争点排除规则适用中最为棘手的问题,这种难度类似在请求排除规则中如何界定请求的概念。对于争点维度的限度左右了争点排除规则的价值取向与实际功能,"过宽或者过紧地限定争点的维度意味着争点排除规则成为适用失范或毫无意义的规则"[②]。因而,对于争点维度问题,《第二次判决重述》采取了灵活务实的态度,以期在不同价值间取得平衡,一方面尽力避免重复诉讼的泛滥,另一方面则慎重对待当事人应享的接近司法的权利与诉讼上程序保障的利益。具体而言,裁判者面对争点维度问题时应当综合的因素包括:一是前后诉中当事人所提出的主张与证据实质上是否重合,如果两者具有高度的重合性,则可视为同一争点;二是新的主张或证据是否围绕与前诉相同的法律规则而适用,这一因素考量的重心在于前后两诉判定事实所适用的法律规范是否一致,仅在前后两诉涉及的争点适用同一法律规范时,才有争点排除规则适用的余地;三是在前诉判决或者证据开示所证明的事实是否能够合理地被后诉中的事实所包含。这一因素要求前后两诉的争点间时间跨度不大,引起争点的事实没有发生变化;四是前后诉中的诉讼请求是否存在紧密关联,仅在两诉讼中请求相关时才可能适用争点排除规则。《第二次判决重述》所展现的综合多种因素灵活务实处理争点维度问题的态度也同样得到美国学界的响应,"两个诉讼的争点是否相同直接依赖于诸如事实的一致性、法定标准及每一诉讼当中当事人承担的证明责任这样一些因素"[③]。同时,由于判例法的传统,美国实务上判例的积累为争点维度问

---

① 李木贵:《民事诉讼法》(下),元照出版有限公司 2010 年版。

② 胡军辉:《美国民事既判力理论研究》,北京师范大学出版社 2015 年版。

③ 弗兰德泰尔、凯恩、米勒等:《民事诉讼法》,夏登峻等译,中国政法大学出版社 2003 年版。

题的不断修正提供了丰富的实践空间，如美国联邦法院在 Commissioner of Internal Revenue v.Sunnen 一案中认定争点的同一性"必须限于第二次起诉当中提出的事项在各个方面与第一次诉讼当中决定的事项相一致，而且其中的支配性事实和可适用的法律规则没有发生改变"①，可谓首次对争点维度问题作出反向限定。可以说争点同一性问题一直在美国司法实践中获得推进。

(三)争点型预决效力相应要件的思考

虽然目前在现有司法解释及其权威性的理解与适用中尚未对预决效力的适用要件作出明确规定，但在司法实践中，仍有地方司法部门在其制定的审判指导意见中试图以争点效为参照建构争点型预决效力规则。如《重庆市高级人民法院关于当前民事审判若干法律问题的指导意见》，其中第 53 条规定："法院作出的判断，如果是属于查明事实部分或者判决理由中的判断，一般不产生既判力。但是，在前诉中，被双方当事人作为主要争点予以争执，而且法院也对该争点进行了审理并作出判断，当同一争点作为主要的先决问题出现在后诉请求的审理中时，前诉法院对该争点作出的判断，后诉当事人不能提出违反该判断的主张及举证，同时后诉法院也不能作出与该判断相矛盾的判断。"虽然这一地方性指导意见几乎移植自日本学者所提出的争点效理论，但其可视为对争点型预决效力适用要件与作用效果的一次有益尝试。其中，该意见亦指出能够产生争点型预决效力的要件之一为当事人间争执的主要争点，且同一争点构成后诉的先决事项。这里所谓的先决事项应是指实体法上的先决事项，实体性先决事项，是指在给付之诉或形成之诉中，如不仅诉讼标的本身发生争议，且作为诉讼标的之基础、需要先行确认的事项（如较为常见的诉讼标的原因法律关系或原因行为）也发生争议时，后者就属于实体性先决事项。②就对诉讼的实质影响而言，构成后诉先决事项的争点与日本学者提出的"将左右诉讼结论的争点"及我国台湾地区实务上所建构的"足以影响判决结果之争点"具有共通性。我国当下民事裁判中，对于争点型预

---

① 胡军辉：《美国民事既判力理论研究》，北京师范大学出版社 2015 年版。

② 傅郁林：《先决问题与中间裁判》，载《中国法学》2008 年第 6 期。

决效力的这一要件已有适例。如在王世友诉江苏省徐州市泉山区政府房屋面积认定一案中,最高人民法院认为,"前诉的裁判理由,是建立在对主要法律事实和争议焦点问题判断的基础之上的,后者是前者的理由和根据,承认裁判主文的既判力,必然也要赋予裁判理由中对案件争议焦点和主要法律事实的判断以一定程度的效力……特别是前诉将案件的主要事实列为争议焦点时,更应如此。只要前诉已将权利发生、变更或消灭之法律效果中直接且必要的主要事实列为案件的争议焦点,并在经过当事人质证、辩论后作出了认定,那么,该直接且必要的主要事实,即发生争点效。"[1]虽然本案属于行政诉讼,但这并不妨碍该裁判要旨对争点型预决效力要件之一即主要争点的界定,其认为导致"权利发生、变更或消灭之法律效果中直接且必要的主要事实被列为案件的争议焦点"即属于主要争点。

同时,在珠海华润银行与江西燃料公司、广州大优公司保理合同纠纷一案中(后诉),最高人民法院认为,"因珠海华润银行与广州大优公司之间就《综合授信协议》《国内保理业务合同》所产生的纠纷已经通过另案诉讼解决,且广东省珠海市中级人民法院就该纠纷所作出的(2015)珠中法民二初字第 21 号民事判决已经发生法律效力,本案的审理应当受该生效判决既判力的羁束。故本院遵从该判决关于案涉《综合授信协议》《国内保理业务合同》为合法有效合同的认定,并将这一认定作为审理本案的逻辑起点,进一步评判本案当事人之间就基础合同及其所生债权的转让与保理融资合同之间的关系、追索权与反转让的权利性质等法律问题"[2]。而前诉确定判决中判决主文部分未涉及合同效力的确认问题,而仅是在判决理由部分认定"案涉的《综合授信协议》《最高额保证合同》《国内保理业务合同》等合同是各方当事人的真实意思表示,合法有效,各方当事人均应全面履行"[3]。分析该关联案件可知,前后两诉均属于给付之诉,且两诉诉讼标的不同,而案涉的合同效力问题即《综合授信协议》《国内保理

业务合同》的效力问题，在前后两诉中均非属于法院对诉讼标的的判断，而这一争点同时构成前后两诉诉讼标的的先决事项，因而此时合同效力问题即成为诉讼上的主要争点。同时，将两案共通的合同效力问题作为主要争点予以考量也印证了最高人民法院提出的"权利发生、变更或消灭之法律效果中直接且必要的主要事实被列为案件的争议焦点"这一主要争点判断标准。

本书认为，应将"足以影响判决结果的主要争点"作为争点型预决效力的要件之一，其理据在于：一是以争点对判决结果的影响作为要件属于虽然看似抽象，但就诉讼审理的实际而言，奉行直接审理主义的法官亲身感知诉讼，结合当事人间主张与举证的攻防效果，对于某争点是否足以影响判决结果仍会形成心证，若其心证摇摆不定反倒说明可能存在当事人尚未充分辩论或审理不尽的情况；二是"足以影响判决结果的主要争点"属于评价性要件，在实际操作中可采取灵活务实的态度予以处理，避免因要件限定过宽或过紧导致制度的失衡；三是无论新堂理论体系还是目前我国司法实务中提出的主要争点判断标准，实际上属于争点效的客观范围问题，其与诉讼标的识别标准与守备范围关联紧密，对于主要争点的认定首先应确定诉讼标的识别标准为何，其次才可认定导致发生特定法律关系的要件事实及应凭借何种证据予以证明。简言之，一旦确定诉讼标的，法院便可向当事人阐明何者为诉讼上主要争点。由此可见关联理论（如诉讼标的理论、要件事实等理论）尚未形成共识前，贸然采用具体标准可能产生不当结果。而关于主要争点的内涵与外延问题的详细阐述留待下一章节划定争点型预决效力客观范围问题时再为展开；四是从比较法上观察，无论日本还是我国台湾地区对于主要争点要件的表述均较为简洁，这符合要件表达的要求，实际上无论如何探求主要争点的范围问题都最终会指向"足以影响判决结果"这一结论性要件；五是作为必要补充或配套机制，对主要争点的理解与把握有赖于裁判上指导案例的不断积累、个案中争点整理程序的充实，以及法官阐明义务与心证公开要求的强化。作为建构预决效力体系的重要组成部分，本书也将专章探讨预决效力的配套制度问题。

二、当事人对主要争点已为充分争执

(一)新堂理论体系中的"穷尽主张及举证"

新堂幸司将这一要件称之为"当事人在前诉中就该争点穷尽了主张及举证"[①],其中所谓"穷尽"意指当事人在诉讼中已经提出了通常能够预料到的所有主张及举证,并且法官已经借此获得了一般被认为足以形成心证的资料。同时,新堂幸司强调基于保障"当事人对前提问题不予争议"的自由,应将指向主要争点的自认或证据契约排除在外。

基于程序保障理念,当事人对主要争点已进行充分的争执,这是争点效适用最为核心的要件。这与美国法上的争点排除规则规定争点必须经过充分争讼如出一辙,争点型预决效力确立这一要件的目的也是强调只有那些真正经过了当事人充分的攻击防御、进行了实质性对抗的争点,才能被赋予拘束后诉的效力,以期贯彻程序保障与诚信原则的要求,避免对对方当事人形成不利诉讼局面或造成突袭性裁判。

出于保障当事人处分争点的自由及法院审理的机动性,既判力理论形成了"诉讼标的=判决主文=既判力客观范围"的经典共识,随之大陆法系立法上也一般规定既判力仅及于判决主文。而争点效理论作为基于程序保障与自己责任而合理化判决理由中判断效力的理论,其自然也承认当事人对主要争点有不进行争执的自由,因而争点效只在当事人放弃这种不进行争执的自由而现实地对争点进行了争执的情形下才产生效力。因此,当事人现实而实质的争论就成了争点效适用的充分条件。也只有在此前提之下适用争点效才能确保当事人程序保障的实现。据此,在争点效理论中,对于缺席判决、和解及自认、拟制自认中所确定的事项一般不能产生争点效,这也正是为何新堂幸司认为"如何界定认真或竭尽攻防之程度并非问题所在,而应将该要件之重点放在为何将自认、拟制自

---

① 新堂幸司:《新民事诉讼法》,林剑锋译,法律出版社 2008 年版。

认或证据契约排除于争点效的范围之外"①。

新堂幸司认为争点效是基于程序保障下当事人自己责任而生,因而当事人理应受诉讼遂行结果的拘束,但应注意区别,争点效无法覆盖包含自认或证据契约等当事人处分权行使责任的事由,因为诉讼上处分权的行使责任,应仅仅服从于就诉讼标的所为判决之既判力。并且,对于某项争点在当事人已为认真争执,且法院对此作出实质判断之后,当事人受争点效拘束自然符合诚信原则的要求,但基于一次性纷争解决的角度观察,如果当事人本应认真争执,在诉讼上却并未展开充分攻防的情形,是否发生争点效则尚存疑问,因为对于诉讼而言,当事人的纷争焦点在于诉讼标的所依附的请求权存在与否,争点与诉讼标的相较,属于成为诉讼标的的存在与否的理由而仅具有作为手段的意义,就争点是否认真争执本属于当事人处分权之自由,故当事人不争执的自由已处于诚信原则的射程范围之外。

(二)美国法上争点须经实际争讼并被裁决

美国法上争点排除规则的适用要件之一为争点"确实经过了当事

---

① 吉村德重另有不同主张,其参照 collateral estoppel 之法理所归结出之争点效要件为:(1)前诉中关于主要事实之争点判断;(2)为判决主文所必要不可欠缺之前提;(3)并得合理预测其于将来之诉讼将成为问题者,始发生拘束力;并指出新堂教授所设之"当事人认真争执、法院亦为实质审理之争点"要件过于暧昧,故以前述(2)、(3)要件取代之,而强调若争点系属于判决主文所必要不可欠缺之点,可期待当事人当然尽力提出主张、进行攻防,并且得合理预测该判断于后诉之拘束力。故而依吉村教授之见解,当事人实际上主张、举证至何程度,并非问题所在。两说见解之差异系源自着重观点之不同,相较于新堂教授所强调的纷争一次解决与诉讼经济之要求,吉村教授更重视:应尊重基于广义辩论主义所生之当事人主体地位及拘束力之预测可能性。对吉村教授所提出之要件,学界反应不一,有认为其可作为基本之准绳,特别是借由(2)、(3)要件之明确化,可使前诉当事人亦得预测该判断将作为将来纷争解决之基准,而得减少弊害之发生;亦受有批评,如:第一,此问题应委由作为一般条款之诚信原则具体且有弹性地来处理,而不应构成判决效力;第二,既然其排斥与判决内容矛盾主张之效果,结论上与既判力之作用并无不同,则不应无媒介地直接适用暧昧的一般条款,而有必要订立基于与既判力规定共通旨趣之明确适用基准;第三,上述要件未必能明确化适用基准,特别是即使要求对将来诉讼之拘束力须具有合理之预测可能性,亦无法免于具体适用上之不明确。参见吉村德重:《判决理由中の判断の拘束力——コラテラル・エストッペルの视点から》,载《法政研究》1976 年第 33 卷。

人的实际争讼,并已由法院作出了裁决",这通常被美国学者认为是确定争点是否适用争点排除规则最为实质和重要的条件。[①] 这一要件旨在贯彻程序保障原理,即仅在某争点真正经过了当事人充分的实质性对抗,并获得法院实质裁判后才能赋予争点排除效力,唯其如此才能符合程序保障的要求,避免对当事人造成突袭性裁判。与日本学者的观点相似,通常认为,争点没有获得当事人实际争讼的情形包括:缺席审理、当事人自认、双方和解、当事人未能继续搜索或者自愿撤诉等。对于这类争点来说,如果尚未经过诉讼过的争点也赋予其争点效力,其后果既可能会阻止当事人和解,又可能降低当事人通过诉讼契约处理该争点的预期,因为显而易见的,当事人为了不在将来诉讼中受到不当的争点排除效力约束,自然不得不在前诉中采取更为彻底和激烈的诉讼策略。[②] 另外,当有当事人主张争点排除效力时,法院必须对争点在前诉中是否经过了充分而公平的争讼作出认定。一般来说,主张争点排除效力的一方当事人应承担证明哪些争点事实上经过了充分争讼的说服责任。但在某些情形下,由于争点排除规则可能在非前诉的当事人之间得到适用,此时证明充分争讼的责任也可能由反对适用争点排除的当事人承担。而对于争点是否经过了充分争讼的识别,一般通过诉答文书和法院的判决即可判断。

争点须经实际争讼并被裁判这一通常包含两个层面,即争点在前诉中被当事人充分争讼,同时争点被前诉法院实际裁判过。首先,认定争点在前诉中被当事人实际争讼要求[③]:其一,争点的提出。仅在当事人明确而正式地提出某项争点时,才有必要对该争点是否进行过充分争讼进行审查。当事人应通过正式的诉讼法律文书等方式提出争点,如诉状、答辩状等。当事人提出争点仅仅是争点被充分争讼的前提条件;其二,争点的对抗。当事人提出某争点后,对于这一争点的态度,双方当事人间未必形

---

①　胡军辉:《美国民事既判力理论研究》,北京师范大学出版社 2015 年版。

②　需要注意的是,当事人之间可以通过协议明确约定该争点在当事人之间的后诉中具有争点排除效力。美国《第二次判决重述》第 27 注释(e)对此有详细论述。参见郭翔:《民事争点效力理论研究》,北京师范大学出版社 2010 年版。

③　胡军辉:《美国民事既判力理论研究》,北京师范大学出版社 2015 年版。

成争执。在实际诉讼过程中，当事人对于对方的主张不进行争执的原因较为复杂，案件标的额的大小、参加庭审的便利性、诉讼证据收集的难易程度等均会不同程度地影响双方的争执程度。而双方争执的方式则一般为当事人在庭审过程中对于对方当事人的主张提出相反的意见。这类相反的意见既可以通过书面的形式提出，如在答辩状、质证意见书中提出，也可以通过口头方式提出，不过以口头方式提出的争执应经由书记官记入庭审笔录方能有效。不过在某些特定情况下，庭审的录音录像也可以成为证明双方对特定争点进行过争执的证据。《第二次判决重述》采用反面列举的方式，认为在某些特定情形下不应当认定某争点已经获得了充分争讼[①]：一是被告可以对争点提出异议以此作为防御方法但实际并未提出该异议；二是当事人一方在诉状中提出某项争点，而对方在相应的答辩状中对于该争点予以承认（包括直接承认或者未能成功否认）的情形，类似于大陆法系中自认的规则；三是存在诉讼上协议的场合。双方当事人间可以就诉讼中的某一争点达成诉讼上的协议，合意使该项争点在后续诉讼中具有拘束力；四是在缺席判决中，依据一方当事人主张而作出的认定。因为，并非诉讼终结后判决书中所认定的事实均是已经经过充分争讼的事实。与日本学者将争点已获充分争执的重点投射在缺乏对抗性的诉讼程序中一致，《第二次判决重述》列举上述例外的法理依据在于：如果没有实际争讼过的争点也在后诉中产生争点效力，那么在诉讼过程中就很难有当事人主动对对方的主张作出自认或者双方当事人就特定争点达成协议或者妥协，此种情形不能产生争点排除效力所带来的困境可以通过其他一些法律原则和制度进行弥补。

其次，争点应已被前诉法院实质裁决过。[②] 在美国法上，争点的裁决意指法官结合当事人提出的相关证据材料，对于双方当事人所争执的事项业已作出判断。不过，争点的裁决并不必然经由法官在分析双方证据材料的基础上依据证明标准作出，在双方均未提供充足证据的场合，法官仍可依据说服责任的分配作出有关争点的裁决。同时，就争点裁决的主

---

① 胡军辉：《美国民事既判力理论研究》，北京师范大学出版社 2015 年版。
② 胡军辉：《美国民事既判力理论研究》，北京师范大学出版社 2015 年版。

体而言,在有陪审团参与事实审理的案件中,一般先由陪审团对该争点作出陪审裁决,而后由法院的书记官将该陪审团裁决登记为产生法律效力的裁决,而在没有陪审团参与事实审理的情况下,则由法官针对争点作出裁决,其在后续诉讼中同样产生排除效力。此外,当事人可在诉答文书程序或请求动议程序中提出裁判某项争点的请求,以求得法院裁决。

(三)争点型预决效力相应要件的思考

由于争点型预决效力的根据即在于当事人程序利益的保障,且在参酌域外法理的相关理论与制度安排基础上,本书认为,"当事人对主要争点已为充分争执"这一要件对于争点型预决效力而言不可或缺。且一如在探究争点型预决效力理论根据环节所举案例,在我国当下的司法案例中,裁判者在考量是否适用争点型预决效力时也往往会将这一要件作为论证的重要支撑。在原告美锦公司诉被告文峰千家惠公司买卖合同与联营合同纠纷一案中(前诉)[①],原告诉称原、被告间有长期合作经销关系,双方签订了供应商编号 6960 的协议书,约定原告向被告提供爱仕达炊具等货品,但被告尚欠原告货款×元(前诉诉讼请求)。原告催讨未着,故起诉请求被告支付货款 X 元及逾期付款利息,并承担本案诉讼费。诉讼中,双方就库存是否应从货款中扣除的问题存在争议,被告提出有 Y 元转库存应自原告主张中扣除,对此,原告承认该笔库存本系原告库存,已转让给编号 7628 的供应商。最终,前诉法院认定,"根据原告与案外人订立的函件约定,已经转档的库存不再归属原告所有,与之相关的权利义务也不应再由原告主张,相应货值应从货款余额中扣除"。此后,在美锦公司与良品汇公司、文峰千家惠公司合同纠纷一案中(后诉)[②],美锦公司与文峰千家惠公司货款结算等纠纷,经前诉判决确认,价值 Y 元的库存已经转让给良品汇公司,与之相关的权利义务均应归属于良品汇公司。现良品汇公司在未支付任何对价的情况下,取得了价值 Y 元的库存货物的权利,故请求法院判令良品汇公司支付库存货物价款(后诉诉请)。本案二审中,美锦公司主张,"一审法院无权推翻前诉判决。根据民事诉讼法

---

① (2015)沪一中民四(商)终字第 1800 号民事判决书。
② (2018)苏 02 民终 345 号民事判决书。

相关规定及民事诉讼法法理，浦东法院判决已经生效，即使确有错误，也应当由上海法院启动纠错程序，不应被跨省的基层法院随意认定生效判决可以被推翻"。但二审法院认为，"一审法院根据本案中新提供的证据作出与生效判决不同的事实认定，有充分的法律依据。《民诉法解释》第93条规定，对于已为人民法院发生法律效力的裁判所确认的事实，当事人无须再举证证明，但有相反证据足以推翻的除外。首先，如前所述，对于案涉库存商品，《协议书》明确约定在美锦公司和良品汇公司之间只转让义务，不转让权利，对此证人张某也陈述了背景原因和当时的四方商谈情况，进一步佐证《协议书》界定的权利义务，故《协议书》足以成为推翻前诉生效判决所确认的事实的证据，本案根据《协议书》重新作出事实认定，完全符合上述法律规定。其次，本案重新作出的是事实方面的认定，并不意味着直接变动前诉的裁判结果，故美锦公司认为未经法定纠错程序，如再审、抗诉等，不得否定生效判决的意见，与本案并非同一概念。本案中出现的新证据，即《协议书》和证人证言等足以推翻前诉判决对该问题的认定。另外，良品汇公司系没有参加过前诉的当事人，其在前诉中就涉案库存的争议焦点没有机会发表相关的抗辩意见，也没有机会进行举证和质证，如前诉裁决确认的事实在本案中直接认定，无疑是强迫其接受没有参加过的诉讼裁判的约束。因此，前诉判决对良品汇公司不能发生预决效力"。依据我国司法实践中奉行的诉讼标的旧实体法说，前诉诉讼标的可界定为美锦公司是否存在基于买卖和联营合同而向文峰千家惠公司请求支付货款的请求权，而后诉的诉讼标的可视为美锦公司是否存在基于函件约定而向良品汇公司、文峰千家惠公司请求支付库存款的请求权。由此可见前后两诉均属于给付之诉，且前后两诉诉讼标的不同，但就库存款变动这一主要争点而言，在前诉中，双方就库存是否应从货款中扣除的问题存在争议，被告提出有Y元转库存应自原告主张中扣除，对此，原告承认该笔库存本系原告库存，已转让给编号7628的供应商。据此，原告对被告的该主张进行了自认，因而当后诉美锦公司试图援引预决效力规则时，法院审酌前诉中对该争点的审理判断情况，认为双方当事人对此争点并未展开充分的主张和举证，因而不能认为该争点应在后诉中拘束双方当事人及法院。可见，在我国的司法实践中，争点是否经前诉当事人充分的辩论已成为法官裁判时考量是否适用预决效力的重要条件之一。

本书以为,不仅在抽象理论层面,要如何界定当事人已围绕主要争点展开充分的攻击防御颇为棘手,且在实际诉讼中,有可能产生"当事人若曾就某争点提出事证,即被认为其已尽力攻防"的不当倾向。[①] 因而,与其说该要件力图探求客观上围绕该争点展开辩论的程度,不如说是退守到应从当事人主观上把握是否已尽力攻防,进而考察是否满足程序保障的要求。所谓当事人主观上是否已尽力攻防,并非由当事人在后诉中陈述其在前诉中是否尽力攻防,而是基于前诉法院阐明及心证公开的程度来判断当事人主观上的预见可能性,综合该预见可能性及当事人在诉讼上所为的全部诉讼行为(包括当事人在前诉中未提出部分主张或证据的行为),判断当事人在前诉是否在主观上可认为其攻防程度已属充足,故而未再提出其他主张或证据,亦即在当事人已放弃基于辩论主义而产生的争点处分自由,协同法院将某事项列为争点,对该争点拘束的效力范围存在预测可能性,而能够在诉讼上尽全力攻击、防御时,即使其未能在前诉中将该争点相关主张或证据全部提出,只要法院已就该争点证据调查结果表明暂定性心证,并向当事人阐明就此展开辩论,使当事人能够预测法院心证以提出其他主张或证据以避免该不利认定。此时,可推断当事人对法院心证及效力范围皆具有预见可能性,应认定其在前诉中已获得充分的程序保障。相反,如法院未在诉讼上进行心证公开与履行阐明义务,即使法院在言词辩论终结前形式上曾讯问当事人是否尚有其他主张或证据提出,当事人也未有相反表示,但因当事人对法院心证及争点效力范围均无预见可能性,自然无法认定其已获充分程序保障,此时亦不应认为该争点已经充分攻防。

就争点型预决效力而言,在对争点存在诉讼上自认的场合下,既然当事人就某项权利或事实进行自认,则该权利或事实存在与否自始未成为争点,自然无争点型预决效力可言。这一逻辑思路同样适用于存在诉讼契约的场合,亦即在当事人之间存在限制在诉讼上争执某项争点的诉讼

---

① 梁梦迪:《争点效之研究》,台湾大学法律学院 2012 年硕士论文。

契约，或因争点整理程序形成争点简化协议而限缩本案争点时，由于诉讼程序上实质排除了当事人之间就该争点展开攻防的权利，该争点也就未成为本案的争点，因而不应产生争点型预决效力。在缺席审理并判决的场合，参酌美国法上的见解，应具体考量当事人是否曾经出庭：如当事人自始未曾出庭，则当事人之间亦未形成争点，故法院依一方当事人主张及举证所认定的判决理由中判断不发生争点型预决效力，并且因当事人未实际攻防、法院未实际审理，如同拟制自认一般，应允许当事人再度争执，如此既能贯彻程序保障，兼顾发现真实，也不会有损诉讼效率；如当事人曾出庭，双方当事人间就某诉讼上某事项形成争点且已为充分主张及举证，若此时一方当事人无正当理由而缺席部分言词辩论期日，致使法院无从行使阐明权及公开证据调查所得之暂定性心证[①]并给予双方当事人继续辩论的机会，但考虑到当事人间已形成争点并实际展开攻防，并且已经赋予缺席一方当事人辩论与举证的机会，同时，法院也已经斟酌缺席一方当事人在诉讼上业已提出的主张及举证，因而应当认为未出庭当事人的缺席行为具有默示"以先前陈述为辩论已经足够"之意，因而已获得程序保障，满足对争点已为充分争执的要件，基于自己责任原则、诉讼经济及纷争一次解决，法院就该争点所为判断，应产生争点型预决效力且拘束双方当事人。反之，若认为此种情形不发生争点型预决效力，不啻为允许实际已经展开攻防的当事人假借不出庭以规避受争点型预决效力拘束的不利局面，有失诚信原则与公平理念。

而对于实际上是否有正当理由而未出庭的问题，有学者指出，如果使当事人能够在后诉中再争执前诉适用法规是否有误，实际上是将裁判的正确性作为争点效发生的前提，这不仅与判决效力根据论（争点效）有所冲突，而且将大幅降低争点效所欲达成的纷争一次解决及诉讼经济追求，

---

① 所谓暂定性心证公开，是指应以所有影响该争点判断的诉讼资料为基础，公开基于这类诉讼资料对事实的推论过程及结合不同法律见解可能导致的不同认定结果，使当事人有表示意见的机会，如果法官在辩论期日曾公开某暂定性心证，但在最终裁判时采取与之相异且未曾公开的认定，其实际上仍被视为剥夺了当事人对此展开辩论并进而影响法官心证的机会，因而仍有悖于程序保障的理念。邱联恭：《程序选择权论》，三民书局股份有限公司 2004 年版。

只要后诉法院认定与前诉法院不同,即可能认为前诉法院判断有误,而不受前诉法院判断拘束。因而就前诉判决正确性与否的争议,应由前诉救济程序处理,而不应允许当事人在后诉再度争执该争点,故其应受争点效拘束。与之观点相异,美国法上对此主张,应课予前诉缺席当事人在后诉中说明其缺席的正当理由的责任,并且在后诉法院认为其缺席确有正当理由时,应例外使争点效不及于该当事人,其论据主要为避免有害司法判决的不当认定及给予当事人寻求救济的机会。对此,本书认为这一问题指涉争点型预决效力的作用效果问题,无论是透过针对前诉的上诉或再审来处理还是美国法上赋予后诉中当事人说明义务的规则安排,都应将尊重当事人实体利益与程序利益的平衡作为处理这一问题的重要支点。

三、法院对该争点已作出实质性的判断

如前所述,美国法上的争点排除规则除要求已经当事人实际争执以外,还要求法官或陪审团已对该争点作出实质裁决。同样的,新堂幸司认为应将"法院对于该争点业已作出实质性判断"作为争点效的要件之一。在这一要件之下,只有法院对主要争点作出了实质性判断,该争点才能产生争点效。而所谓的"实质性判断"是指前诉判决中对该争议事项的判断结论必须是实质性的,而非程序性的。"实质性"要求该判断结论是依据当事人的程序主张和举证行为的实体性效果,而对该项争议事项所作出的直接影响诉讼标的存在与否(实体法律关系状态)的判断。反之,如果是法院对争点的判断所依据的当事人诉讼主张或举证行为存在程序瑕疵,或者并非依据当事人的程序主张和举证行为就该争议事项的法律效果作出的直接判断,则该判断结论不应具有实质性,进而无法赋予该争点以拘束力。

同时,法院经过争点整理程序后所确立的数个争点,就诉讼实际而言未必均会得到法院逐一判断。例如原告要求被告返还某地,被告抗辩称,原告并非该物所有权人(争点 A),且被告也非占有人(争点 B),此时,法院的判断可能存在以下情形:一是当法院就争点 B 已形成肯定心证时,法院可直接驳回原告诉请,而不必再就争点 A 进行判断。如此,即是原

告是否为所有权人这一事项已成为争点，但未经法院实质上的判断，故而不产生争点效；二是当前诉判决判定原告胜诉时，法院应已对争点 A 和 B 均进行了实质审理与判断，因而判决理由中关于原告为某地所有权人及被告是该地占有人的判断在符合其他要件下均应产生争点效；三是在法院驳回原告诉讼请求时，法院在判决理由中对争点 A 和 B 均已作出判断，则由于争点 A 和争点 B 的判断属于"可替代性判断"，即在被告数个抗辩中只要一个被认定为有理由，则法院即可驳回原告诉讼。此时，究竟争点 A 和 B 中何者应具有争点效？对于可替代争点的裁判问题，美国法上《第二次判决重述》认为，如果原审法院在判决中确立了两项争点，且其中任何一个争点均无法独立存在，并足够支撑判决的作出，那么判决对于任何一项争点而言均不是结论性的，亦即判决认定的争点无法在后诉中产生排除效力。[1] 这一论断的理据在于，首先，当事人缺乏对数个可替代争点逐一争执的动机，因为面对多个可相互替代的争点，当事人只要认真争执其中一项争点即可能获得胜诉，且法院只要对其中一个争点作出判断就足以支撑最后的判决，因而原告在诉讼中所要斟酌的是如何在竞合的多数理由中选择不被驳回的理由，而被告所要应对的是如何在多数竞合的抗辩事由中选择免遭受败诉判决的理由。最后真正发生争执的事项才能成为案件中的主要争点并成为判决理由中的判断，争点效也仅有必要于此产生拘束力。同时，由于在个案争点的识别上，无论是当事人还是后诉法官一般都是从判决书的内容了解前诉法院是否对某一争点作出了实质性判断。而之所以限定此条件，一方面仍然是基于当事人程序保障的考虑，法院作出了实质性判断的争点一般都经过了当事人充分的主张和举证，对这些争点产生争点效不至于危害当事人的程序利益。但显然就可替代性争点而言，当事人和后诉法官实际上很难判断从判决内容上直接获知哪一个争点属于法院实质判断并作为裁决基础的争点，因为当前诉中特定的裁决以多个争点作为认定的基础时，前诉法官也很难判断哪一个争点是经过当事人认真而充分争讼过的。[2] 当然美国法上仍有肯

---

① 郭翔：《民事争点效力理论研究》，北京师范大学出版社 2010 年版。

② 胡军辉：《美国民事既判力理论研究》，北京师范大学出版社 2015 年版。

定可替代争点在后诉中具有排除效力的例外适用情形①：一是当上诉法院对一审法院裁判的可相互替代的争点作出肯定性评价时，这类再次被肯定的可相互替代的争点裁判就具有争点效力；二是在后诉中，若当事人提出经过裁判的所有可相互替代的争点均具有争点排除效力，则上述争点就能一致获得争点排除效力。

　　本书认为，对于我国法上的争点型预决效力而言，由于与美国法上所奉行的事实认定程序存在质性差异，事实认定主体在于法官而非陪审团，因而美国法上处理可替代性争点的方式并不适合于我国。首先，在进一步充实庭前程序争点整理功能的基础上，法官与当事人可就争点审理的范围与顺序进行协商，而在审理过程中，如法官已对在先顺位的争点形成心证时，后顺位的争点则不必予以审理判断，以促进诉讼，并有利诉讼经济。同时，仅有对于当事人本案请求而言具有足以影响判决结论的主要争点才会产生预决效力，非裁判上的必要事项，即使经过法院实质判断，在诉讼上也无法拘束后诉，因为这显然逾越了当事人预期的法院审理范围与预决效力边界。当然，如果法院未能协同当事人排定争点审理顺序时，从程序保障的观点出发，为使当事人能够在裁判前合理预测法院究竟将哪一争点作为判决的基础，法院应当在证据调查与言辞辩论中，适时向当事人阐明可能成为裁判依据的争点判断，以便当事人能及时对该争点展开充分的攻防，获得补充陈述或反驳的机会，且法院的这一审理行为有利于修正不当心证，客观上能够提升当事人对法院裁判的信任度，同时也有助于后诉法院判断哪一争点属于经法院彻底审理而应发生拘束力的争点。上述美国法上可替代性争点处理方式潜在的因素在于陪审团模式下，较难从判决书中把握究竟多数争点中的哪一争点成为裁判的基础，而与之不同的是，我国的裁判文书均由具有专门知识的职业法官撰写，在判决书的制作规范上，最高人民法院制定的《人民法院民事裁判文书制作规范》要求，对于事实认定程序而言，法官审理的重点应在于当事人间存在争议的事实。具体而言，法官应遵循现有立法上的民事举证责任分配与证明标准规则，结合对证据证明力的有无及大小的审查，对待证事实存在

---

　　① 胡军辉：《美国民事既判力理论研究》，北京师范大学出版社 2015 年版。

与否进行认定。裁判文书中应对事实认定的结果、认定的理由及审查判断证据的过程进行阐述。对于裁判文书的行文结构，最高人民法院要求根据案件的实际情况，分清层次，突出重点，力求避免遗漏纠纷事实。同时，最高人民法院要求在庭前会议或者庭审中应归纳争议焦点，并书面明确争议焦点；对于裁判文书中的说理部分，法官应紧密围绕诉讼中形成的争议焦点展开，并依据逻辑线索逐一进行分析论证。对存在争议的法律适用问题，法官应当充分审查案件的性质、涉及的法律关系及结合证据认定的事实，依据法律、司法解释规定的法律适用规则作出分析与认定，说明肯定或否定的理由。由此可见，我国的判决书制作要求应就当事人所提出的攻击防御方法、双方讼争的主要争点逐一论述，并表示意见，因而，法院对争点型预决效力中可替代性争点的判断问题较为容易处理。

值得注意的是，虽然美国及日本法都将"争点须经法院实际审理并为实质判断"作为争点效的要件之一。但不乏学者质疑所谓"实质判断"要件过于空泛。我国台湾地区有学者从程序保障论下防止裁判突袭的观点出发，对台湾地区司法实务判例中所界定的"法院已为判断"要件进行检讨，认为该判断应限定于"对当事人不伴随发生突袭之判断"，[①]因而应排除突袭性判断在内的非经程序保障的法院判断，并指出应以受诉法院在言词辩论终结前，践行公开心证及表明法律上观点的程序，作为承认法院判断应具有实务判决所称争点效作用效果的要件。这与前述"足以影响判决结果的主要争点"与"当事人对主要争点已为充分争执"要件所需要的诉讼上配套机制显然具有共通性，法院在审理过程中，适恰履行其阐明与心证公开义务，明确争点的界定，并使当事人得以预见法院心证及争点拘束力范围时，法院根据双方当事人辩论情况及调查证据的结果所作出的判断，才能有效防免突袭性判断，而争点判断对当事人产生的拘束力也能获致正当化保障。

---

① 沈冠伶：《民事判决之既判力客观范围与争点效》，载《法学丛刊》2009 年第214 期。

四、前后诉的诉争利益相当

前、后诉经济价值同一的概念是由德国学者亨克尔（Henckel）首先提出，其认为在判断既判力是否扩张及于判决理由中判断时，应将当事人在诉讼中的紧张程度作为衡量判决理由中判断是否获得正当化保障的考量因素。新堂幸司受其启发而将之纳入争点效要件之中，竹下教授虽未赞成争点效理论，但在诚信原则之矛盾举动禁止原则运用上，亦肯定须将经济价值纳入判决理由中判断是否发生拘束力之综合考量之一。[①] 美国法上虽未将此要件列为争点排除效要件之一，但同样要求法院斟酌前、后诉请求是否具有紧密的关联，并将之列为判断争点同一性的重要理据。

在新堂理论中，该要件被描述为"前、后诉诉争利益几乎是等同的，或者前诉的诉争利益大于后诉的诉争利益"[②]。新堂幸司认为由于当事人诉讼活动的目的最终指向判决主文的判断，如果基于公平原则禁止当事人在后诉中对判决理由中的争点再为争执，就必须考量前、后诉中判决主文中所判断的诉争利益的经济价值是否具有相当性。如果前诉的诉争利益过小，继而无法与后诉的诉争利益相比较，则即便两者存在共通的且在前诉中已获得实际争议与实质裁判的主要争点也不能妨碍当事人在诉争利益更大的后诉中再度提出争议。新堂幸司以本金债权与利息债权诉讼为例，当前诉诉讼标的为利息债权请求时，如果前诉中本金债权是否成立也成为主要争点，那么即使该争点可能成为当事人间攻防的焦点，但在新堂幸司看来，这一争点尚不能对本金债权请求的后诉产生拘束效力，因为尽管被告在利息请求诉讼中已经对本金债权进行了争议，但不能视为其在金额差别相当大的本金请求中对本金债权进行了争议，反之，如果这一争点对后诉的本金债权请求产生拘束力，则对被告而言未免过于苛刻，有失公允，实质上剥夺了被告对于本金债权接受裁判的权利。

因而，可以认为，在这一要件下，实际上限定了争点效发生的后诉类

---

① 新堂幸司：《新民事诉讼法》，林剑锋译，法律出版社 2008 年版。

② 新堂幸司：《新民事诉讼法》，林剑锋译，法律出版社 2008 年版。

型。之所以对争点效的发生要以前后诉诉争利益大致相当为条件，其理论上的逻辑主要在于：当事人在诉讼上提出攻击防御方法的努力程度，将因诉争利益价值的大小而有不同。若前诉诉争利益显著较少时，当事人可能宁可牺牲部分实体上利益，也不愿浪费诉讼所耗费的时间、费用等。因此，在前诉的诉争利益明显小于后诉时，即使前后诉间具有同一争点，并且当事人已于前诉程序中进行争执，也不能认为当事人对于较高额之后诉诉争利益已经争执，从而产生争点效。

简而言之，争点效的适用需以前后诉诉争利益大致相当或者前诉的诉争利益大于后诉的诉争利益为条件，在前诉的诉争利益明显小于后诉的情况下不能适用争点效。一如新堂幸司前举案例，此条件实际上是为法官更准确地判断"争点确经充分争执"提供了更具操作性的基准。关于此要件的典型例子是，前诉为请求给付利息诉讼，法院认定本金债权关系存在，作出被告给付利息的判决。那么在后诉关于本金债权的诉讼当中，前诉法院作出的"本金债权关系存在"的认定就不能适用争点效。因为在前诉关于利息的诉讼当中，被告对于争点可能并没有给予高度的紧张和注意。基于当事人程序保障的考虑，在诉争利益更大的后诉应赋予当事人对争点再行更充分争执的机会。

同时，不同诉讼程序能否作为衡量前后诉诉争利益不一致的判断标准也是学者关注的重要方面。我国学者认为，应依据诉讼程序的不同而区分适用预决效力，具体而言，特别程序中宣告失踪、宣告死亡案件，认定公民无民事行为能力、限制民事行为能力案件、认定财产无主案件、确认调解协议案件、实现担保物权案件中基本无预决效力适用的余地，督促程序（支付令）也不应具有预决效力。① 对此，本书认为上述特别程序与督促程序本质上属于非讼程序，通常非讼程序的诉讼上结论以非讼裁定表示，而因非讼程序较为简略，学理上一般否认非讼裁定具有既判力，认为既判力与非讼程序的基本价值完全相悖，既判力以双方当事人对立、存在实体法上权利义务争议为前提，而非讼裁判仅是一种确认或许可，目的在

---

① 任重：《民事非讼标的初探》，载任重：《民事程序法研究》（第14辑），厦门大学出版社2015年版。

于预防纠纷的发生。[①] 而本书认为,非讼裁定不仅无法获得既判力,也难以取得争点型预决效力,其理据在于以"申请—确认"为行为模式的非讼程序自身无法提供以"对抗—判定"为内核的诉讼程序的对抗性,且缺少类似诉讼程序的程序保障,以我国《民诉法》上的特别程序规定来看,就审级及审判组织而言,特别程序一般采取一审终审制,以独任审理为主,从审限来看,较诉讼程序更短,一般要求应当在立案之日起的三十日内审结,同时,为求审理的便捷性,非讼程序可在必要时裁定终结并告知当事人可另行提起诉讼,且《民诉法》第 177 条虽然规定特别程序可准用"本法和其他法律的有关规定",但正如学者所言,这类程序对当事人程序利益的保障相对较低,并不足以为当事人承担自我责任提供根据。[②] 此外,有观点主张,由于前后诉诉争利益是否相当殊难把握,因而无须考虑实体利益,只要前、后诉依据同一诉讼程序即可认为前后诉诉争利益相当。[③] 这一理论观点在于回答我国法上的小额程序、简易程序与普通程序之间,因前后诉诉争利益的差异而在争点型预决效力上应否有适用的差别。本书认为,小额程序、简易程序与普通程序相较,在受案范围(如简易程序要求使用范围限定于事实清楚、权利义务关系明确、争议不大的简单民事案件,而小额诉讼更在简易程序受案标准之下要求受案标的额为省级地区上年度就业人员年平均工资的 30％以下)审级利益(实行一审终审)、审限利益(应当自立案之日起三个月内审结)等基本程序保障方面与普通程序存在差异,且小额程序、简易程序的价值取向主要在于诉讼经济、寻求程序收益大于程序成本,而这与以程序保障、诚信原则等为根据的争点型

---

① 郝振江:《非讼程序研究》,法律出版社 2017 年版。
② 郝振江:《非讼程序研究》,法律出版社 2017 年版。
③ 梁梦迪:《争点效之研究》,台湾大学法律学院 2012 年硕士论文。

预决效力存在冲突。①

  本书认为，虽然日本学者借鉴德国法上的利益衡量观念，将前后诉诉争利益相当作为争点效要件之一，但回归到争点型预决效力的适用要件中，结合对前述几项要件的体系性观察，本书认为讨论争点型预决效力的要件仍应着重诉讼上程序保障的适恰性，而前后诉诉争利益，特别是经济利益或实体利益的权衡已然超出诉讼程序所能回应的层面，一如前述，程序保障与自我责任的要求在前诉判决理由中的判断是否在后诉中发生争点型预决效力，必须回顾与评价前诉当事人诉讼遂行情况及法院的审理行为，并应以当事人所受的程序保障及对争点效拘束范围的预期而定，因而，前后两诉在实体诉争利益上是否相当似乎并无必要作为要件之一，而应融入前述"当事人已为实际争执"且"法院已为实质判断"要件之中。况且，前后两诉实体利益是否相当，有时也难以判断，如甲基于买卖合同要求乙支付剩余部分货款 10 万元，而乙抗辩称买卖合同因甲胁迫而签订，故其已作出撤销的意思表示。前诉判决据此驳回原告诉请，认定买卖合同无效。而在后诉中，乙即基于前述买卖合同无效，主张不当得利诉请甲返还已支付的货款 100 万元。此时，前后诉诉争经济利益差额达十倍之巨，而可否认为对于合同效力问题应允许当事人在后诉中再为争执。此

---

  ① 具有一定借鉴意义的是，美国法上将无复审机会的争点和后诉能够提供比前诉更充分程序保障作为争点排除规则的重要例外事项，其中无复审机会的争点是指尽管所裁判的争点对判决来讲是必需的，但基于法律上的限制，该争点无法通过上诉或者成文法的复审程序进行审查。此处的无复审机会，仅仅是指当事人在客观上没有复审机会，常见的情形有两种：一是法律不允许对特定类型的判决进行审查。这主要是法律为了保证特定类型的纠纷快速解决，如果对这种判决提起上诉，会与设置这种程序的目的相背离。二是在前诉中特定争点胜诉的当事人最终获得了令其满意的胜诉判决，但他在后诉中却发现前诉对争点的裁判现在对他不利。对于在前诉中对特定争点和最终判决都胜诉的当事人来讲，在这种情况下他通常不太可能对争点提起上诉，因此，这种争点也同样属于无上诉机会的争点；后诉能够提供比前诉更充分的程序保障是指争点裁判有争点效力的基本前提是对争点作出裁判的法院能够像其他有管辖权的法院一样为当事人提供正当程序保障并且能够正确作出裁判。对于特定争点来讲，一旦后诉法院能够提供更为充分的程序保障并因此有可能作出更为正确的裁判，那么争点裁判有争点效力的这种假定前提也就不存在了。在这种情况下显然没有必要承认争点裁判的争点效力，而应当允许当事人再次诉讼该争点。参见曹建军：《论争点效理论对我国预决效力条款的比较法意义》，载任重：《民事程序法研究》（第 14 辑），厦门大学出版社 2015 年版。

外,对经济利益的探求尚有可能牵涉直接与间接利益的区分,前后诉诉争利益相当应局限于直接利益还是应涉及间接利益的考量都值得商榷。因而,与其建构难以界定与把握的前后诉诉争利益相当要件,不如将这种利益权衡的观念渗透至前述几项要件之中,使争点型预决效力的要件判断不至流于空泛而更为充实。

五、争点型预决效力的作用效果解析

(一)既判力的作用效果

争点型预决效力作用效果或形态是指确定判决理由中之判断如何在后诉中发挥作用。如前所述,作用效果或者说作用形态一直是探讨预决效力过程中占有相当分量的理论区域,在这部分中理论分歧也十分显著。同时,与预决效力的性质论、根据论所具有的理论抽象性不同,作用效果理论属于预决效力体系中极具实践意义的理论分支。对此,在作用效果领域中,问题的核心关切在于争点型预决效力与既判力在作用形态上的异同,因而有必要先行呈现既判力的作用形态,并以之为比对基准,清晰描绘争点型预决效力的作用效果。

民事诉讼属于实体法与诉讼法共同作用的场域,确定判决往往也会通过作为诉讼对象的诉讼标的从实体与程序两个层面发挥作用。就实体形成与确认层面而言,具有既判力的确定判决已成为确认当事人间民事权利义务关系的法定准则,在诉讼终结之后,当事人仍可根据确定判决的既判力主张相应的民事实体权益。而在民事程序法上,在涉及确定判决主文中判断的其他诉讼中,当事人不得提出与确定判决主文中判断相矛盾的主张,法院也不得受理与确定判决主文中判断相矛盾的请求或在其他案件中作出与之矛盾的判断。

1.既判力的消极作用

既判力的消极作用是指当事人不得对已为生效判决所确定的诉讼标的再为争执,对此后诉法院也不得再次受理或审判,其消极作用形态包括以下类型①：其一，获得胜诉确定判决的当事人，就同一诉讼标的再次起诉，例如甲基于买卖合同诉请乙支付 X 元货款，甲胜诉后再次依据同一合同起诉要求乙支付同一笔货款，此时法院应以诉不合法为由驳回后诉；其二，在既判力基准时点以后并未产生新的事由，而前诉中败诉的一方当事人再次对同一诉讼标的提起诉讼，例如：甲基于买卖合同诉请乙支付 X 元货款，甲败诉，在既判力之基准时点以后并无新的事由发生，甲再次依据同一合同起诉要求乙支付同一笔货款，此时，法院也应以诉不合法为由驳回后诉。以上两种类型就作用效果而言均属于当事人不得就同一诉讼标的再次提起诉讼。既判力所产生的"禁止反复"的作用，即为既判力的消极效果。

2.既判力的积极作用

既判力的积极作用是指法院应以确定判决对诉讼标的的认定结论作为后诉审理的基础，即在后诉中如涉及前诉既判力基准时点上的权利状态时，法官应以既判事项作为裁判基础，不得作出相异的认定。既判力这一"禁止矛盾"的作用，即为既判力的积极作用。具体而言又可区分为两种类型②：一是在前后诉诉讼标的同一的场合，当既判力基准时点以后发生新的事由，败诉当事人就同一诉讼标的再次提起诉讼时，法院必须以既判力基准时点上的权利状态作为裁判后诉的基础，而仅能对既判力基准时点以后是否存在新事由加以审理，如审理后认定并无新事由发生，则前述既判力的消极效果发挥作用，法院应以诉不合法为由驳回后诉。相反，若确有新事由产生，法院则应对新事由进行审理，并作出判决。例如，甲基于买卖合同诉请乙支付 X 元货款及利息，甲败诉，其后甲又以在既判力基准时点以后有新的事由发生为由再度起诉要求乙支付 X 元货款及利息。此时，法院应以基准时点上甲对乙无债权请求权为审理基础，进而法院审理的对象应为甲提出的新事由存在与否，如认定存在新事由，则应判决甲胜诉；二是在诉讼标的不同的后诉，如果前诉诉讼标的构成后诉的先决问题，法官则应以前诉判决的认定结论作为裁判该先决问题的审理

---

① 骆永家：《既判力之作用》，载《台大法学论丛》1975 年第 2 期。

② 骆永家：《既判力之作用》，载《台大法学论丛》1975 年第 2 期。

基础。例如,甲基于买卖合同对乙提起诉讼要求确认某动产归其所有,甲胜诉后,继而又起诉要求乙返还该动产。此时,该动产所有权归谁所有便成为后诉的先决问题,法院应当将前诉确定判决所认定的所有权归属判断(归甲所有)作为后诉审理的基础。

3.既判力的遮断效

确定判决的既判力原则上是以事实审言词辩论终结时为基准,对该时点上权利或法律关系存在与否作出的判断。在事实审言词辩论终结前,当事人原则上可以随时提出攻击防御方法,因而将既判力之基准时点定在事实审言词辩论终结以前显然不当。反之,确定判决是以事实审言词辩论终结前所提出的诉讼资料为基础,基于该时点上的诉讼状态,就诉讼标的之权利或法律关系存在与否作出判断,因而,在言词辩论终结以后所发生的新事由,不能成为判决的基础,而在大陆法系国家和地区的司法实践中,第三审原则上属于法律审,意即当事人在第三审不得提出新资料。而在我国法上普通诉讼一般为两审终审制,且二审介于复审制与事后审制之间,属于续审制,对新事由的提出并无严格限制,[①]因而一般可认为仅通过一审而确定的判决,应以一审最后一次庭审终结时为其事实审言词辩论终结时,而经两审确定的判决,应以二审最后一次庭审终结为既判力的基准时点。

在诉讼上,确定判决强制排除当事人提出在前诉未主张的攻击防御方法的效力,亦即当事人在诉讼中可以提出而未提出诉讼资料,以后即丧失在诉讼上主张的权利。[②] 这一效力即为既判力的遮断效。由于在事实审言词辩论终结时,确定判决主文所判断的诉讼标的存在与否即已确定,因而,不论当事人在言词辩论阶段是否主张,且不问其未主张是否存在过失,当事人针对该诉讼标的在基准时前即已存在的攻击防御方法均因既判力而被遮断。通说认为虽然既判力是针对诉讼标的而产生的确定判决拘束力,但如果允许当事人就法院据以为判断诉讼标的的存否的前提资料,可以要求法院另行确定或重新评价,则实际上将动摇既判力存在的基础,

---

① 江伟主编:《民事诉讼法》,复旦大学出版社 2016 年第 3 版。
② 林剑锋:《民事判决既判力客观范围研究》,厦门大学出版社 2006 年版。

因而排除当事人提出这类资料，这本质上属于既判力在时间范围上的效用。故而对于在既判力基准时点前就已存在的诉讼资料，不论当事人在前诉中提出与否，且也无需斟酌当事人是否由于自身过失而未予提出，一概由于既判力而被排除。例如，在民间借贷纠纷中，当前诉要求债务人返还借款的判决确定时，因在该言词辩论终结时债权债务关系已经确立，此后债务人便不得再次主张该债务不成立或在言词辩论终结前已存在债务清偿、抵销等债的消灭事由。

(二)争点型预决效力的作用形态解析

新堂幸司认为产生争点效的基准时与既判力基准时一致，且当事人可基于基准时后的事由对该判断提出争议。同时，争点效在后诉中的作用形态应表现为，当事人不能提出与具有争点效的既判事实相矛盾的主张及举证，法院也应当以这一既判事实作为审理后诉请求的基准。新堂幸司认为，由于争点效同样应在基准时点上发挥效用，故而应当允许当事人在后诉中就前诉基准时以后产生的事由提出与前诉既判事实相反的主张及举证，并认为这一争点效在后诉中的作用方式等同于作为先决问题的既判力在后诉所发挥的作用。①

对此，本书认为，现有对于争点型预决效力作用形态的理论界定，几乎都将其作为既判力作用效果的衍生物，而忽略了上文集中讨论的争点型预决效力的构成要件。本书进而主张，考察争点型预决效力的作用形态应回归法律规范的逻辑结构亦即"构成要件—法律效果"的思维路径，结合争点型预决效力的构成要件，解析争点型预决效力的作用形态。如前所述，争点型预决效力的适用要件应为"足以影响判决结果的主要争点""当事人对主要争点已为充分争执""法院对该争点已作出实质性的判断"。而"前后诉的诉争利益相当"这一要件则因可融入前述三项要件之中而无独立的必要。同时，无论是当事人主张还是法院依职权直接援引争点型预决效力，法院都应当在斟酌上述三项要件的基础上形成心证后决定既判事项是否产生争点型预决效力。而就这一心证而言，对方当事人仍可在后诉中通过否定或攻击上述三项要件成立与否以动摇法官的这

---

① 新堂幸司：《新民事诉讼法》，林剑锋译，法律出版社 2008 年版。

一心证,最终仍可迫使法官放弃适用争点型预决效力。而这一点与既判力存在显著差异,因为在既判力作用效果之下,法院显然不允许当事人在后诉中争议是否存在应排除适用的再审事由,而应径直适用既判力规则予以裁判,对于前诉确定判决既判力有无的争执仅能委之于再审程序(包括第三人撤销之诉)予以救济。对此新堂幸司借助对判决理由中判断不服能否独立上诉的问题实际肯定了本书的这一观点,其认为,当事人以产生争点效为由,仅对胜诉判决理由中的判断提出不服时,从诉讼经济的角度而论,既然当事人未对确定判决主文中的判断提出不服,则为尽快实现判决的确定,不应当认可其上诉利益。① 因而出于保障当事人审级利益考虑,不应让这类既判事实产生争点效较为稳妥,且其还认为,即便如此处理,也并不会导致适用争点效的情形锐减。例如,在前诉中,债权人要求债务人返还借款的请求被驳回,但债务人对"债务已然成立,但因债务人的偿还而消灭"的理由不服,并以债务不成立为由提出上诉,此时,依据新堂幸司的观点,不应当认可债务人的上诉利益,当判决确定后,债务成立且被告已清偿债务的判断也不应产生争点效。以上述争点型预决效力的适用要件分析,由于审级利益的保障不力而致既判事实不生预决效力的情形可纳入"当事人对主要争点已为充分争执"这一要件之中,而在诉讼上,法官在考量上述争点时,反对适用的一方自然能够提出"审级利益保障不足"的理据以排除"当事人对主要争点已为充分争执"这一要件,从而动摇法官的心证。而在有既判力适用的场合,法官既无空间考虑前诉程序保障是否充分,当事人也无余地就前诉审级利益保障充分与否而提出争执。

同时,关于争点型预决效力是否具有类似既判力遮断效的问题。我国台湾地区的司法实践中将"当事人未提出新诉讼资料足以推翻原判断"作为考量争点效是否适用的重要条件。但该地区的司法实务对于如何理解"足以推翻原判断之新诉讼上资料"存在不同看法,如台湾地区2006年度台上字第1949号判决认为,所谓"新诉讼上资料"不限于前诉言词辩论

---

① 当然在抵销抗辩下,由于既判力例外的拘束抵销抗辩的认定结果,则应认可抵销存在这一判断例外的上诉利益。

终结后存在的诉讼资料，也包含在前诉言词辩论终结前就已存在的诉讼资料。而台湾地区 2007 年度台上字第 1782 号判决则认为应限于前诉言词辩论终结后的诉讼资料。① 如前所述，确定判决的既判力不仅具有就争执的诉讼上请求予以认定的效力，而且具有遮断效力，当事人不得再次提出在事实审言词辩论终结前便可主张的事实及抗辩。对判决理由中的判断而言，这一原理也应一体适用。对于同一争点，确定判决理由中判断的拘束力，应对前诉事实审言词辩论终结前既已存在的事证产生遮断效。但是，遮断效的作用对象应限定在前后诉讼的同一争点。如并非属于同一争点，则不受遮断效力所及。因此，法官有必要清晰界定前诉争点的范围，若在后诉中，当事人所提出的诉讼资料在前诉事实审言词辩论终结前即已存在，即使并未提出，也仍应受争点效所遮断，而不能再提出与既判争点相矛盾的主张。当然，基于当事人所享有的处分权（如限缩争点的权利），对于排除在前诉争点范围以外，而与后诉诉讼标的在审理、判断上有关的争点，则仍不具有拘束力。因此，当事人未提出基准时之后的新证据，也是争点效适用的要件之一。

本书认为，就目前我国关于预决效力的具体规则而言，《民诉法解释》第 93 条规定，当事人有相反证据足以推翻的，法院可排除适用预决效力，对这一规则的理解同样可以借鉴我国台湾地区司法实践及学理研究的思路，将这一证据规则与争点效的遮断效关联起来，具体而言，应将规则上"相反证据"的时间范围限定在争点效基准时点后的证据，而对于当事人在前诉事实审言词辩论终结前就可以提出而未提出的证据，应不得在后诉中提出。从我国台湾地区的司法实践来看，即使在肯定新诉讼资料应涵盖争点效基准时点前攻击防御方法的案例中，真正的关键仍在于由前诉诉讼实态来界定争点的范围，而非基于所谓个案的妥当性（即认为判决理由中判断有误或有未审酌之处不应发生争点效），简言之，法官的裁判逻辑仍是从争点效的适用要件（是否为足以影响判决结果的主要争点，且当事人对主要争点已为充分争执，法院对该争点也已作出实质性的判断）入手审酌前诉双方攻防的实际样态，立足于程序保障的充分与否，进而决

---

① 沈冠伶：《判决理由中判断之拘束力》，载《台湾法学杂志》2009 年第 129 期。

定是否适用。这一裁判逻辑同样适用于争点型预决效力的适用过程，而与之匹配的作用效果自然也与既判力的制度刚性相区别，而有所谓柔软化的倾向，亦即当事人可以对争点型预决效力这一确定判决形成的"法规范"在后诉中适用与否提出争执，而对既判事实本身，则不得提出在前诉基准时点就已存在的相异的主张。同时，这也深刻地影响了两者不同的援引规则，通说认为既判力属于法官依职权调查的事项，而对于争点效的调查问题，新堂幸司认为，基于保障解决纠纷终局性的要求，争点效的作用效果并不会如既判力一般强烈，争点效的主要目的应在于将当事人穷尽主张及举证，并获得法院实质判断的争点在关联纠纷中通用，以满足对方当事人的期待，寻求当事人间的公平。因而，就争点效的调查问题，在诉讼上，应首先由争点效获利的一方提出主张，继而法院对该效力存在与否进行调查，不过，法院可以依职权调取用以判断争点效存在与否的资料。① 因此，本书认为争点型预决效力在既判事实的遮断效上与既判力别无二致，但对于争点型预决效力本身适用与否则存在当事人于诉讼上争执的余地。同时，将争点型预决效力与基准时点上遮断效相连接能够统合国内学者所谓预决效力二元化（即预决效力可区分为绝对的预决效力与相对的预决效力）理论，且以争点型预决效力的基准时点为界限来把握遮断效的实际范围较之于以单纯的能否反证推翻为区分标准更为清晰，也更具实践意义，而实务上试图以既判事实种类来区分预决效力的做法显然不具有可操作性，一是事实本身即复杂多样，以事实本身的自然属性（如发生的概率）作为分类标准难以周延，二是这一区分标准显然忽略了背景即相对封闭的诉讼这一关键场域，将争点型预决效力的作用效果、适用规则与诉讼理论体系相割裂，就必然会出现混乱、错位的情形，将原本属于判决效体系的争点型预决效力错误配置为单纯的证明力规则。

相应的，《环境民事公益诉讼适用解释》第 30 条第 1 款规定："已为环境民事公益诉讼生效裁判认定的事实，因同一污染环境、破坏生态行为依据民事诉讼法第一百一十九条规定提起诉讼的原告、被告均无需举证证明，但原告对该事实有异议并有相反证据足以推翻的除外。"该条可分解

---

① 新堂幸司：《新民事诉讼法》，林剑锋译，法律出版社 2008 年版。

为：(1)原告在私益诉讼中可以反证推翻已为环境民事公益诉讼生效裁判认定的事实；(2)被告在私益诉讼中不得反证推翻已为环境民事公益诉讼生效裁判认定的事实。如果依循上述思路，贯彻对《民诉法解释》第93条规定的再解读，将相反证据定位于确定判决基准时后的新证据，那么显然《环境公益诉讼解释》第30条第1款所确立的既判事实对被告的拘束力甚至已经逾越传统既判力的作用边界，其结果可能无法实现立法初衷，反而易导致公益诉讼中被告一方的奋力反击，对每一个细小争点锱铢必较，乃至延宕诉讼进程，而从对立两方的诉讼遂行能力角度而言，被告也未必尽是财力雄厚的主体，因而对这一规定的解读显然不能依循上述思路，而若将相反证据解释为确定判决基准时前即可提出但未提出的证据，则相对于原告而言，争点型预决效力将蜕变为类似公文书证明力规则的证明效，而对被告而言，则有争点型预决效力的适用效果，亦即被告无法在后诉中主张基准时前即可提出但未提出的证据。因而，从法体系解释的角度而论，力图统合《民诉法解释》第93条与《环境公益诉讼解释》第30条就争点型预决效力的作用效果就必然应区别对待相反证据发现时点与确定判决基准时的关系问题。

第三节　参加型预决效力适用要件与作用效果

　　参加型预决效力的理论指向在于辅助参加中，确定判决对参加人与被参加人（亦有可能为参加人与被参加的对方当事人，当然这主要为参加型预决效力的主观范围问题）之间的效力问题。在大陆法系诉讼参加理论中，参加人既然与其所辅助的当事人协力作出诉讼行为，以同时保护当事人与参加人利益为目的，自然应当一体承受裁判的结果。因而参加人对于其所辅助的当事人，不得主张前诉裁判不当。这一在参加人与被参加人间基于辅助参加而产生的判决效力即为参加效。参加效的作用效果通常被界定为，在参加人与被参加人之间的诉讼中，后诉法院应受到前诉确定判决的拘束，而不得为相矛盾的裁判。但例外的，参加人如因参加时诉讼进行程度或该当事人的诉讼行为而不能提出攻击防御方法,或因该当事人故意或重大过失未利用参加人所不知的攻击防御方法则免受参加效影响(也称为参加效排除抗辩)。[①] 由此可见,在作用效果上,与既判力相别,而与前述争点型预决效力接近,就作用效力的强度而言,考虑到程序保障(前诉辅助参加的实际状况)的程度,参加效并非属于后诉中当事人无可争议的判决效力,而因参加效排除抗辩的存在而可以例外地争执程序保障的失范而规避争点效作用。对此,参加效作用形态的非刚性约束在大陆法系国家和地区的民事程序立法中多有体现,《德国民事诉讼法》第 68 条规定,"辅助参加人在他对于主当事人的关系上,不得主张主当事人提出于法官的诉讼的裁判为不当;辅助参加人由于他参加时的诉讼程度,或者由于主当事人的陈述和行为,而不能提出攻击和防御方法的,或者当事人因故意或重大过失不提出辅助参加人所不知的攻击和防御方法的,辅助参加人可以主张主当事人进行的诉讼有缺陷"。与之类似,《日本民事诉讼法》第 45 条规定[②],"(一)辅助参加人在诉讼中可以提出攻击防御方法、申请异议、提起上诉、提起再审以及其他一切诉讼行为。但是依据辅助参加时的诉讼程度不能为的诉讼行为,不在此限。(二)辅助参加人的诉讼行为与被参加人的诉讼行为相抵触时,该行为无效。(三)对于辅助参加,当事人提出异议的情形下,在不允许辅助参加的裁判确定前,辅助参加人可以作出诉讼行为。(四)在不允许辅助参加的裁判确定后,辅助参加人的诉讼行为被当事人援用时,该诉讼行为仍然有效",第 46 条规定,"允许辅助参加人的诉讼中作出的裁判除下列情形外,对辅助参加人亦生效力:(1)根据前条第 1 项但书规定,辅助参加人不能为诉讼行为时;(2)根据前条第 2 项规定,辅助参加人的诉讼行为无效时;(3)被参加人妨碍了辅助参加人的诉讼行为时;(4)被参加人因故意或过失未为辅助参加人不能为的诉讼行为时"。

---

① 吕太郎:《民事诉讼法》,元照出版有限公司 2016 年版。

② 如无特别说明,本书所引《日本民事诉讼法》条文均出自曹云吉译:《日本民事诉讼法典》,厦门大学出版社 2017 年版。

根据德国法上通说观点，第三人主动申请参加诉讼后，就其与被辅助当事人之间可发生参加效。依特定情形则有参加效排除抗辩之适用。辅助参加人与被辅助当事人间并非产生既判力或争点效。既判力主观范围的扩张理论不能作为第三人参加诉讼的根据，前诉确定判决的既判力不会及于参加人。参加效本身并非既判力，也非既判力的下位概念，而仅为一种具有独立属性的裁判效力。① 日本学界通说亦认为确定判决在参加人与被参加人之间发生参加效，而非既判力或争点效，其认为参加效与既判力的差异在于：(1)既判力根据在于尊重法院对纠纷的裁判，立基于维系法的安定性而生的确定判决固有效力。参加效源于参加人与被参加人之间关于共同实施诉讼行为之责任分配结果应具公平性与贯彻禁反言所生之效力；(2)参加人与被参加人共同实施诉讼，参加人不能将自己应承担的责任完全转嫁给被参加人。既判力则不论胜败诉均会发生，参加效仅限于被参加人败诉的场合才会发挥作用；(3)既判力作为确定判决的刚性效力，当事人实施诉讼是否有故意或过失在所不问，而参加效性质上乃基于诉讼上的衡平要求，故如存在将责任归属于参加人欠缺正当化的情形，则有参加效例外抗辩的适用空间；(4)既判力原则上仅就法院关于诉讼标的权利关系存在与否之判决主文判断发生，参加效则不仅及于诉讼标的之判断，也涉及判决理由中关于事实认定与法律效果的判断。其理据在于参加人与被参加人应共同地展开攻击防御，因而作为判决主文前提的判决理由中判断也应在参加人与被参加人之间产生拘束力；(5)既判力为法院依职权调查事项，参加效则须当事人援引法院始能斟酌。② 据此，虽然从本书梳理的现有资料来看，对参加效的理论研究主要局限于参加效与既判力、争点效的关系问题，特别是参加效主观范围扩张问题（即参加效能否扩张及于参加人与被参加的对方当事人之间，当然也有学者指出这一扩张形态并非参加效而应纳入既判力或争点效范畴），而甚少围绕参加效适用要件问题展开的学术研讨。但本书认为作为参加型预决效

　　① 刘明生：《辅助参加之确定判决效力——既判力、争点效抑或参加效？》，载《月旦法学杂志》2017 年第 265 期。
　　② 刘明生：《辅助参加之确定判决效力——既判力、争点效抑或参加效？》，载《月旦法学杂志》2017 年第 265 期。

力适用要件这一问题的"一体两面",所谓参加效排除抗辩所揭示的"因被参加人原因而不能提出攻击防御方法"的例外情形本质上可视为适用要件的反面规定。由于参加型预决效力的理论基础在于程序保障下的自我责任原理,亦即参加人与被参加人之间基于辅助参加关系而产生的诉讼行为的共同性,并在此基础上双方应一体承担其共同行为的结果责任。而作为产生这一结果责任的前提,自然应将程序保障的充分与否作为考量能否适用参加型预决效力的核心要素,而由于判决效具有"法规范"的属性,其适用应属于法院职权范畴,因而从立法技术角度而言,直接规范适用要件的反面规定,即参加效排除抗辩,更为适恰。

但需注意的是,与前述争点型预决效力一致,当事人所提出的"因被参加人原因而不能提出攻击防御方法"的抗辩并非指向确定判决中结论的妥当性,而仅是针对结论形成正当与否提出争执,这也就意味着,在后诉中,参加人无法通过主张及举证推翻前诉确定判决已认定的事实。可以说,就作用效果而言,参加型预决效力与争点型预决效力虽然适用场合相异但最终殊途同归。

回归到我国当下的司法实践中,在与参加型预决效力相关的案例中,已有体现上述适用要件与作用效果观点的裁判案例:一是当事人提出因被参加人原因而不能提出攻击防御方法的抗辩,获得法官采纳而未适用参加型预决效力的案件。例如,在肯考帝亚农产品贸易有限公司与广东富虹油品有限公司、第三人中国建设银行股份有限公司湛江市分行所有权确认纠纷一案中,[①]湛江建行称,本案争议的货物权属问题已由前诉裁判予以确定(湛江中院在信用证融资纠纷案件中对此进行了审理),故肯考帝亚公司的起诉属于重复诉讼。肯考帝亚公司则认为其在湛江中院信用证融资纠纷案中是无独立请求权第三人,不影响其向原审法院提起本案诉讼。对此,后诉法院认为:首先,前后两诉诉讼标的不具有同一性。诉讼标的是指案件所争议的民事法律关系或实体请求权。就本案而言,本案与湛江中院信用证融资纠纷案件的请求权基础并不相同,本案的诉讼标的是肯考帝亚公司与富虹公司之间的贸易合同法律关系,而湛江中

---

① （2010）民四终字第 20 号民事判决书。

院受理的信用证融资纠纷案件的诉讼标的是湛江建行与富虹公司之间的信用证法律关系及信托收据法律关系，两案的诉讼标的并不相同。其次，由于富虹公司在信用证融资纠纷案件中对湛江建行诉请的全部事实予以承认，而作为无独立请求权第三人，肯考帝亚公司却未能有机会提出抗辩，因而如果在本案中不允许其提出独立的诉请，则显然剥夺了其作为系争权属纠纷利害关系人的诉权。本案是排除适用参加型预决效力的典型案例，在法院看来，其中最为关键的理据在于，由于被参加的一方当事人对对方的主张作出了自认，作为无独立请求权参加诉讼的一方未能在前诉中获得充分的主张及举证的程序保障，前诉法官作出裁判的基础并非来源于当事人与参加人间的充分争执，而是一方当事人的自认，因而后诉不应据此要求前诉的无独立请求权第三人承受这一不利的裁判结果；二是后诉当事人不得争执前诉裁判结果的妥当性，不得提出与确定判决认定事实相悖的主张，法院也应以确定判决认定的事实作为裁判的基础，而不得作出相矛盾的判断。又如在朱永忠、张淑菊与兰州市三丰农业生产资料有限公司股东资格确认纠纷一案中，朱某与张某系夫妻关系，在二人离婚诉讼中（前诉），涉及朱某名义上持有的被告公司的股权分割问题，因而被告公司在前诉中作为无独立请求权第三人参加诉讼，对此，被告公司出具了朱某代持股的协议书、被告公司的公司章程、被告公司原法定代表人的证人证言等证据对该问题与当事人展开了充分的争执，且不存在因当事人原因而致使被告公司不能提出攻击防御方法的情形。最终甘肃省高级人民法院和最高人民法院均认定，[①]朱某受让被告公司的股权只是代持股权，并不实际为被告公司的股东，不享有被告公司的股东权益。而在本案中，朱某与张某则要求确认其在被告公司的股东资格，后诉法院认为，前诉裁判已认定朱某并非被告公司实际股东，因而以《民诉法解释》第93条驳回朱某及张某的诉讼请求。本案中，作为诉讼标的即股权存在与否的问题属于前诉（解除婚姻关系诉讼）中的重要争点，被告公司作为无独立请求权的第三人参加了前诉，并与朱某及张某展开了充分的争执，而在后诉中，当事人也未能提出发生在参加型预决效力基准时后的相反事

---

① （2011）甘民再字第173号民事判决书及（2012）民再申字第130号民事裁定书。

由,故而法院在后诉中即依据确定判决认定的事实裁判了后诉。如果此时,将参加型预决效力仅理解为一种证明效力,而允许前诉当事人在后诉中继续争执,则其对于前诉的参加人来说有失公平。

第四章
预决效力之客观范围界定

第一节 预决效力客观范围的理论争议与研究价值

如前所述,在论及争点型预决效力适用要件之一的"足以影响判决结果的主要争点"时,对于"主要争点"概念的把握直接指向预决效力客观范围的界定问题,预决效力的客观范围问题即是指确定判决理由中哪些判断能够产生预决效力。无论新堂理论体系还是目前我国司法实务中提出的主要争点判断标准,实际上属于争点效的客观范围问题,其与诉讼标的识别标准与守备范围关联紧密,对于主要争点的认定首先应确定诉讼标的识别标准为何,其次才可认定导致发生特定法律关系的要件事实及应凭借何种证据予以证明。简言之,一旦确定诉讼标的,法院便可经由与当事人的协动向当事人阐明哪些争议可纳入诉讼上主要争点的范畴。因而本章将重点围绕以下三个方面予以论述:一是预决效力的客观范围与诉讼标的理论的互动关系;二是民诉法教义学中事实分类问题;三是预决效力的作用层面问题。前述三个方面具有逻辑上的递进关系,由于"诉讼标的=判决主文=既判力客观范围"这一经典教义学框架的存在,作为既判力客观范围理论的扩张或者补充,试图界定争点型预决效力的客观范围就必然需要首先划定既判力客观范围的疆域,而划定既判力客观范围被视为诉讼标的理论所发挥的重要机能之一,新堂幸司正是在对传统诉讼标的的概念改造的基础上,从行为规范与评价规范两个侧面重新确立诉讼标的的作用,借助程序事实群这一概念工具,开发出了有别于既判力的争点效理论。[①]

此外,审酌大陆法系民诉教义学对于参加效客观范围的界定,德国法上的通说认为,在参加效发挥作用的场合,辅助参加人不得主张前诉判决的不正确性,后诉法官也不能再审查前诉法院裁判的正确与否,而参加效的客观范围不仅涵盖前诉法院关于诉讼标的的判断,也囊括前诉法院判决中关于裁判上重要事实与法律观点的判断。[②] 与之一致,日本通说亦认为,为贯彻基于共同行为而致败诉的责任分担原理,参加效不仅就法院关于诉讼标的的权利关系存否的判决主文判断有拘束力,而且对于判决理由中的事实认定与法律判断同样具有拘束力。[③] 我国台湾地区的司法判例同样采行这一观点,"受告知人参加诉讼或视为参加诉讼后,无论本诉讼就诉讼标的所为之裁判,甚至本诉讼作为裁判基础就事实上或法律上所为之判断,受告知人固均应受其拘束,不得于日后之新诉讼中争执之"[④]。据此,在大陆法系观念上,参加效并无客观范围界定的问题,而考虑到当下我国民事诉讼立法的实态,参加型预决效力则似乎无法与之对应,我国《民事诉讼法》第56条第3款规定了第三人撤销之诉制度,学界普遍认为,第三人撤销之诉制度是以案外第三人程序保障为主线,兼顾纠纷一次性解决、实体权益救济等多元使命的平衡机制。在既判力绝对扩张与案外第三人程序保障尚不健全的现实下,第三人撤销之诉制度为既判力扩张提供了程序救济的闭合回路。[⑤] 简言之,这一诉讼类型的目的在于保障受不当确定判决既判力约束的第三人有再次请求司法裁判的程

---

① 林剑锋:《民事判决既判力客观范围研究》,厦门大学出版社2006年版。

② 刘明生:《诉讼参加与第三人撤销诉讼程序之研究》(上),载《辅仁法学》2013年第45期。

③ 姜世明:《民事诉讼法》(上册),新学林出版股份有限公司2016年版。

④ 台湾地区"最高法院"103年度台上字第2603号判决主旨。

⑤ 张兴美:《第三人撤销之诉制度的使命探究》,载《法制与社会发展》2018年第4期。

序权利。同时，《民诉法解释》第 296 条规定，①案外第三人可提起撤销之
诉的范围应限于判决、裁定的主文，调解书中处理当事人民事权利义务的
结果。由此可见，无论是学界还是实务部门都将第三人撤销之诉的制度
目标锁定在矫正既判力扩张可能带来的不当结果上，也正是基于这一核
心原因，我国不少学者认为只要确立既判力相对性原理，第三人撤销之诉
就将走入历史。②但本书认为，考察作为我国法上设立第三人撤销之诉
重要参照的台湾地区相应立法，不难发现，第三人撤销之诉的对象为"足
以影响判决结果的攻击或防御方法"③，而并不限于判决主文中之认定。
因而，实际上台湾地区的第三人撤销之诉的意旨主要在于矫正未受程序
保障的第三人免受判决效的不当拘束，而并不完全指向既判力，也包括参
加效、争点效（向第三人扩张的情形）、反射效等。④进一步而言，受参加
型预决效力拘束的第三人应可借由第三人撤销之诉获得应有的程序保
障，即使在既判力相对性原理成为共识的未来，第三人撤销之诉也并不会
成为制度冗余。回到参加型预决效力客观范围之一问题，本书认为应贯
彻大陆法系民诉法教义学上的通识观念，将参加型预决效力客观范围定
位于既包含诉讼标的权利关系存否的判决主文判断，也包括判决理由中
的事实认定与法律判断，同时就参加型预决效力的理论侧重而言，其主观
范围情形更为复杂，也属研究重点，因而本书对于参加型预决效力客观范
围的研讨将就此停住，而下文论述将主要集中于争点型预决效力的客观
范围研讨。

---

① 《民诉法解释》第 296 条：民事诉讼法第五十六条第三款规定的判决、裁定、调解
书的部分或者全部内容，是指判决、裁定的主文，调解书中处理当事人民事权利义务的
结果。

② 任重：《法律意义上的虚假诉讼存在吗？》，载张卫平：《民事程序法研究》（第 12
辑），厦门大学出版社 2014 年版。

③ 台湾地区"民事诉讼法"第 507 条之一：有法律上利害关系之第三人，非因可归
责于己之事由而未参加诉讼，致不能提出足以影响判决结果之攻击防御方法者，得以两
造为共同被告于确定终局判决提起撤销之诉，请求撤销对其不利部分之判决。但应循其
他法定程序请求救济者，不在此限。

④ 廖姿婷：《第三人撤销诉讼之原告适格》，台湾大学法律学院 2007 年硕士论文。

第二节 争点型预决效力客观范围与诉讼标的理论

一、大陆法系诉讼标的识别理论回溯

(一)旧实体法说

诉讼标的(又称为诉讼上的请求)是一个指明诉讼尺码最小单位的概念。就诉讼关系角度而言,诉讼标的指向原告寻求法院裁判的请求和原告向被告提出的具体权利主张。因而,诉讼标的既是法院审判的对象也是对造攻击防御的对象。诉讼标的贯穿诉讼始终:诉讼系属之前,诉讼标的是确定法院主管、识别管辖法院、审查重复起诉的重要指针;诉讼系属之中,诉讼标的是确定当事人适格、识别诉的变更的决定性因素;裁判确定后,诉讼标的也是界定既判力客观范围、防止突袭裁判的基础。正因诉讼标的具备多重功能,对于诉讼而言至关重要。因而,识别和特定诉讼标的就成为学界与实务部门共同关心的主题。

学界一般认为我国实务采用的是旧实体法说。[①] 该说认为诉讼标的是"原告在诉讼上所为一定具体的实体法上之权利主张"。起诉时,原告必须在诉状上具体表明其所主张的实体法上权利或法律关系。旧实体法说以实体法上所规定的权利个数作为识别诉讼标的的标准。因而,出于同一事实关系,在实体法上按其权利构成要件,能产生数个请求权时,每一个请求权均能成为一个诉讼标的。与实体法上请求权基础理论相对应,在"构成要件+法律效果"的请求权基础架构中,通过当事人的诉讼请求确定其追求的法律效果,并以所对应的抽象构成要件作为界定审判对象的框架。[②] 在旧实体法说下,诉讼标的等同于请求权基础,请求权基础

---

① 严仁群:《诉讼标的的本土化》,载《法学研究》2013 年第 3 期。

② 陈杭平:《诉讼标的理论的新范式》,载《法学研究》2016 年第 4 期。

不同,则诉讼标的相异。①

(二)诉讼法说

诉讼法说中尤以二分肢说影响较大,目前也是德国法上诉讼标的识别基准的通说观点。二分肢说以原因事实与诉之声明作为识别和特定诉讼标的的标准。其中,原因事实是指不经由法律评价的自然事实或生活事实,②而诉之声明是指应受判决事项的声明,亦即请求法院为如何判决的声明。声明中应载明所求判决的内容和范围。当事人的声明不明确或不完备时,法院可责令当事人叙明或加以补充。法院进行判决,必须根据当事人的声明,除法律有特殊规定的以外,不能就当事人未声明的事项作出判决,否则即构成诉外裁判。二分肢说源于德国,作为纯粹的诉讼法学说,其形成与德国诉状形式有关,《德国民事诉讼法》第 253 条第 2 款规定,"诉状应记明提出的请求的标的与原因,以及一定的申请"。其中,"请求的标的与原因"即原因事实,而"一定的申请"是指诉之声明。二分肢说摆脱了实体法的桎梏,也减轻了原告的起诉负担。

一般认为,德国实务与学界的共通观点即为二分肢说,③将作为请求内容的诉的声明和作为诉讼原因的生活事实共同作为识别标准。该学说内容丰富,在特殊类型案件中也吸收了其他学说的部分思路,包含相异的解释。例如,在竞争法、知识产权领域中停止侵害的不作为诉讼中,确定诉讼标的就以造成损害的具体侵权类型为识别标准。我国既有研究尚未以诉讼标的的识别为切入展开对此类问题的深入研讨。具体而言,德国法上诉讼标的的概念是指当事人的权利保护要求或者法律后果主张。作为识别标准,诉的声明和生活事实处于平等地位,前者使权利保护形式和法

---

① 王泽鉴:《民法思维:请求权基础理论体系》,北京大学出版社 2009 年版。

② 另有学者尼克逊认为,所谓二分肢说是原告权利主张加上请求权存在基础的事实,其与罗森贝克提倡的二分肢说的差异在于,如何界定原因事实,尼克逊主张原因事实仍旧是指实体法上权利构成要件的事实。换句话说,尼克逊的观点属于旧实体法说与二分肢说间的折中学说,本质上仍属于旧实体法说。该学说并未在德国理论与实务部门得到响应。目前而言,二分肢说中的原因事实是指未经实体法加以评价的自然事实或生活事实。参见段厚省:《请求权竞合要论》,中国法制出版社 2013 年版。

③ 穆泽拉克:《德国民事诉讼法基础教程》,周翠译,中国政法大学出版社 2005 年版。

律后果主张具体化并决定裁判主文的内容,后者则应当包含"从当事人自然观察的角度看应当属于由当事人为了裁判所陈述的事实因素的所有事实"或"被整个历史生活经过确定"①。通过不同的诉的声明可以首先区别已经个别化、特别化的给付,比如针对多个标的物的物上返还请求权,针对不同股东大会决议的无效确认,以及针对不同实体法上形成权的多个主张等。而在涉及金钱或种类之债时,则需要引入案件事实加以考虑。在事实因素方面,由于很难从理论上描述识别标准,一般只能通过案件的类型化加以观察。此外,原则上实体法上的请求权并不影响诉讼标的的识别,但是通说也认为在实体法明确为不同实体请求权规定独立的生活经过时,即使诉的声明同一,也应当承认诉讼标的为数个。

日本学者承继了上述诉讼标的诉讼法说与旧实体法说的论争,三月章最早从解决纠纷的民事诉讼目的论出发提出"一次性纠纷解决"的命题,随后这一命题扩展至既判力客观范围的界定问题中,战后日本学界曾发生诉讼标的论争及争点效论争,两次论争的核心都直指诉讼标的问题。日本法上传统旧诉讼标的理论把实体法上的权利视为诉讼标的的最小单位。对此,试图贯彻"一次性纠纷解决"的三月章则在吸纳德国法上二分肢说的学术资源基础上提出,给付诉讼标的的最小单位的构成应该与实体法上的请求权相分离,即应该是能够就内容上同一的给付进行请求的权利或法律地位。②

作为日本法上新诉讼标的说的重要代表,新堂幸司同样将解决纠纷作为民事诉讼的主要目的,但对于"纠纷"的理解则有别于传统观点,新堂幸司试图从理论上扩张"纠纷"的概念,其理论动因在于当事人争议的不仅有作为诉讼标的的权利关系,往往也涵盖诉讼标的的原因关系,基于这一考量,传统上确定判决仅对作为诉讼标的的权利关系争议作出判决,无法全面、最终的解决纠纷,甚至这种不充分的解决反而可能会再次引发其他

① 曹志勋:《民事诉讼标的理论研究——以德国学说发展为脉络》,上海交通大学博士后出站报告,2016年10月。

② 金春:《日本民事诉讼法学的理论演变与解释方法论》,载《交大法学》2018年第4期。

争议。① 有鉴于此，新堂幸司扩充了原有"纠纷"的内核，吸纳了与社会生活实态相对应的原因关系。与之一脉相承的是，在判决效问题上，出于确保解决纠纷的实效性考量，新堂幸司也相应地主张应当尽可能扩张其主、客观范围，充分发挥确定判决"定分止争"的作用，主张在既判力之外应广泛地认可判决效的拘束力。

具体而言，新堂幸司在构筑出"行为规范—评价规范"这一对关联概念的基础上，提出诉讼标的对于失权范围仅具有事前预告的功能，因而应着眼于程序展开所形成的程序事实群概念修正既有的诉讼标的理论，并提出争点效具有防止因适用新诉讼标的理论致使遮断效扩张而导致的裁判内容空洞化的机能。② 日本法上的新诉讼标的理论（又称为诉讼法说）将诉讼标的概念与实体法相剥离，从诉讼法自相独立的立场出发，利用原告诉状上声明与事实理由的主张构筑诉讼标的的内容，而实体法上的主张则降至当事人攻击防御方法或法院裁判时法的观点层次。虽然新诉讼标的理论有助于解决困扰旧实体法说的请求权竞合问题，但也应看到新诉讼标的理论的欠妥之处，如无法解决当事人基于不同原因事实仅可受领一次给付的情形。而学者对于新诉讼标的理论最为重要的质疑在于该说将使得既判力遮断效范围泛化，容易导致已决纠纷内容的空洞化，不利公平保护原告利益，未能与请求权竞合的实体法概念相调和，且加重了法官阐明义务的范围，既导致法官负担的加重又因之而限缩了当事人遂行诉讼的范围。而争点效则可以防止这种内容空洞化的倾向。以诉讼上的实例观察，当原告依据合同价款请求权与不当得利请求权提出同一金额的支付请求时，依据新诉讼标的理论，此时诉讼标的是唯一的，即为实体法说认可的受领同一金额的法律上地位，而合同价款请求权与不当得利请求权则成为当事人攻击防御的方法，如此，既判力的客观范围即为受领同一金额的法律上地位存在与否的判断，而此时遮断效相对于旧实体法说而言无疑是扩张了，因为如果当事人只主张合同价款请求权并败诉，那么其未予主张的不当得利请求权同样为既判力所遮断。另外，由于作为

---

① 新堂幸司：《新民事诉讼法》，林剑锋译，法律出版社 2008 年版。

② 林剑锋：《民事判决既判力客观范围研究》，厦门大学出版社 2006 年版。

承认请求判决理由中的"存在着基于合同关系而享有的合同价款请求权"判断并不产生既判力,因此当以主动债权对诉求债权进行抵销时,承认诉求债权的确定判决无法提供任何标准,对此,三月章认为应赋予判决理由中判断以某种拘束力,但若将这种拘束力仍定位于既判力,则将不能对该请求的实体法性质再为评价。因而有必要生成争点效这一概念,如此无须特意让驳回请求判决的既判力范围不同于承认请求判决的既判力范围,在承认请求判决中未获得判断的请求权之主张(对受领权再为法的评价的主张),自然也不会遭到排斥。就此而言,争点效无疑发挥着支撑新诉讼标的理论的重要作用。①

在新堂理论之中,诉讼标的概念的功能,除指示主文中应受审判之事项外,还具有指引诉讼程序应如何展开(即诉讼标的作为行为规范发生作用的场合)、赋予诉讼结果何种法效果(即诉讼标的作为评价规范发生作用的场合)。检讨诉讼标的机能的意义在于揭示实体法说将诉讼标的抽离具体的诉讼进程而作为既判力客观范围的观念有可能对当事人造成裁判突袭的不当结果。对此新堂幸司认为,虽然后诉法院决定前诉判决遮断效立基于前诉诉讼标的。但为使遮断效范围超过诉讼标的所预告范围,也仍能避免造成对当事人的裁判突袭,应加入程序事实群概念以保障遮断效的正当性。故而从评价规范角度而论,诉讼标的概念功能并非界定遮断效范围的唯一基准,程序事实群概念也应成为调整遮断效范围的重要因素。②

(三)诉讼标的与既判力扩张理论

梳理诉讼标的理论的历史发展脉络,从旧实体法说到新诉讼法说,其中显性的线索在于理论上如何寻求一种解决请求权竞合困境的合理化解释,以矫正旧实体法说的理论缺陷,而隐性的线索则在于如何借由诉讼标的理论的更新,不断扩大理论自身的解释能力,以期解决诉讼实务上所出现的现实问题。但就既判力客观范围而言,实际上无论新旧诉讼标的理

---

① 林剑锋:《民事判决既判力客观范围研究》,厦门大学出版社 2006 年版。

② 新堂幸司:《訴訟物概念の役割》,载《判例时报》856 号。转引自林淑菁:《民事判决效客观范围之研究》,台北大学法学系 1995 年硕士论文。

论都未能提供适恰的解决方式。应当看到，各种诉讼标的理论都遗留了判决效力发挥作用的真空地带，而正是这一尚处于真空中的领域对当下转型时期的民事诉讼构成了挑战。本书认为，这与传统上所遵循的"诉讼标的＝判决主文＝既判力客观范围"这一经典教义学框架密切相关，通说观点认为既判力以判决主文为限，而判决理由中的判断不具有既判力。这一"金科玉律"既阻断了赋予判决理由中的判断以拘束力，又激起了学术界对此问题的研究兴趣，因为无论诉讼标的如何扩展和变化，拘束力的缺位都将导致存在于判决理由中的基础事实被重复争执乃至作出矛盾裁判的可能，进而既判力贯彻法安定性的制度目的在某种程度上被架空，当事人之间的纠纷也无法获得彻底解决，民事诉讼解决纠纷的直接目的也将落空。总而言之，以判决主文为限的既判力客观范围，将产生巨大的制度缺陷和漏洞，而通过扩展诉讼标的的概念来解决既判力作用范围所存在的缺陷又是行不通的。我们必须跳出诉讼标的理论本身寻找解决问题的办法。

对此，在争点效理论之前，有学者主张可采取直接将既判力扩张至判决理由中的判断的做法，此即所谓既判力扩张。[①] 按照既判力扩张论，基于法安定性的立场考量，可直接将既判力扩张及于判决理由中的判断。作为德国法上既判力扩张理论的重要支持者，萨维尼认为先决的权利关系在判决理由中所作的判断具有既判力，在考量既判力的客观范围时应注重"法律纷争的性质与法官的使命"[②]。为此，法官不仅应回应当事人现有的请求，还必须维持获得确认的权利关系此后的安定性，这便意味着判决理由中先决的权利关系应具有确定性与既判力，唯其如此，才能将其安定性延伸至将来发生的所有法律纷争上。另一位支持既判力扩张说的德国学者策纳则主张，当具有法律上意思关联时，判决理由中的判断应有既判力。避免矛盾判决、维护法的安定性与尊重当事人的意思和主体性、不逾越具体诉讼的任务是两个对立的要求，但在一定的情形下未必不能共存。因而，只要在一个合理的限度范围内即可承认判决理由中的判断

---

① 蒋陆军：《争点效理论研究》，西南政法大学 2007 年硕士论文。

② 邓辉辉：《既判力理论研究》，中国政法大学出版社 2005 年版。

具有既判力。策纳认为这个合理的限度就是前后诉的诉讼标的之间存在"法律上的意思关联"①。这类关联性如同风筝的系线,若不认可前诉判决理由的既判力,则将"斩断"这种联系,那势必颠覆前诉确定的这种权利义务关系,进而破坏法安定性要求,使前诉失去依凭。因而自然应认可判决理由中判断的既判力。而日本法上亦有持既判力扩张论者,兼子一提出的参加效力扩张说即是既判力扩张理论在辅助参加诉讼中的具体演绎。兼子一试图从当事人与参加人公平分担责任的立场出发,主张在一定情况下当事人之间也存在着禁止反悔抗辩的要求,因而应承认判决理由中判断的拘束力。这种拘束力不限于诉讼标的的判断,作为本案判决先决事项的判断、表示败诉理由的证据判断、事实认定等均能产生判决的参加效力。②

可以说,既判力扩张论理论回应了判决理由中判断没有拘束力所产生的问题,并且日本法上参加效扩张论直接启示了后来的争点效理论。但是,既判力扩张理论直接赋予判决理由中判断既判力的直白做法,显然忽略了当事人的主体性及其程序保障、缺乏既判力制度的正当性基础,因而备受指责。萨维尼的理论被认为与辩论主义相冲突、逾越个别诉讼的任务、无视当事人的意思而遭到强烈反对,策纳的理论虽然意识到了萨维尼理论的缺陷所在,而以存在法律上意思关联为限,认可既判力的扩张,但其"意思关联"的基准不够明确、有违法院的诉讼选择权等同样遭到了学界的质疑。兼子一的参加效力扩张说虽然已经意识到判决理由中判断的效力应和既判力有别,但其同样没能脱离赋予判决理由中判断之效力过大而缺乏对当事人程序保障的窠臼。

可见,既判力扩张论直接将既判力赋予判决理由中的判断,这虽然解决了判决理由中判断无拘束力所存在的问题,但由于此论无视既判力扩张的正当性基础,缺乏对当事人的程序保障及有违当事人的主体性、个别诉讼的任务等而危害巨大。可以说,试图从直接扩大既判力的遮断面入手,期望通过扩大既判力的涵盖范围来解决判决理由中的判断不具有拘

---

① 邓辉辉:《既判力理论研究》,中国政法大学出版社 2005 年版。

② 兼子一、竹下守夫:《民事诉讼法》,白绿铉译,法律出版社 1995 年版。

束力的理论路径都未能真正彻底有效地解决问题。相反,试图通过既判力客观范围直接扩张的办法来解决问题的思路,在回应问题的同时却产生了更为突出的危害。① 所以,企图通过既判力客观范围的扩张来解决其所面临的困扰,既判力扩张论显然行不通。而争点效则为破解上述困境提供了契机。

二、我国诉讼标的理论的发展现状与争点型预决效力的适用空间

我国法上对于诉讼标的理论的学术研究与实务探索已形成一定规模,②且学界主流观点认为我国法上采行的诉讼标的理论为旧实体法说。同时《民诉法解释》第 247 条第 1 款所规定的重复诉讼构成要件,也可视为以最高人民法院为代表的主流实务界同样认可将旧实体法说作为我国诉讼标的的基本识别标准的观点。但由于立法层面缺乏明文规定、指导案例制度尚不成熟等因素,无论在学界还是实务部门,诉讼标的理论仍存在大量争论,除多数学者认为应采取旧实体法说外,仍有主张在给付之诉中采取诉讼法说,而在确认与变更之诉中采取旧实体法说的观点,③也有学者主张应采取诉讼法说,④还有主张采取相对化的诉讼标的理论。⑤ 可以说,我国法上的诉讼标的理论远未成熟,仍处于形成状态之中。

本书认为,诉讼标的作为审理对象,其确立时点往往应在起诉之初,且应以诉状作为识别诉讼标的的物质载体,而以我国目前施行的《民诉

---

① 蒋陆军:《争点效理论研究》,西南政法大学 2007 年硕士论文。

② 具有一定代表性的学术文献有李龙所著的《民事诉讼标的理论研究》(法律出版社 2003 年版)、段厚省所著的《民事诉讼标的论》(中国人民公安大学出版社 2004 年版)、江伟撰写的《论诉讼标的》(载《法学家》1997 年第 2 期)、王娣撰写的《民事诉讼标的理论的再构筑》(载《政法论坛》2005 第 2 期)、吴英姿撰写的《诉讼标的理论"内卷化"批判》(载《中国法学 2011 年第 2 期》)、严仁群撰写的《诉讼标的之本土路径》(载《法学研究》2013 年第 3 期)、陈杭平撰写的《诉讼标的理论的新范式》(载《法学研究》2016 年第 4 期)等。

③ 张卫平、李浩:《新民事诉讼法原理与适用》,人民法院出版社 2012 年版。

④ 吴杰:《德国诉讼标的理论的演绎及其启示》,载《学海》2008 年第 3 期。

⑤ 陈杭平:《诉讼标的理论的新范式》,载《法学研究》2016 年第 4 期。

法》第119条①关于起诉条件的规定来看,起诉的要件之一为"有具体的诉讼请求和事实、理由",同时在实务上,法官一般也不会要求当事人在诉状的事实与理由部分记载请求权基础为何(不过在存在预备请求的案件中,法官倒是会要求当事人选择其中一项请求,否则即以请求不明确予以驳回,但无论如何法官通常都不会要求当事人确定其请求权基础),就诉讼审理的实际状况而言,诉讼标的也即审理对象的确定实际是法官与当事人协作的产物。因而就诉讼的外观而言,法官对诉状的审查实际是以诉讼请求与纠纷事实为依归,旧实体法说所坚持的实体法上请求权更接近于当事人攻击防御的方法与法官在诉讼上形成的法的观点。

　　同时,近年来最高法院公布的部分公报案例采取了二分肢说的立场,以诉讼请求与纠纷事实作为识别的标准。如在美国EOS工程公司诉山西新绛发电有限责任公司、新绛县人民政府、中国银行山西省分行侵权纠纷一案中,②最高人民法院认为,本案原审原告EOS工程公司基于同一事实,以相同的当事人为被告,向原审法院先后提起"不当得利"返还之诉和"侵权"损害赔偿之诉。尽管前后的诉讼理由不同,但实质的诉讼标的是相同的,即EOS工程公司是为了解决其于1995年向山西省新绛县电厂筹建处汇付100万美元产生的纠纷而向人民法院提起诉讼的。本案中,最高人民法院采取的正是以诉讼请求(原告诉请被告返还100万美元)与纠纷事实(原告向山西省新绛县电厂筹建处汇付100万美元产生的纠纷)作为识别诉讼标的的依据。同时,在威海鲲鹏投资有限公司与威海西港房地产开发有限公司、山东省重点建设实业有限公司土地使用权纠

---

①　《民事诉讼法》第119条:起诉必须符合下列条件:(一)原告是与本案有直接利害关系的公民、法人和其他组织;(二)有明确的被告;(三)有具体的诉讼请求和事实、理由;(四)属于人民法院受理民事诉讼的范围和受诉人民法院管辖。

②　(2013)民四终字第2号民事判决书。

纷管辖权异议二审案中，①最高人民法院认为，应当结合当事人诉讼请求的依据及行使处分权的具体情况进行综合判断。该案实际上认可了在同一原因事实（纠纷事实）下，不同的诉之声明（诉讼请求）可以导致诉讼标的的变更。同时，以上两则案例均为最高人民法院的公报案例，应当说代表了实务中的一种重要观点或倾向。虽然后续《民诉法解释》第 247 条确立的重复诉讼规则似乎回到了旧实体法说，但不可否认上述公报案例的裁判指导意义。

对我国时下诉讼标的理论与实务状态的描摹旨在说明由于诉讼标的理论尚未统一，且虽然司法解释看似有所倾向，但在实务中各诉讼标的理论仍处于"自由竞争"阶段，甚至新诉讼标的理论仍占据重要一席，这也从客观维度拓展了我国法上争点型预决效力的适用空间。而本书认为，从上述对于诉讼标的理论的梳理来看，即使坚持旧实体法说，争点型预决效力仍有其不可或缺的重要价值。以合同效力问题为例，在前诉中，原告依据买卖合同要求被告给付价款 X 元，诉讼中，合同效力问题成为双方争议的主要焦点，经双方充分主张及举证后，法院依据证据调查的结果与言词辩论的全部意旨认定案涉买卖合同无效，就此驳回原告的诉请。判决确定后，原告又以不当得利为由要求被告返还货物 Y，但在后诉中，被告却依据同一合同主张货物 Y 所有权已归其所有。依据目前我国主流的旧实体法说，前诉诉讼标的（请求权基础）为原告对被告是否具有《合同法》第 159 条规定的支付价款请求权，②后诉诉讼标的为原告对被告是否

① （2005）民一终字第 86 号民事裁定书。该案裁定的具体论述：鲲鹏公司在 2005 年 8 月 24 日《追加被告、变更诉讼请求申请书》中，已将重点建设公司变更为被告，故本案与第 5 号民事案件的当事人并不相同。鲲鹏公司在第 5 号民事案件中的诉讼请求为确认之诉与给付之诉的合并之诉，但该案诉讼请求中的给付内容与本案鲲鹏公司于 2005 年 7 月 25 日提起的给付之诉的内容并不相同，鲲鹏公司在第 5 号民事案件中的诉讼请求不能涵盖本案中鲲鹏公司的诉讼请求。且鲲鹏公司在《追加被告、变更诉讼请求申请书》中，已将本案诉讼请求变更为"请求判令西港公司与重点建设公司之间的《合作协议书》无效，并由西港公司与重点建设公司承担连带赔偿责任"，故本案与第 5 号民事案件诉讼请求亦不相同。

② 《合同法》第 159 条：买受人应当按照约定的数额支付价款。对价款没有约定或者约定不明确的，适用本法第六十一条、第六十二条第二项的规定。

具有《民法总则》第 122 条规定的不当得利请求权。[①] 在前后两诉中一个共通的主要争点在于买卖合同效力问题。对此，审酌前诉当事人争执与法院审理的全过程（也可视为新堂理论中的程序事实群），可知该买卖合同无效，但合同效力问题并非属于诉讼标的，因而通说认为合同效力并不受既判力所遮断，所以在严格贯彻"诉讼标的＝判决主文＝既判力客观范围"这一框架下，后诉被告仍旧可以对买卖合同效力问题再提出争执。但显然这是在挑战社会公众的普遍法感受，可以说在结论妥当性上具有不可接受性。因而，此时应借助争点型预决效力，赋予买卖合同无效这一争点结论以拘束后诉当事人与法院的效力。对此，我国司法实务上已有适例肯定上述论据，如珠海华润银行股份有限公司与江西省电力燃料有限公司合同纠纷申诉民事判决书，中国银行股份有限公司武汉宝丰支行与武汉中南汽车修造有限公司[②]、武汉中合信达投资有限公司合资、合作开发房地产合同纠纷申请再审民事判决书[③]等，这类判决往往认为合同效力属于法院依职权认定的事项，对后诉应具有既判力作用，并援引预决效力规则作出裁判，而正如上述分析所得，此处发挥作用的并非既判力，而是争点型预决效力。由此问题继而也引出了下一问题，即争点型预决效力的作用层面问题，也即作为争点型预决效力客观范围的主要争点是否包含事实争点和法律争点的问题。

第三节　预决效力的适用对象

关于争点型预决效力作用层面问题，即作为争点型预决效力客观范围的主要争点是否应包含法律判断，抑或应局限于事实认定尤其是主要事实认定层面发生拘束效力。如前所述，作用层面问题是争点效理论中

---

① 《民法总则》第 122 条：因他人没有法律根据，取得不当利益，受损失的人有权请求其返还不当利益。

② (2017)最高法民再 164 号民事判决书。

③ (2014)民提字第 187 号民事判决书。

的一个重要问题。对此新堂幸司教授主张应当在争点与后诉的关系中来决定争点效产生的层面,而就日本主流学说而言,争点效是针对主要事实的判断而产生的,尤其有学者指出,并不是基于权利或法律关系的层次,而应当是在一定的生活事实关系是否满足法律要件的判断的层面来把握争点效。从日本学界的讨论与实务判例来看,虽然对于争点效是否能作用于法律判断层面多有争议,但从争点效要件的明确化角度考量,一般情况下,争点效在主要事实层面发生效力。① 而争点型预决效力则同样以既判事实为拘束对象。因而就效力作用层面而言,争点型预决效力与争点效同样都发生在事实层面。但正如有学者指出,事实与法律的区分既是法学研究不容回避的课题,也是极为复杂艰深的问题。② 对此,我国民诉法学界的研究尚不深入,而即使放眼大陆法系法治发达国家也似乎并未能够就此形成清晰可借鉴的区分标准。虽然在英美法上,这一问题也一直是困扰法律共同体的难题。但相较于在大陆法系这一问题被遮蔽的现实,英美法上对事实与法律问题的区分仍值得参照。

一、作为预决效力应然对象的事实争点

考究民事诉讼法学研究谱系,我国民事诉讼法理论与实践深受以德国、日本及法国法为代表的大陆法系观念影响,规范出发型的裁判逻辑构成了我国民事诉讼中最为本质的法律适用方法。虽然改革开放以来,以美国法为代表的普通法系观念与制度"西风东渐"不断渗入学理研究,但都无碍于学界主流抑或司法实务所秉持的大陆法系"底色"③。正因这一浓厚的法系意识,我国学界通常也一般以大陆法系民事诉讼法理上既有的事实分类模式作为建构我国事实认定制度的重要依归,而其中源自日

---

① 关于争点效作用层面的探讨参见高桥宏志:《民事诉讼法:制度与理论的深层分析》,林剑锋译,法律出版社 2004 年版。

② 陈杭平:《论事实问题与法律问题的区分》,载《中外法学》2011 年第 23 期。

③ 陈刚:《法系意识在民事诉讼法学研究中的重要意义》,载《法学研究》2012 年第 5 期。

本法上的要件事实理论已成为学术研究与实务裁判广泛采纳的主流学说。[①] 大陆法系民事诉讼法教义学从诉讼结构出发，将在诉讼过程中呈现的待证案件事实区分为主要事实、间接事实和辅助事实。

所谓主要事实也称为法律要件事实或直接事实，是判断权利得丧变更等法律效果所直接且必要的事实。就与实体法的关系而言，要件事实实质上是产生法律效果所必要的实体法要件对应的该当具体事实。要件事实又可细分为四类，即权利发生事实、权利障碍事实、权利阻止事实（暂时阻碍权利行使）及权利消灭事实。以不当得利请求权为例，《民法总则》第122条规定，"因他人没有法律根据，取得不当利益，受损失的人有权请求其返还不当利益"。该条属于完全性法条，具有"法律构成要件＋法律效果"的完整结构，根据该条，不当得利的法律构成要件应为：没有法律根据、一方取得不当利益、一方受有损失、损益变动间具有因果关系。而在实际诉讼中，当事人一般会主张诸如"双方购销合同已解除后又继续履行供货义务"并提交双方达成的解除购销合同协议书、购销合同解除后的出货单、货运单据等证据。而其中当事人主张的"双方购销合同已解除后又继续履行供货义务"的事实即属于与"没有法律根据"这一法律构成要件相对应的具体该当事实，且属于要件事实项下的权利发生事实。

值得注意的是，在实体法所规定的法律构成要件类型中，有一类由于法律无法预设"类型化的经过"，而被称之为评价性要件，[②]如侵权责任法上的"过失"、合同法上的"重大误解"等即为此类评价性要件。据此，我们可以将实体法上的法律构成要件区分为事实性要件与评价性要件。前者是指该要件系以某一特定的社会事实为原型，在社会一般观念中具有相同的或类似的印象，诉讼上可将该要件内容作为事实问题予以处理。而所谓评价性要件是指该要件内容并非以某一特定社会事实为原型，而属于对社会事实进行推断而得出的一种价值判断，通常在诉讼中也无法直接作为事实问题加以处理。在判断某一要件的性质时，除了应以社会通

---

① 其中具有代表性的著作包括：学界中，许可所著的《民事审判方法：要件事实引论》（法律出版社，2009年版）、段文波所著的《规范出发型民事判决构造论》（法律出版社2012年版）；实务上，邹碧华所著的《要件审判九步法》（法律出版社2010年版）等。

② 段文波：《规范出发型民事判决构造论》，法律出版社2012年版。

念为标准外，还应结合诉讼实际状态予以认定。通常如果某一要件可以直接作为当事人攻击防御的目标，也即成为当事人争执的主要争点，其即可以纳入事实性要件范畴，反之，则为评价性要件。一般而言，对于评价性要件，当事人应主张该要件之基础事实或根据事实，而该根据事实即成为诉讼上双方攻防的实际对象。举例言之，《合同法》第 130 条规定，"买卖合同是出卖人转移标的物的所有权于买受人，买受人支付价款的合同"，其中"标的物所有权"即属于事实性要件。①

间接事实又称为凭证，是指借助于经验法则和逻辑规则的作用能推导主要事实是否存在的事实。间接事实的主要功能在于推导主要事实或佐证主要事实。② 间接事实虽然不是主要事实的证据，但通过对间接事实的认定可以推断主要事实存在与否，因而间接事实与辅助事实一样，③都发挥着证据资料的作用。例如在前述不当得利案件中，原告主张"被告曾致电原告询问为何还在供货"的事实即属于间接事实，该间接事实可以佐证"双方购销合同已解除后又继续履行供货义务"这一主要事实。值得注意的是，诉讼实务上往往存在直接指向要件事实的证据缺损的情形，而经常需要当事人提交间接证据进而推导证明直接事实的存在。因此，虽然从诉讼法理来看，决定请求成立与否的关键在要件事实，但实践中诉讼的胜败却常常系于间接事实的认定，间接事实亦有可能对裁判结果起着关键作用。

大陆法系基于呈现在诉讼上的待证事实与诉讼标的的关联关系，将案件事实分为主要事实、间接事实与辅助事实，而其理论上的动因则在于大陆法系事实发现模式也即辩论主义运作的需要。因为按照辩论主义的制度设计，上述事实在辩论主义基本要义即在"未经当事人主张的事实，法院是否加以考虑""是否受裁判上自认拘束""法院调查证据的必要程度"等方面存在显著的差异。④ 正是在此意义上，不同事实类型的界分就

---

① 许可：《民事审判方法：要件事实引论》，法律出版社 2009 年版。

② 许可：《民事审判方法：要件事实引论》，法律出版社 2009 年版。

③ 辅助事实是指能够证据能力或证明力的事实。例如证人的品格、证人与当事人之间的朋友亲戚之特殊身份关系等事实，就是能明确证人证明力的典型辅助事实。

④ 刘明生：《辩论主义与协同主义之研究》，载《政大法学评论》2011 年第 122 期。

显得意义重大。同时，正如有研究者所指出，此前关注区分主要事实与间接事实的视角主要源自辩论主义的要求，最近学说则越发重视上述区分对于诉讼运营的重要意义。主要事实及间接事实的区别乃是当事人辩论活动的指针，也是法院审理活动的指针，同时亦为争点形成、举证活动、心证形成的指针。^① 无论是当事人和法官所给予的关注程度，还是当事人间争执的强度，主要事实与间接事实在诉讼上差异明显。按照辩论主义的基本要义，主要事实非经当事人主张，法院即不得将之作为判决的基础。而一旦主要事实短缺，原告必然在诉讼上进退失据乃至败诉，故而双方必然围绕主要事实在诉讼中竭尽全力展开攻防。因此，本书认为，就与归属为规范出发型的大陆法系具有亲缘关系的我国民事诉讼法理而言，要件事实或主要事实应纳入争点型预决效力客观范围。

而就间接事实而言，虽然日本法上对应否承认间接事实的争点效尚有争议，但本书认为既然争点型预决效力的作用根据在于程序保障与自我归责原理，就此而言，探讨间接事实是否具有争点型预决效力也应回到诉讼本身，借由审视诉讼运行实态以判定间接事实在个别化案件中是否应纳入争点型预决效力范畴：首先，辩论主义的基本要义在当下诉讼环境中有放宽的倾向，最显著的标志即在于学者间有主张以协同主义补充辩论主义，以防止发生突袭性裁判，保障当事人程序利益。^② 其实即使是间接事实其重要性也不亚于主要事实，比如在交通事故引发的损害赔偿案件中，当事人因酒醉驾车冲上人行道而撞伤路人，其中一个关键的评价性要件在于侵权人是否具有过失，而通常认为过失作为一种内界事实，反映的是侵权人的主观状态，缺乏直接证明的可能，而只能通过证明有无过失的间接事实，如酒精测试值、行车轨迹等予以判断，^③此时，间接事实对于过失判断的意义完全不亚于要件事实。因此法官在适用这些非经当事人提出的间接事实时，也应行使释明权使当事人能够进行充分的攻击防御。

———————————

① 刘学在：《民事诉讼辩论原则研究》，武汉大学出版社 2007 年版。

② 这一方面具有代表性的文献包括唐力所著的《民事诉讼构造论——以当事人与法院作用分担为中心》（法律出版社，2006 年版）及我国台湾地区以"处分权主义、辩论主义之新容貌及机能演变"为主题的民诉法研究会第 72 次研讨记录。

③ 许可：《民事审判方法：要件事实引论》，法律出版社 2009 年版。

据此,间接事实也就当然具有产生争点型预决效力的基础,因为其已经作为主要争点,获得当事人双方充分彻底的争执,并经法官实质判断;其次,一如前述,在实际诉讼中,当事人的胜败反而常常系于法院对间接事实的认定,即间接事实往往对裁判的结果起着决定性的作用,就此而言,在诉讼制度设计上应允许当事人就此等间接事实展开充分争执,法院对此也应作出实质审理与判断,因而赋予其争点型预决效力也是充分发挥前诉机能、贯彻纠纷一次性解决理念的逻辑结果;最后,在案件审理中,主要事实及间接事实通常而言与本案争执的权利义务关系的判断有着密切的联系,直接决定着当事人双方的胜败结果,因此,承认符合争点效要件的主要事实及间接事实于后诉发生争点效效力,往往并不会超出当事人的预期。但是对于辅助事实,法院可以在未经当事人提出时直接作为判决基础,缺乏双方充分争执的程序保障基础,而且其也不是案件裁判的重要争点,则不应产生争点型预决效力。

美国法上,对间接事实(mediate facts)①是否具有争点排除效力的问题也发生过观点上的转变,以往为保有当事人对拘束力作用范围的可预测性,采取仅有主要事实(ultimate facts)②发生争点排除效力的见解,但美国法上《判决第二次重述》却放弃了这一区分。其理据在于,主要事实与间接事实不仅没有明确区分标准(如前诉的主要事实可能作为后诉之主要事实或间接事实),实际上这一区分对诉讼问题的解决也无太大帮助,在美国司法实务中,法院仍是以当事人是否对该争点已充分争执,争点是否为判决所必需及当事人对该争点排除效力的产生是否具有预见可能性,来作为判断是否发生争点排除效的考量因素。因而,《判决第二次重述》放弃了对主要事实与间接事实在规范表达上的区分,而直接将争点排除效的内涵求诸预见可能性,如存在预见可能性,则可相对地确定前诉当事人有充分争执的机会;若评价为无预见可能性,则将诉讼机会的欠缺

---

① 据《元照英美法词典》,间接事实(mediate facts)又称为中间事实,是指据此可以合理推断出主要事实(最终事实)存在的事实。

② 据《元照英美法词典》,主要事实(ultimate facts)又称为最终事实,是指对确立原告的诉因或被告的答辩理由所必不可少的事实,也是法庭裁决争议所必需的事实,区别于支持它们的证据事实。

作为同一争点可再次争执的正当化理据。[①]

对此,我国台湾地区的学术理论与实务研讨也基本与本书观点一致。台湾地区的司法实践中有将"就重要争点之判断非显然违背法令"作为考量争点效是否适用的重要条件。适用法律本属于法官职责,因而如果前诉争点的判断明显违背法律,则后诉法官对同一争点的判断可不受前诉判决的拘束。有台湾学者提出,后诉法院在审查是否受前诉判决所拘束时,应考虑的重点不在于前诉判决对事实争点所作的判断是否正确,而在于前诉判决确定的争点是否界定清晰且对后诉而言确有必要,同时,当事人间是否围绕该争点展开了实际的攻防,且程序保障是否充分,以及该争点是否为获得法院的实质判断。在辩论主义原理之下,法官心证的形成来源于当事人所提出的相关主张及证据,既然当事人在诉讼中已受有程序保障而获得充分辩论的机会,那么对于法院的不利认定结果而言,当事人应自行承担责任。而如何适用法律则与事实认定问题相互区别,适用法律专属于法官职权,法官应依法裁判且正确适用法律。据此,当前后诉讼标的不同,但涉及同一法律争议时,前诉判决的法律判断原则上并无拘束后诉法官的机能。而且,如果这一法律争议不涉及事实认定而仅属于纯粹的法律适用问题,则与其要求当事人另循再审程序撤销前诉判决,不如认可后诉法院对同一法律争点的判断不受前诉法院的观点所拘束,如此更能使当事人获得适恰的裁判。按此观点,台湾地区司法实务亦认可争点效的作用层面应局限于事实认定层面。[②]

二、作为预决效力争议对象的法律争点

关于法律争点是否属于争点型预决效力客观范围这一核心议题,本书认为应当着重考量的因素包括:其一,事实争点与法律争点界分的可能与程度。虽然理论上理想模型似乎能够将两者剥离,但在实际诉讼中,法

①　苏本:《民事诉讼法——原理、实务与运作环境》,傅郁林等译,中国政法大学出版社 2004 年版。

②　沈冠伶:《民事判决之既判力客观范围与争点效》,载民事诉讼法研究基金会:《民事诉讼法之研讨》(十七),元照出版有限公司 2010 年版。

官对事实争点与法律争点未必能够做到尽善区分，且对于大陆法系的裁判者而言，亦不会将两者分开考量，而是与本案事实的认定融为一体；其二，法律争点是否会导致争点型预决效力作用范围的不当扩张。主流观点将争点排除效的客观范围限缩于特定事实，而法律争点是对抽象法规范所作出的判断，一旦认可法律争点具有预决效力，其实质上的影响范围可能甚为广泛，存在致使预决效力不当扩张的风险，易导致当事人间的不公平；其三，法律争点预决效力的边界应如何把握，即在承认法律争点具有预决效力这一前提之下，也应探前一步，预先筹划在这一前提之下应设置何种边界，以防范前述预决效力不当扩张的风险，而就当下学理研究与实务进展而论，这一边界更为模糊。

德国法上主流观点认为"作为裁判理由的抽象法规并不发生既判力"[①]，因而，后诉法院并不受前诉判决中的法律观点所拘束，而应对同一法律问题另行裁判。相对于德国法直接否定判决对法律问题判断的拘束力，美国法上认为这一问题是界定争点排除效范围上最困难的议题之一，并逐步形成应采取多种方式处理法律争点的理论：美国最高法院曾主张，为求避免丧失调整个案衡平的弹性，而应当否定对纯粹法律争点所为判断的拘束力。美国《判决第一次重述》则将发生争点排除效的法律争点限缩于前、后诉具有关联（基于同一事件或交易）的场合，如在原告主张被告再次违反同一合同，而第二次提起损害赔偿请求时，前诉损害赔偿诉讼的确定判决中关于合同成立有效与否的判断应具有拘束力。例外的，如因适用争点排除效将产生当事人间严重不公时，则排除法律争点的拘束力。[②] 其后，《判决第二次重述》则在争点排除效力的例外规定中特别论及法律争点的效力问题，其中明确提出与诉讼请求完全没有关系的法律争点不具有争点排除效力，这一法律争点也被称为纯粹的法律争点（pure law issue）。[③]《判决第二次重述》认为纯粹的法律争点不同于纯粹的事实

---

① 尧厄尼希：《民事诉讼法》（第27版），周翠译，法律出版社2003年版。

② 弗兰德泰尔、凯恩、米勒：《民事诉讼法》，夏登峻等译，中国政法大学出版社2003年版。

③ 郭翔：《美国判决效力理论及其制度化借鉴——基于争点效力理论的分析》，载任重：《民事程序法研究》（第14辑），厦门大学出版社2015年版。

争点、事实和法律相混合的争点。美国法上一般认为,对于特定的法律规则或者法律标准的内涵及适用范围发生的争议就属于纯粹的法律争点。与诉讼请求无关的法律争点不具有争点排除效力的根据在于这类争点实际上源自当事人对法律规则或者法律标准的内涵及适用范围发生的争议。然而特定的法律规则或者法律标准的内涵及适用范围,会因时间变化而发生改变。当前诉判决确定后,前诉裁判所适用的特定法律规则或者法律标准可能已经发生变化,而枉顾这一变化,仍让当事人承受变化以前的法律规则或者法律标准约束,实际上剥夺了当事人接近司法的正当权利。因为争点排除效力一旦发生则意味着当事人要受以前法律争点裁判的约束,而无法在后诉中像其他当事人一样适用新的法律规则或者法律标准解决争议。[1] 同时《判决第二次重述》还提出,即便是事实和法律相混合的争点,如果在后诉中法律适用情况已经发生了不同于前诉的变化,继续适用争点效力可能会导致法律的不公正实施,那么基于统一适用法律的目的,也不应赋予这类法律争点以争点排除效力。其目的在于防止因争点排除效力的作用而割裂法律适用的一体性,即出现新旧法律同时适用的情形:一方面受争点排除效力拘束的当事人事实上遵循的是旧有的法律,另一方面不受争点排除效力拘束的当事人则按照现行法律行事。这显然将导致法律适用混乱的局面。如甲诉请禁止乙实施某项专利侵权行为,乙抗辩称其属于合法使用该专利,后经法院采纳该抗辩而判决乙胜诉(前诉1),其后甲再次起诉请求禁止丙为相同的专利侵权行为,经法院认定该行为确属违反《专利法》而判决甲胜诉(前诉2),此时在甲对乙提起因乙专利侵权行为所产生的损害赔偿诉讼中,前诉1中对该专利侵权行为的合法性判断不应产生争点排除效力。美国法上有学者认同《判决第二次重述》的观点,认为基于避免特殊情形中不当的法律适用结果及考虑到在法律概念或解释实质上发生的变动,法律争点都不应发生争点排除效力。同时,该学者主张应限缩发生争点排除效力的客观范围,

---

① Geoffrey C. Hazard Jr, Revisiting the Second Restatement of Judgments: Issue Preclusion and Related Problems, Yale Law School Legal Scholarship Repository, 1981, pp.564-596.

即只要两案件所适用的同一法律或事实有所变更，前诉判决对该法律争点的判断即不发生拘束力，其认为之所以认定前、后诉在法律争点上具有同一性，是出于在前、后诉中所适用的法律与事实难以区分，不得已而认定为同一争点，如果其后发生法律经修正等情形，则应允许后诉为不同判断。①

应当注意到，近年来美国司法实务上正逐渐放弃对事实争点与法律争点的区分，而有模糊既有区分标准，在具体案件中进行个别化界定的倾向。② 从美国法上相关判例的主旨来看，其原因大体在于如果仅以事实争点发生、法律争点不发生争点排除效作为处理方式，因两者区分较为困难，将降低当事人对争点排除效客观范围的预见可能性，同时区分两者的实益有限，试图对法律争点形成特有规制的观点从立法技术角度而言仍存在困扰且耗费司法资源。故而美国法上对法律争点是否具有争点排除效力的判断正转向实用主义的立场，即当牵涉法律争点时，法院应考量法律是否有所变更、当事人间的衡平与程序保障等因素并作出综合判断。

对此，我国台湾地区亦有学者认为在前、后诉原因事实不同，或发生同一法律问题争议的同类原因事实，前诉讼判决中之法律见解原则对后诉讼不产生拘束力，③其立论依据在于：一是依大陆法系民事诉讼法理上处分权与审判权的分野，法律适用应专属于法官职责，后诉法院当然应独立形成心证进而公正适用法律，并依法裁判；二是当事人对于法律争点不当拘束的救济方式，可依据台湾地区"民事诉讼法"第 496 条第 1 项第 1 款"适用法规显有错误"的事由提起再审，但当事人如在前诉胜诉而不能提起再审，抑或纵使能够提起再审，与其要求当事人另循再审程序请求废弃前诉判决，不如认可当事人在后诉法院就同一法律争点的判断不受前诉判决的拘束。并特别指明，因法律见解常与事实问题牵涉难分，若事实

① Robert C. Casad, Intersystem Issue Preclusion and the Restatement (second) of Judgments, 66 *Cornell L. Rev*, 1981, pp. 510-533.

② Glannon, Perlman, Hansen, *Civil Procedure—a coursebook*, third edition New York: Wolters Kluwer, 2017, pp. 1269-1281.

③ 沈冠伶：《民事判决之既判力客观范围与争点效》，载《法学丛刊》2009 年第 214 期。

争点与法律见解之判断相混合,应认为对后诉讼之法院仍具有拘束力,以达成避免同一争点纷争再燃及矛盾裁判的目的。

对于在事实争点层面还是法律争点层面产生争点效的问题,虽然日本学界主流观点仍将争点效的客观范围限定在事实层面。但作为争点效理论的创立者,新堂幸司认为"应当在争点与后诉的关系中来决定争点效产生的层面"[①]。这一论断看似未从正面回应上述问题,但纵观新堂幸司的学术脉络,不难发现其对争点效在法律争点层面发生作用持开放态度,在其理论中如果以所有权存否成为前后诉的关键,则应以"所有权"层次为发生争点效。反之,若"取得时效"层次的争点成为前后诉的关键,则应以"取得时效"作为发生争点效的对象。但同时新堂教授也认为在多数情形下是"在主要事实层面上产生争点效"[②]。

此外,亦有从争点效与既判力互动关系角度,主张否定对法律争点产生争点效的观点,其认为若赋予法律争点以争点效,则可能让争点效产生等同于既判力的效力,使后诉的法官无法根据具体的事实适用法律,而且如果争点效的范围能够专注于事实层面的判断,正可以反驳争点效否定论者所提出的仅以中间确认之诉即可解决矛盾判决问题的主张。因为一般而言,事实主张并非确认诉讼的对象,因此无法对事实主张提出中间确认之诉,因而争点效适用于事实争点则可弥补针对事实主张无法提起中间确认之诉的缺失,从而中间确认之诉用于解决法律关系层面的中间争点争议,而争点效则在事实争点层面发挥效用。据此,争点效没有必要适用在法律争点上,况且认可争点效适用于法律争点将可能使得争点效退行到前述德国学者所主张的既判力扩张说,进而无存在的实益,到时又不得不重新检讨既判力与争点效两者间的关系问题。对此,我国台湾地区对法律争点产生争点效持肯定观点的研究者则认为,[③]台湾地区可就法律关系基础事实的存在与否提起确认之诉,与日本民事诉讼法规定仅能

---

① 高桥宏志:《民事诉讼法:制度与理论的深层分析》,林剑锋译,法律出版社 2003 年版。

② 高桥宏志:《民事诉讼法:制度与理论的深层分析》,林剑锋译,法律出版社 2003 年版。

③ 陈计男:《民事诉讼法论》(下),三民书局股份有限公司 2006 年版。

就法律关系提起确认之诉不同，同时中间确认之诉是用以事前防止裁判发生矛盾，争点效是用以事后防止发生裁判矛盾，二者功能作用不同，故对法律争点可以产生争点效。[①] 此外，混合争点的存在迫使"事实与法律"的二元论向实用主义的观点让步。如同前述讨论美国争点排除效的争点范围一样，即使是在规范出发型的大陆法系，虽然事实争点与法律争点存在区别，但在某些具体的案件中要清楚地将某种争点归入事实争点或者法律争点同样存在困难。[②] 因为很多纠纷中会存在事实争点和法律争点相互交织的情形，亦即存在所谓混合争点的情形。对于混合争点，有观点指出可以考虑在其符合争点效程序保障要件的前提下产生争点效。[③] 而事实上，混合争点的存在也表明了一概排除法律争点适用争点效的不妥之处。因为，一方面，不应武断地认为某些经过充分争执和程序保障的争点因包含有法律评价属性，即将其排除在争点型预决效力的适用范围之外，否则就和程序保障前提下的自我责任及尽可能防止矛盾判决、实现纠纷的一次性解决等价值目标相去甚远。另一方面，从当事人程序主体性的视角出发，其并不关心争点的属性究竟为事实还是法律争点，其关心的重心在于诉讼中是否获得充分的争执机会与程序保障，而一旦判决作出，权利义务关系即告确定，当事人在意的也变为判决的稳定性。

本书认为，正如本节开头所表明的观点，考察法律争点是否产生争点型预决效力的问题，应当着重考量的因素包括事实争点与法律争点界分的可能与程度、法律争点是否会导致争点型预决效力作用范围的不当扩张、法律争点预决效力的边界应如何把握。而参考上述国家或地区的理

---

① 对此，日本学界的通说观点认为中间确认之诉的诉讼对象是与判断本诉请求成立与否具有先决性关系的权利或法律关系。中村英郎：《新民事诉讼法讲义》，陈刚等译，法律出版社 2001 年版。而我国台湾地区"民事诉讼法"第 247 条第 1 项则规定，"确认法律关系之诉，非原告有即受确认判决之法律上利益者，不得提之；确认证书真伪或为法律关系基础事实存否之诉，亦同"。由此可见在两者在中间确认之诉的适用事由上存在差异。赵彦榕：《民事判决理由效力之研究》，台湾中正大学法律学系研究所 2011 年硕士论文。

② 郭翔：《美国判决效力理论及其制度化借鉴——基于争点效力理论的分析》，载任重：《民事程序法研究》（第 14 辑），厦门大学出版社 2015 年版。

③ 蒋陆军：《争点效理论研究》，西南政法大学 2007 年硕士论文。

论研讨与实践经验不难发现,事实争点与法律争点的区分甚为困难,法律争点也确实存在不当扩张预决效力客观范围的风险,同时就有限的比较法上经验而言,试图从制度层面规制法律争点的拘束力边界也存在相当难度。因而,本书认为就法律争点能否产生预决效力这一较为宏观的命题而言,应采取谨慎的否定态度。但正如有学者所指出的那样,对于事实与法律争点的二元区分不应谨守逻辑分析的理路,而应转向经验实用的立场。① 具体而言,本书认为应立基于规范出发型的大陆法系民事诉讼的基本结构,结合争点型预决效力的作用根据与适用要件,体系化地思考这一问题。

在大陆法系民事诉讼结构中处分权与审判权的分野决定了争点型预决效力应主要在事实争点层面发挥作用,一般法律争点不应成为争点型预决效力的适用对象。在民事诉讼法研究谱系中,虽然日本法上的争点效理论借鉴了英美法上的争点排除效力制度,但在普通法系民事诉讼构造中,当事人对法律争点具有更多的主动权,争点排除效力广泛地适用于法律争点顺理成章。但回归到大陆法系框架内,在"汝给我事实,我给汝法律"的消极思维模式下,当事人对法律争点具有较少的主动权。就法律争点能否产生预决效力这一较为宏观的命题而言,应采取谨慎的否定态度。

但关于法律争点是否应纳入争点型预决效力客观范围的讨论也正说明了这一问题中尚存在某些合理的成分。而当采取实用主义立场,回归到诉讼实然状态之中便有可能窥见其中的合理成分。可以说,正是从学者们对此问题的争议中才可寻求个别化的法律争点产生预决效力的合理性,因而法律争点有可能产生争点型预决效力仍留有一定理论与实务空间。② 具体而言,首先,争点型预决效力的作用根据与适用要件为将某些法律争点纳入争点型预决效力客观范围的范畴提供了可能。否定论者认为法律争点产生争点效会导致后诉法官无法根据具体的事实适用法律的

---

① 陈杭平:《统一的正义:美国联邦上诉审及其启示》,中国法制出版社 2015 年版。

② 值得注意的是,具有争点型预决效力的法律争点应与诉讼标的本身相区别,而指向在当事人双方作为诉讼标的讼争的本案法律关系之外的成为本案裁判基础的其他实体法律关系。

问题,但争点型预决效力的作用根据,也即现代民事诉讼中程序保障理念实际强化了当事人的程序主体地位,拓展了当事人的程序处分权,寻求当事人在诉讼中的程序利益与实体利益平衡成为审判权的自我约束,同时,结合争点型预决效力的适用要件,法律争点在获得当事人充分争执且经实质审理等程序保障前提下,理应拘束法官根据具体事实灵活适用法律的权力。

其次,基于实用主义的立场,应回到具体的诉讼场景回答这一问题,以前述合同效力问题为例,在前诉中,原告依据买卖合同要求被告给付价款 X 元,诉讼中,合同效力问题成为双方争议的主要焦点,经双方充分主张及举证后,法院依据证据调查的结果与言词辩论的全部意旨认定案涉买卖合同无效,就此驳回原告的诉请。判决确定后,原告又以不当得利为由要求被告返还货物 Y,但在后诉中,被告却依据同一合同主张货物 Y 所有权已归其所有。在本设例中,买卖合同效力问题显然属于法律争点,且在前后两诉中成为一个共通的主要争点。对此,审酌前诉当事人争执与法院审理的全过程,可知前诉法院就此争点已作出否定性的实质评价,如不认可该法律争点应产生争点型预决效力(显然并不具有既判力),亦即后诉被告仍旧可以对该买卖合同效力问题再提出争执,显然不具有法律上的可接受性。因而,此时应将该买卖合同效力判断纳入争点型预决效力的作用范围。对此,我国司法实务界也事实上肯定了这一做法。值得注意的是,《证据规定》第 35 条规定:"诉讼过程中,当事人主张的法律关系的性质或者民事行为的效力与人民法院根据案件事实作出的认定不一致的,不受本规定第三十四条规定的限制,人民法院应当告知当事人可以变更诉讼请求。"由此可见,我国司法实践中法官行使释明权的对象往往不限于事实内容,存在大量对法律争点予以释明的情况。诸如合同效力这类法律争点经法官释明后成为诉讼上争执的重要争点,经当事人充分的主张及举证后,成为法院实际审理与判断的对象,自然应具有争点型预决效力。

最后,对于认为承认法律争点产生争点效,会导致遮盖面过大,后诉当事人无法根据新事实推翻不当判决的问题,由于争点型预决效力的作用效果,也即遮断效同样有基准时的限制,因而并不会成为诉讼上的突出问题。比如原告甲针对被告乙提起所有权返还之诉,当甲、乙对所有物的所有权人及乙是否为无权占有等事实进行充分争执,前诉法院经过实质审理后判决甲胜诉并生效。之后乙以其为所有权人为由,对甲又提起确认该物所有权的诉讼,其主张前诉判决生效后,发生了其取得所有权的新事实,而取得了对该物的所有权。此时,即使前诉判决理由中关于甲为所有权人的法律争点对后诉发生争点效,使得后诉法院不得作出相矛盾的判断。但是乙于后诉提出的事由是前诉审理言词辩论终结后发生的事由,因而并不为争点型预决效力所遮断,后诉法院当然可以作出与前诉确定判决理由判断相矛盾的判决。据此,基于个别化的考量,应认可某些法律争点能够纳入争点型预决效力的客观范围,其对于发挥争点型预决效力贯彻程序保障下自我归责原则、落实诉讼诚信、维系法的安定性、禁止矛盾判决的机能均有裨益。

第四节　预决效力客观范围的界定
与争点整理程序的协同

一、争点整理程序的理论概要

我国学者认为民事争点整理程序是指为消除纠纷和实现集中审理的目的,在审前程序中法院协助当事人按照一定的顺序和方式所进行的明确和固定诉讼标的、案件事实、证据上和法律上争点的诉讼行为及由此形成的相互关系的总和。[①]"争点整理学"的出现与大陆法系民事诉讼领域所倡导的集中审理原则密不可分,为改善向来审判实务所采用的并行审理主义与随时提出主义的弊病,学界主流与实务趋势均认同确立争点整

---

① 赵泽君:《民事争点整理程序的合理性基础及其建构》,载《现代法学》2008年第2期。

理程序及贯彻适时提出主义。① 争点整理程序要求法院将诉讼事件的审理划分为争点整理阶段与集中调查证据阶段,谋求有计划性地开展诉讼。而所谓"争点整理学"关注的核心问题即在于如何兼顾实体法与程序法的观点,整理关乎诉讼的事实上、证据上及法律上争点。在争点整理程序的功能上,学者普遍认为,作为民事审前程序的核心环节,争点整理程序的重要功能在于:(1)特定审判对象、简化与固定争点,推动诉讼进程,使后续证据调查聚焦于双方争议的焦点,进而贯彻集中审理原则的要求;(2)充实审前准备程序,敦促当事人适时提出攻击防御方法,提高纷争解决的经济性与实效性;(3)防止诉讼突袭,提升裁判结果的正确性与可接受性;(4)促进和解,寻求纷争替代性解决方案的可能。② 而对预决效力而言,无论是参加型预决效力还是争点型预决效力均需要明确何为"足以影响裁判结果的主要争点"这一核心要件,因而从判决效(预决效力)角度而言,争点整理程序除对其所嵌入的民事程序具有贯彻集中审理原则的重要功能指向外,就有可能产生的前、后关联诉讼而言,其对于后诉法官识别预决效力客观范围至为关键。因为,争点整理程序为当事人充分呈现纷争事实、诉讼主张与相应证据提供了一个适恰的制度容器,在此阶段,当事人与法官之间协同提炼、固定乃至限缩争点,从而为后续围绕主要争点展开充分攻防提供了规划与可能,这也为后诉法官权衡主要争点是否已经当事人充分争执这一预决效力适用要件提供了指引。同时,争点整理程序的充实也为当事人免受诉讼突袭提供了重要程序保障,进而增强了当事人对裁判结果及判决效作用范围的预期可能性,成为后诉中预决效力拘束效果正当性的重要制度保证。我国台湾地区有观点认为,对于争点效要件之一的"主要争点"的界定即应以是否经过争点整理程序为标

---

① 许仕宦:《集中审理之争点整理》,载杨淑文、姜世明主编:《跨世纪两案民事程序法学之新视野》,元照出版有限公司 2012 年版,第 79 页。

② 虽然学者间对争点整理程序功能的具体表述存在差异,但至少在本书概括的范围内存在共识。邱联恭:《争点整理方法》,三民书局股份有限公司 2001 年版;唐力:《民事诉讼构造论》,法律出版社 2006 年版;赵泽君:《民事争点整理程序研究》,中国检察出版社 2010 年版;熊跃敏:《民事审前准备程序研究》,人民出版社 2007 年版;张海燕:《民事诉讼案件事实认定机制研究》,中国政法大学出版社 2012 年版;胡晓霞:《民事审前程序研究》,中国法制出版社 2013 年版。

志。其认为,"即使属于足以影响判决结果的争点,若法院未协同当事人仅争点整理程序将之列为主要争点,致使当事人无从提出对己有利之攻防方法,该争点判断即属于突袭性判断,在欠缺程序保障之基础下,不应发生争点效"。[①]

民事诉讼制度的首要目的在于解决纠纷,而解决纠纷的前提在于确定当事人间的争议焦点。作为形成诉讼上争议焦点的程序装置,争点整理程序也在贯彻集中审理原则趋势之下为大陆法系民事诉讼所重视,例如德国是利用第一次期日或书状先行的程序整理争点,日本则采取准备性言词辩论、辩论准备程序及书面准备程序形成争点,[②]而我国台湾地区在 2000 年修订"民事诉讼法"时新增了争点整理程序。

关于争点整理程序的主体。由于大陆法系民事诉讼法教义学针对诉讼中事实形成一贯遵循辩论主义,[③]因而在争点整理程序中发挥主导作用的首先即为参与诉讼的当事人。有德国学者认为,"只有当事人才能够把争议的事项导入程序,并判断法院对此有必要作出决定"[④]。因而,基于两个面上的考量,应肯定当事人在争点整理程序中的主体地位,一是程序面,即在当事人处分权与辩论主义双重作用下,诉讼上争议焦点的形成应由当事人主导;二是实体面,即应尊重当事人处分其实体权益的意思自治。据此,只有在充分保障当事人获得参与争点整理程序的机会,并能够

---

① 梁梦迪:《争点效之研究》,台湾大学法律学院 2012 年硕士论文。

② 吕太郎:《争点整理与协议简化》,载杨淑文、姜世明主编:《跨世纪两案民事程序法学之新视野》,元照出版有限公司 2012 年版。

③ 辩论主义是指只有当事人在诉讼中所提出的事实,并经辩论才能作为法院判决依据的一项诉讼制度或基本原则。将提出"确定作为裁判基础之事实"所必需资料的(主张事实、提出证据申请)权能及责任赋予当事人行使及承担的原则就是辩论主义。关于辩论主义的内容,大陆法系通说认为,辩论主义内容包括三层含义:(1)直接决定法律效果发生或消灭的必要事实(即主要事实),只有在当事人的辩论中出现才能作为判决的基础,换言之,法院不能将当事人未主张的事实作为判决的基础(主张责任);(2)法院应当将双方当事人无争议的主要事实当然地作为判决的基础,就这一意义而言,法院也应受其约束(自认拘束);(3)法院能够实施调查的证据只限于当事人提出申请的证据(禁止依职权调查)。虽然辩论主义发展至今受到不断挑战与修正,但不可否认的是,辩论主义仍是大陆法系民事诉讼的支柱性原则。参见任重:《民事诉讼协动主义的风险及批判——兼论当代德国民事诉讼基本走向》,载《当代法学》2014 年第 4 期。

④ 赵泽君:《民事争点整理程序研究》,中国检察出版社 2010 年版。

实质地影响争点的形成，其程序结果才能兼顾当事人程序利益与实体利益的平衡。但民事诉讼毕竟存在"处分权—审判权"的对立结构，法官虽然无法左右当事人将哪些主张、事实或证据纳入争点整理程序，但法官仍能依职权积极指挥当事人双方实施整理争点的诉讼行为，其目的在于促使当事人争点整理活动的有序展开，进而提升诉讼效率。从大陆法系国家的立法趋势来看，强调法官对争点整理程序的诉讼指挥作用正成为主流。[①] 如在德国和日本，争点整理的程序主要由法官推动，具体到程序是否启动、依何种程序展开争点整理及提出攻击防御方法的期间与文书交换期日的指定、催告等均由法官依职权决定。[②] 从协同主义视角出发，争点整理程序的主体问题被还原为当事人对实体的控制与法官对程序的职权运作间的互动关系，即当事人自主决定争点的范围，但同时法官在争点整理中有发挥职权作用的空间，一方面需要法官协助当事人整理争点，这主要是由法官通过行使"释明权"来辅助当事人进行争点整理，另一方面争点整理程序的有效推进需要法官依职权运作与管理。[③]

关于争点整理程序的客体与方法。如前所述，方法论意义上的争点整理程序的客体一般包括诉讼标的的争点整理、事实争点整理、证据争点整理及法律上争点整理，不同层面的争点在其整理方式上有所差异。其中，由于本书所论述的预决效力客观范围主要指向判决理由中的既判事实，因而有关诉讼标的争点、证据争点、法律上争点的整理方法此处存而不论，而重点阐述事实争点整理。

事实争点整理是指确定当事人是否已主张了导致特定效果发生的主要事实、间接事实及辅助事实，着重固定其中尚存在争议的事实及已无争

[①] 宏观上民事诉讼观念的转型，即自由的民事诉讼观向社会的民事诉讼观的转变，催生了协同主义，对经典辩论主义提出了挑战与修正，虽然辩论主义仍处于支柱地位，但不可否认的是，协同主义的出现为民事诉讼更好地回应社会需求提供了可能。瓦瑟尔曼：《社会的民事诉讼——社会法治国家的民事诉讼理论与实践》，载施蒂尔纳编：《德国民事诉讼法学文萃》，赵秀举译，中国政法大学出版社2005年版。

[②] 瓦瑟尔曼：《社会的民事诉讼——社会法治国家的民事诉讼理论与实践》，载施蒂尔纳编：《德国民事诉讼法学文萃》，赵秀举译，中国政法大学出版社2005年版。

[③] 唐力：《民事诉讼构造论》，法律出版社2006年版。

议的事实,并最终确定待证事实。① 事实争点的整理有助于当事人限缩、撤回或避免提出没有实益的事实主张,指引当事人寻求、收集证据的方向,集中精力搜集与主要事实、间接事实相关联的证据。同时,争点整理程序作为法官与当事人对话的场合,法官对事实争点的判断及相应的法律见解通过这一场合向当事人开示,则无疑会助力当事人对事实争点的固定与限缩。基于事实争点整理的需要,一方当事人对于对方当事人所主张的事实应当明确表态,而且当事人双方负有使攻击防御方法具体化、明确化的责任。同时,一方当事人对于对方当事人主张的不利于己的事实表示承认的即构成自认,而自认是限缩事实争点的重要手段。学界一般认为基于辩论主义的要求,自认一般局限于主要事实,而对间接事实的承认不发生自认的效果。当然,自认的法律上效果在于排除法院对自认事实的相异判断,但就争点整理程序而言,当事人对某间接事实的自认意味着这一间接事实的存在没有争议,因而也就可以排除在争点范围之外,后续也无须对其进行证据调查。当然对于该间接事实能否成为法官裁判的根据,则仍由法官根据其自由心证予以处理。值得注意的是,在拟制自认的场合,当事人对对方不利于己的事实主张在言词辩论或准备程序中不加争执,且从辩论的全部旨趣考量,也不能认为其有争执意图的,视为自认。② 在争点整理程序中,为保障当事人程序参与机会,防止诉讼突袭,如一方当事人对对方主张的不利于己的事实不明确表示争执的,法官应当对此进行阐明,向当事人开示其法律上后果,并要求其明确表明态度。经法官阐明后,当事人仍未表明态度的,视为对该事实的承认。此外,广义上的拟制自认还包括了诉讼上的"不知陈述"类型,即当事人对于对方所主张的不利于己的事实,作出"不知道或记不得"陈述的情形。此时,理论上关注的焦点在于"不知陈述"应否具有拟制自认的法律后果。虽然大陆法系国家或地区在此问题上有所不同,③但就争点整理程序上的处理而言,为求尽量压缩争点的范围,根据当事人应尽的真实陈述义

---

① 邱联恭:《争点整理方法论》,载《月旦法学》2000 年第 62 期。

② 姜世明:《论拟制自认》,载民事诉讼法研究基金会:《民事诉讼法之研讨》(十四),三民书局有限公司 2007 年版。

③ 刘学在:《民事诉讼辩论原则研究》,武汉大学出版社 2007 年版。

务，对当事人为"不知陈述"的权利应予限定，因而在具体处置上可参考我国台湾地区"民事诉讼法"第 280 条第 2 款的规定，"当事人对于他造主张之事实，为不知或不记忆之陈述者，应否视同自认，由法院审酌情形断定之"。据此，将"不知陈述"的事实是否纳入争点交由法官判断更具灵活性。

就诉讼行为而言，一方当事人对对方当事人主张的事实不承认时一般会作出两类诉讼行为，即否认与抗辩。否认与承认相对，是指一方当事人对于对方当事人主张的事实予以否认的陈述。依据是否附有理由，否认又可区分为直接否认（或单纯否认）与间接否认（或附理由的否认），后者是指提出与对方主张的事实在社会观念中无法两立的事实主张，从而间接否认对方事实主张的情形。而抗辩是针对请求权提出的一种防御方法，即在诉讼上，被告用来防御和对抗原告主张的一切主张和行为。抗辩又可分为实体法上的抗辩与程序法上的抗辩。其中实体法上的抗辩着眼于实体法上的法律效果，又有障碍抗辩、消灭抗辩与阻止抗辩之别。[①] 虽然抗辩与否认都是当事人间存在争执的形态，但两者在逻辑上存在本质差异，否认在逻辑上是直接否定事实的存在，或提出无法两立的事实以否定对方的事实主张，而抗辩是在肯定对方事实主张的基础上提出新的事实主张以取代前一事实，因而否认一方无须对其所附理由承担证明责任，而抗辩一方则需要对其抗辩事实承担证明责任。在事实争点的整理过程中，当事人应尽可能将案件的相关事实在争点整理程序中作出说明，且在争点整理程序终结前，当事人还应明确和固定存在争议的事实及无争议的事实。同时，在争点整理程序中，法官可根据心证的程度，协助当事人对提出的事实争点表明态度，使其能作出更理性的决定以促进争点的固定与简化，而对于当事人因理解错误或法律知识欠缺所遗漏的事实争点，法官也应向当事人适时阐明，提醒其注意。[②]

考虑到案件类型的多样性与当事人诉讼遂行能力的差异等因素，争点整理程序也应采取不同类型的手段实现争点的高效整理。目前，学界

---

① 尹腊梅：《民事抗辩权研究》，知识产权出版社 2013 年修订版。
② 赵泽君：《民事争点整理程序研究》，中国检察出版社 2010 年版。

一般认可争点整理程序的具体手段或形式主要包括书面型争点整理、庭审型争点整理及会议型争点整理等①：一是书面型争点整理，即当事人通过起诉书、答辩状、再答辩状及证据资料的交换等书面形式进行的争点整理。例如，在德国法上，争点整理是从诉讼文书的交换开始，继而根据案件的实际情况分别适用先期首次期日程序或书面准备程序。② 书面型争点整理的相对优势在于其可以突破地域因素的限制，更为适合当事人住所地距法院路途较远或当事人因病、因时间及其他原因致使出庭困难的情形，此时通过书面形式即可达到整理争点目的的案件。同时，对于案情较为简单、争议不大的民事案件，也可以适用书面型争点整理。我国《民事诉讼法》第 125 条规定的（非约束性的）诉答程序可视为我国法上的书面型争点整理程序；二是庭审型争点整理，即当事人通过参与公开庭审的方式进行的争点整理。庭审型争点整理较能贯彻民事诉讼的直接审理原则与言词辩论原则，属于相对正式与规范的争点整理方法。由于其利用了庭审的结构与模式，较之书面型争点整理程序在当事人争点协商范围上更为收敛，往往能从复杂案件中有效析取并固定争点，因而也较多适用于复杂案件。目前我国法上在审前程序中采用的庭审会议程序，即属于庭审型争点整理，其实质等同于将正式庭审中法庭调查甚至法庭辩论的一部分功能前移；三是会议型争点整理，即采取非庭审方式的对话模式，避免庭审型模式因程序的固化而导致的诉讼不经济及淡化各方当事人间的对立氛围，其典型形态类似外交场合的"圆桌会议"，即在法官的主持下召集当事人各方以平等多方会议形式展开争点整理。例如，日本法上争点整理程序之一的辩论准备程序就是在非公开的情况下，法官与当事人围绕椭圆形的桌子，开诚布公地交换意见，确定争点并整理证据，这是目前日本审判实践中最常用的准备程序。③ 会议型争点整理与庭审型争点整理的不同在于，其以"圆桌会议"的方式而非正式庭审的方式进行争点整理，当事人双方在进行争点整理时得以在相对宽松的氛围中进行，有利

①　赵泽君：《民事争点整理程序研究》，中国检察出版社 2010 年版。
②　丁宝同：《民事诉讼审前证据交换规则研究》，厦门大学出版社 2013 年版。
③　胡晓霞：《民事审前程序研究》，中国法制出版社 2013 年版。

于当事人间平等交换对各争点的主张、充分协商争点整理的结果,促成争点的固定与限缩。会议型争点整理一般适用于大规模侵权等群体性纠纷,以及不宜公开审理的涉国家机密、个人隐私或商业秘密等案件中。

关于争点整理的效力。在争点整理程序终结时,争点整理结果的固定方式主要包括:一是当事人间达成书面争点协议以确认当事人间的待证事实;二是法院以当事人间的争点协议为基础制作审前命令;三是法官制作争点整理的结果方案,经当事人确认,或对此达成协议,记入审理笔录。① 已固定的争点对当事人及法官产生争点整理的效力。对当事人而言,在开庭审理时应以经争点整理程序固定的争点作为攻击防御的对象,一般不得提出在争点整理程序中未提出的主张或证据。但争点整理的效力以失权制度为基础,失权制度虽然提高了诉讼效力,但存在遮蔽案件真实的危险,故而有必要设立失权的例外事由:其一,非因当事人故意或重大过失未能在争点整理程序终结前提出的;其二,对方当事人明确表示无异议的;其三,不会对对方当事人造成突袭或不至于过分拖延诉讼的;其四,法官应依职权调查的事项;其五,因其他原因对当事人显失公平的。对法官而言,法官在庭审中的指挥权受到已确定争点的限制,由于争点整理的一项核心程序机能在于规划诉讼进程与确定审理内容,因而法官审理的范围自然不应超越已固定争点,且也不得在审理与裁判中遗漏已固定争点,如法官在审理过程中发现当事人间的争点发生了变化或形成新的争点,只能在对此释明后,经各方当事人同意才能围绕新的争点组织辩论。②

二、预决效力客观范围的界定与争点整理程序的互动

民事程序作为一个环环相扣的过程,对其中任何一个环节的改变,都会对其他环节产生深刻影响,以致引起整个程序结构的变化。因而在这

---

① 赵泽君:《民事争点整理程序的合理性基础及其建构》,载《现代法学》2008年第2期。

② 赵泽君:《民事争点整理程序的合理性基础及其建构》,载《现代法学》2008年第2期。

个意义上,关于民事程序所进行的任何改革都必然存在互动关系,从而使得从内在联系与潜在方向的角度对审判方式改革的不同尝试及其多样的动态展开加以统一的把握成为可能。[①] 作为民事诉讼法教义学中间层理论的典型代表,判决效理论同样需要与周边制度相互配合,这既是民事诉讼法教义学体系化的理论共识,也是判决效理论付诸实践的现实需要。[②] 自比较法上观察,大陆法系国家或地区在论及判决效理论时,都存在一种理论自觉,即将其放置在民事诉讼法理系统中予以处理。因为判决效理论并非空中楼阁,虽然有其存在的根据,但忽略周边配套机制,将动摇其成立的根基,使之成为一种"镜花水月"般的乌托邦,而无法在实务的土壤中生根。其中,与预决效力这一判决理由中既判事实产生的判决效关联最为紧密的程序机制应为争点整理程序,以及贯穿始终的法官阐明义务。而由于法官阐明义务在前文中多有涉及,故而此处无意再为"反刍",为求有的放矢,本节将聚焦于争点整理程序。

　　争点整理程序是构筑预决效力正当性的重要程序保障,换言之,在适用争点整理程序的诉讼中,作为争点型预决效力适用要件之一的"足以影响判决结果的主要争点"应以经争点整理程序固定为必要条件,且由于我国实务中一般采取将争点整理结果记入庭前笔录的方式固定争点,并最终反映为确定判决中判决理由部分对争议焦点的评述,因而一般来说,对于后诉法官与当事人而言,识别预决效力的客观范围仍较为简便。但也应注意到,由于争点整理程序的制度功能并未完全指向确证预决效力的正当性,只是争点整理程序作为集中审理原则下充实当事人程序保障,并提升诉讼效率的制度容器恰能为预决效力客观范围的界定提供更为明晰的度量工具,因而仍应注意把握这一要件的实质标准,即"足以影响判决结果"。同时,争点整理程序有其适用类型的限制。一般而言,出于诉讼效率的考量,争点整理程序在普通程序中较能发挥其尽早形成攻防焦点、适时规划审理进程的功效,而在简易诉讼中,由于案件本身并不复杂,强制性适用争点整理程序无疑会适得其反,导致程序的拖沓。当然这一区

---

①　王亚新:《论民事、经济审判方式的改革》,载《中国社会科学》1994 年第 1 期。

②　任重:《论中国民事诉讼的理论共识》,载《当代法学》2016 年第 3 期。

分也并不绝对，在简易程序中，尚可能存在案情较为简单，但事实争点与证据争点较多的情形。此时，不应拘泥于程序的类型而有适用争点整理程序的必要。此外，仍值得注意者在于，即使经过争点整理程序形成的主要争点，由于其存在争点固定效力的例外情形，如非因当事人故意或重大过失未能在争点整理程序终结前提出的、对方当事人明确表示无异议的、不会对对方当事人造成突袭或不至于过分拖延诉讼的、法官应依职权调查的事项，以及因其他原因对当事人显失公平等，后诉法院仍应透过斟酌前诉审理的实际情况，特别是当事人间围绕某一争点的攻防状况，考量当事人是否受充分程序保障，以决定是否在后诉中适用预决效力规则。特别是在参加型预决效力适用场景中，由于争点整理程序主要面向本诉讼当事人，对于辅助型无独立请求权第三人而言，即使有争点整理程序存在，也并非意味着其已受充分程序保障，而无参加效排除事由存在，因而即使在争点整理程序之下，新堂理论中程序事实群这一概念工具仍有其存在必要。

三、我国法上争点整理程序的规范评述与改进

如前所述，作为预决效力制度发挥诉讼上功能的重要程序保障机制，争点整理程序通过固定及限缩争点，力图规划当事人攻击防御的焦点与法官审理的重心，充实当事人程序保障内涵，防止诉讼突袭，并促进诉讼，实现当事人实体利益与程序利益的平衡，增强裁判结果的正当性与可接受性，强化当事人对预决效力拘束范围的可预测性，为后诉法院适用预决效力制度提供有效指引。相较于域外贯彻集中审理原则下相对成熟的争点整理程序，我国法上的争点整理程序仍有待健全。

一是关于争点整理程序的主体。我国《民诉法》第133条第（4）项规定，"需要开庭审理的，通过要求当事人交换证据等方式，明确争议焦点"。同时，《民诉法解释》第226条对此进一步规定，"人民法院应当根据当事人的诉讼请求、答辩意见以及证据交换的情况，归纳争议焦点，并就归纳的争议焦点征求当事人的意见"。虽然有学者指出，按照文义解释，我国法上争点整理程序的主体应为法院，而当事人交换证据等仅仅是法院确

定争议焦点的手段。这与大陆法系国家和地区的通行做法并不一致，就比较法而言，争点整理程序主体应为当事人，而法院的功能则主要体现为程序主持者，并在必要时以妥当的方式介入争点整理程序以向当事人提供必要的协助。① 据此，学界观点的潜台词可能是争点整理程序主体的异位将影响处分权主义与辩论主义的落实，带有鲜明的"职权主义色彩"。但本书认为，比较法上的论据并非结论，应看到我国法上争点整理程序主体的设置是在兼顾我国司法实践情况与民事诉讼法理基础上的必然选择。目前我国法律服务市场虽然获得了长足发展，但显然优质法律服务资源更多倾向于经济发达地区，同时，相较于法律服务资源"洼地"的城市，远离城市中心的城乡接合部及农村地区的法律服务资源仍为短缺。② 加之，我国尚未建立比较法上所谓的"律师强制代理"制度，虽然经历市场经济洗礼的普通民众在权利意识上获得觉醒，但总体而言在应对具体诉讼的能力上仍十分薄弱。因而，对于争点整理这类专业性较强的诉讼作业而言，在本人诉讼时难以期待当事人顺利达至争点整理的预期。更何况即使在法律服务资源相对充足的地区，"人案矛盾"也往往较为突出，可以想见将争点整理程序交由当事人主导对诉讼效率的不利影响。据此，立于当下司法实践的现状，将争点整理的主导权交由法院是现实的选择。同时，一如前述，即使在比较法上观察，基于协同主义观念对经典辩论主义的修正，在争点整理程序中，法官应充分行使诉讼指挥权指导程序进程，同时应善为阐明与心证公开，就此而言，我国法上的规定可解释为将诉讼指挥权、阐明权及心证公开义务注入争点整理程序之中，同时法条中明确规定的法院应"就归纳的争议焦点征求当事人的意见"也更多了一层协同主义的意味。③

　　二是关于争点整理的客体与方式。我国法上使用了"争议焦点"这一

　　① 汤维建：《新民事诉讼法适用疑难问题新释新解》，中国检察出版社 2013 年版。

　　② 刘思达：《割据的逻辑：中国法律服务实施的生态分析》，译林出版社 2017 年版。

　　③ 虽然在实践中，"征求意见"有时被法官"精简"为"同意与否"的单向问答，且法官也不公开争点形成的心证。但实践中的异化不是指向主体设置问题，因为即使将争点整理程序完全交由当事人主导，上述异化也仍将存在，甚至更为严重，因为连"征求意见"这样的程序环节都可能被省略。

概念作为争点整理的客体，但无论是立法还是后续的司法解释（包括相关权威解说书）对这一概念的进一步阐释则尚付阙如。有观点认为，法条中所谓的"争议焦点"应是指当事人围绕其真伪或存在与否持有完全相左的主张，处于争执不下状态，且对于解决案件至关重要的事实。[①] 而根据《民诉法解释》第229条的规定似乎可以推断"争议焦点"的范围应限于事实和证据，而诉讼标的与法律上争点则不在我国争点整理程序的客观范围之列。但应当看到，无论是现有立法还是实务操作上，对于争点整理程序的客体认识仍是粗放的，缺乏对争议焦点更为精细化的区分，这也直接导致立法对不同类型争点缺乏相应的争点整理方法。[②] 对争点类型化的不足与相应争点整理方法的贫瘠也次生出下述问题。

对于争点整理的方法，立法主要通过"要求当事人交换证据"来落实争点整理，在具体形式上，宽泛而论，我国法上的争点整理程序在形式上存在书面型整理形式与庭审型整理形式。前者以《民诉法》第125条规定的送达起诉状与提出答辩状条款，以及《证据规定》第32条为法律依据，但审视前述规定不难看出，虽然法律规定被告应在答辩期间届满前提交书面答辩，并在其中阐明对原告诉讼请求及其所依据的事实和理由的意见，但未规定迟延甚或未提交答辩状的法定后果，且目前我国的失权制度主要指向证据失权，对被告答辩行为未施加任何限定，缺乏"答辩失权"的制裁性后果，这直接导致实践中被告怠于答辩的情形多有发生。[③] 由此可见，我国的诉答制度缺乏刚性约束，难以承担争点整理的制度任务。

对于庭审型整理形式，我国法上将其置于庭前会议之中，《民诉法解释》第225条规定，庭前会议的内容之一即为归纳争议焦点。对此，我国实务上的通行做法是，由主审法官主持庭前会议，双方当事人及其代理人共同参加。会议的主要内容包括证据材料的交换（由法官组织各方当事人交换证据材料及清单），证据材料的说明（由提供证据一方说明证明对

---

① 王亚新：《民事诉讼准备程序研究》，载《中外法学》2000年第2期。

② 段文波：《庭审中心视域下的民事审前准备程序研究》，载《中国法学》2017年第6期。

③ 程春华：《试论建立我国民事诉讼答辩失权制度》，载张卫平：《司法改革评论》（修订版），中国法制出版社2002年版。

象),明确案件争议焦点(包括告知双方当事人对没有争执的事实不再质证),以及法庭开庭调查的事项及重点。实务观点认为,这一操作模式的目的在于帮助当事人梳理案情,尽快形成案件争议焦点,充实当事人收集证据的手段并防止任何一方在开庭时实施突袭使审理陷入被动,同时使双方有机会对诉讼结果进行合理预测,适时选择和解、调解等诉讼分流渠道。[①] 由此可见,我国实务界对于争议焦点整理方法的大体框架为,"通过要求当事人以证据交换的形式明确争议焦点"。但显然实务界的观点颠倒了"事实争点形成"与"证据争点形成"的逻辑关系,先期进行事实争点整理,固定各争点是否存在争议,对于不存在争议的事实争点自然不存在进入证据调查的必要,也就无后续证据交换的需求。而后围绕已形成的尚存争议的事实争点展开证据交换乃至整理证据争点,使实体内容的形成随诉讼进程而不断收敛,形如"筛型"结构。两相对比,我国实务界所形成的争点整理方法,无异于未经法定的事实主张及争点整理阶段而径直实施证据交换,其结果必然是争点的"漂移",且造成诉讼资源的浪费。[②]

三是关于争点整理程序的效力。依据《民诉法解释》第 229 条的规定,对于违反争点整理结果的行为,法院可"责令其说明理由"甚而"提供相应证据",但无可回避的是,上列规定近乎未规定争点固定的效力。如前所述,比较法上经争点整理程序固定争点的效力体现在对当事人与法院的拘束力上,对当事人而言,在开庭审理时应以经争点整理程序固定的争点作为攻击防御的对象,一般不得提出在争点整理程序中未提出的主张或证据。但我国法上则未对此作出原则性的规定,也即固定争点在诉

---

① 杜万华、胡云腾主编:《最高人民法院民事诉讼司法解释逐条适用解析》,法律出版社 2015 年版。

② 段文波:"庭审中心视域下的民事审前准备程序研究",载《中国法学》2017 年第 6 期。此外,就本书写作过程中,笔者对 G 省 D 市 Y 法院的驻点调查而言,基层法院的审前准备程序(主要指证据交换)几乎沦为法庭调查的前置程序,双方当事人将每一份证据都提交至法院,法官也几乎会"耐心"地对每一份证据组织质证。甚至大部分庭前会议都仅由书记员或法官助理独立主持完成,在这样的庭前准备程序中,试图实现争点整理几无可能。庭前准备程序的实践样态不得不说是上文提及的程序设置上逻辑错位的必然结果。

讼的后阶段并不具有对当事人的失权效力。"责令其说明理由"甚而"提供相应证据"更多是一种说明义务,而无法构成类似失权的制裁效果。同时,斟酌法条设置的说明义务,由于缺乏对例外理由的具体化或类型化,而完全交由法官心证决定,这无异于对法官自由裁量权的一次考验。而对法官而言,其也应受到争点固定效力的拘束。法官在庭审中的指挥权受到已确定争点的限制,由于争点整理的一项核心程序机能在于规划诉讼进程与确定审理内容,因而法官审理的范围自然不应超越已固定争点,且也不得在审理与裁判中遗漏已固定的争点,如法官在审理过程中发现当事人间的争点发生了变化或形成新的争点,只能在对此释明后,经各方当事人同意才能围绕新的争点组织辩论。但现有的条款仅单向地要求当事人遵守争点固定的效力(尽管这一效力并不具有约束性),而对法官审理范围是否应限于已固定的争点,以及争点变动时的程序处理则都未涉及。

第五章

预决效力之主观范围判定

第一节　预决效力主观范围的研究意义

接续上一章节对预决效力客观范围的界定,辨析预决效力的主观范围旨在回答预决效力应拘束哪些主体,以及作为当事人应主动提出的主张,哪些主体可在诉讼上援引前诉既判事实的预决效力。对此,学界研究的参照系为既判力主观范围理论。大陆法系通说认为既判力原则上应只在该诉讼的当事人间产生拘束力,此即为既判力的相对性原理。这一原理意味着如果当事人之外的第三人就该诉讼争议的事项与他人(包括该诉讼的原、被告)发生争议,其仍能向法院提起诉讼要求对争议事项作出判断。对此,法院不能拒绝裁判。其理据在于作为贯彻法安定性要求的既判力,其应以程序保障的有无与程度作为衡量适用范围的尺度,具体而言,后诉的当事人既非前诉适格当事人,又未参加前诉,对争议事项欠缺在诉讼上主张及举证的机会,因此,不应将前诉判决的裁判结果扩张至后诉的当事人。① 德国学者认为,既判力原则上局限于当事人之间符合既

---

① 张卫平:《既判力相对性原则:根据、例外与制度化》,载《法学研究》2015 年第1 期。

判力作为诉讼法制度设置的本质要求。① 当然,由于社会科学的天然属性,原则与例外总是结伴而行,为了维持判决业已确定的实体法秩序、确保纷争解决的实效性,有必要使判决效力及于对诉讼标的法律关系或其诉争的标的物有一定利害关系的第三人。② 无论在学理研究抑或实务判例中,既判力突破对原有诉讼上当事人的拘束,而辐射本案当事人之外的第三人,理论上即称为既判力主观范围的扩张,学理上渐成共识的既判力扩及对象包括诉讼承继人、诉讼担当时的利益归属人、诉讼标的物的持有人、退出诉讼的人。此外,在家事诉讼、团体诉讼中也存在既判力主观范围扩张的情形。③

如前所述,我国法上的预决效力又可进一步区分为参加型预决效力与争点型预决效力。两者又分别与大陆法系判决效力体系中的参加效与争点效存在理论上的对应关系。以既判力相对性原理为参照,学理上一般认为,争点效主观范围原则上也限定于相同当事人之间,④而参加效原则上也只发生在参加人与被参加人之间,而不拘束参加人与对方当事人。⑤ 同时,由于既判力主观范围扩张学说的兴起,参加效与争点效在主观范围领域的研究也同样侧重于相应判决效对第三人的影响。虽然有学者指出,当下我国民事诉讼立法欠缺对既判力相对性原理的明确规定,如果说《民事诉讼法》第124条第5项还能够视为既判力作用效果的规定(消极作用),而就既判力主观范围而言,"最高人民法院的司法解释几乎没有作为"⑥。甚至第三人撤销之诉的存在,似乎从立法层面消解了既判

---

① 罗森贝克、施瓦布、戈特瓦尔特:《德国民事诉讼法》(修订版),李大雪译,中国法制出版社2007年版。

② 刘明生:《民事诉讼法实例研习》,元照出版有限公司2015年版。

③ 张卫平:《既判力相对性原则:根据、例外与制度化》,载《法学研究》2015年第1期。

④ 新堂幸司:《新民事诉讼法》,林剑锋译,法律出版社2008年版。

⑤ 关于参加效的主观范围问题,《德国民事诉讼法》第68条、《日本民事诉讼法》第46条及我国台湾地区"民事诉讼法"第63条等均将参加效表述为参加人与被参加人之间的拘束效力。

⑥ 张卫平:《既判力相对性原则:根据、例外与制度化》,载《法学研究》2015年第1期。

力的相对性原理。① 但本书认为,应当区别看待研究思路与立法策略。从立法策略角度而言,当下的要务应是在现行立法或司法解释中确立既判力相对性原理。但就预决效力的研究思路而论,由"预决效力对第三人的拘束力"这一边缘问题逐步收敛到"预决效力相对性"这一中心议题未尝不可,且就当下的司法实践而言,在适用预决效力的案件中,存在不少涉及主体范围问题的案件。可以说"预决效力对第三人的拘束力"与"预决效力相对性"是预决效力主观范围问题的一体两面。本书立足于比较法上的既有研究,结合我国司法实务的实际状况,着重辨析参加型预决效力与争点效预决效力对第三人扩张的问题。

第二节　参加型预决效力的主观范围辨析

一、域外参加效主观范围的相对性原理

审酌大陆法系国家和地区的立法例,②参加效原则上应在参加人与被参加人之间产生拘束力,通常被参加人的对方当事人与参加人或被参加人之间不具有参加效,此外,在多数参加人彼此之间也不产生参加效。③ 如前所述,这一参加效相对性原则的理据在于,根据参加效的法理基础(基于共同诉讼行为的责任分担),诉讼上的结果责任应由参加人与被参加人共同承担,据此,参加效也应仅在参加人与被参加人之间产生。

---

① 张卫平:《中国第三人撤销之诉制度的制度构成与适用》,载《中外法学》2013年第1期。

② 《德国民事诉讼法》第68条规定辅助参加人对所辅助的主当事人不得主张本诉讼裁判不当;《日本民事诉讼法》第46条规定本诉讼的裁判对辅助参加人亦生效力;我国台湾地区"民事诉讼法"第63条规定,"参加人对于其所辅助之当事人,不得主张本诉讼之裁判不当。参加人所辅助之当事人对于参加人,准用前项之规定"。

③ 陈启垂:《从参加效力》,载《月旦法学教室》2017年第182期。

不过近来学术研究则侧重于确定判决在辅助参加人与对方当事人之间的效力问题，其理论动机在于辅助参加人在前诉中针对与自己法律地位相关的争点均享有主张和举证的机会，在其与对方当事人之间也应禁止重复争执。不过关于这一效力的性质定位，即确定判决在辅助参加人与对方当事人之间的效力应属于参加效扩张还是应纳入既判力、争点效范畴则存在争议。

二、大陆法系判决效对辅助参加人的拘束

如前所述，由于参加效的客观范围并无一定限制，判决理由中的事实认定（属于争点效客观范围）与判决主文中对诉讼标的的判断（属于既判力客观范围）均在参加效客观范围之中，因而在探讨参加效主观范围问题时，一个理论上的争点在于上述参加效能否拘束辅助当事人与对方当事人，而因参加效客观范围又分别与争点效、既判力客观范围相重叠，因而这一争点也进一步被固定为既判力、争点效能否扩张及于辅助当事人。

德国法上通说观点认为，在辅助参加人与被参加人（或其继受人）之间有参加效，而在对方当事人与辅助参加人之间无法产生参加效、既判力或争点效。既判力扩张不能作为第三人参加诉讼的结果，确定判决的既判力不会及于参加人。①

对此，日本学说中的主流观点也认为在对方当事人与辅助参加人之间不能产生既判力与争点效。不过，日本近来的有力说（也称之为"新既判力说"）认为，②在被参加人与对方当事人之间，虽然未直接要求以诉讼的形式解决纠纷，但辅助参加人就被参加人与对方当事人之间的纷争，在诉讼上已经与被参加人共同尽力主张及举证，以获得与对方当事人充分争执的机会，且辅助当事人的诉讼行为未受到被参加人的不当干预或限制。此时，为求当事人间公平与诚信，应使辅助参加人对其所充分参与形

① 刘明生：《辅助参加之确定判决效力——既判力、争点效抑或参加效？》，载《月旦法学杂志》2017 年第 265 期。

② 日本学者铃木重胜、住吉博、新堂幸司等学者均主张这一观点。参见新堂幸司：《新民事诉讼法》，林剑锋译，法律出版社 2008 年版。

成的诉讼结果承担责任,也即确定判决应对辅助参加人与对方当事人间产生拘束力。如就诉讼标的的判断成为辅助参加人与对方当事人后诉争执对象的先决问题时,除因受制于诉讼进行状态或被参加人的行为而无法主张及举证外,前诉确定判决的既判力应扩张及于该辅助参加人。[①]例如,债权人对于主债务人诉请履行债务,而保证人辅助参加主债务人一方,在并无被参加人自认或撤回上诉等情形之下,保证人应受债权人与主债务人间判决既判力的拘束。即在债权人与保证人的后诉中,保证人不得再争执主债务存在与否。就前诉确定判决中构成诉讼标的前提问题的主要争点,当辅助参加人与该争点存在利害关系,在诉讼中已尽力展开攻防,又并无诉讼上权利受限的情形(参加效例外抗辩)时,在辅助参加人与对方当事人之间应有争点效适用的余地,而其理论动因与前述既判力扩张至辅助参加人一致。例如,在债权人对于保证人请求履行保证债务的诉讼中,确定判决理由中就主债务存在与否这一主要争点的判断,应对辅助保证人一方参加诉讼的主债务人产生争点效。虽然上述所谓"新既判力说"的观点正成为日本学界的有力说,但考察其学说中论及的既判力与争点效与典型意义上的既判力与争点效存在显著差异,而这显然是受到参加效适用效果(特别是参加效排除抗辩)的影响。有鉴于此,日本最高裁判所也并未接纳上述新既判力说的观点,仍仅肯定辅助人与被参加人之间的参加效,而对于辅助参加人与对方当事人之间既无既判力也无争点效。[②]

我国台湾地区学界不少学者认为,确定判决在辅助参加人与对方当事人之间不会产生既判力或争点效。当然亦有部分学者主张只要已赋予辅助参加人充分的程序保障,使其承受判决效拘束具有正当化基础,即可将既判力或争点效扩张及于辅助参加人,以期实现多数人间纠纷的统一解决,兼顾程序利益与实体利益的衡平保障。[③] 我国台湾地区民事诉讼

---

① 刘明生:《辅助参加之确定判决效力——既判力、争点效抑或参加效?》,载《月旦法学杂志》2017 年第 265 期。

② 刘明生:《辅助参加之确定判决效力——既判力、争点效抑或参加效?》,载《月旦法学杂志》2017 年第 265 期。

③ 许仕宦:《诉讼参与与判决效力》,新学林出版有限公司 2010 年版。

法上已确立争点整理程序，并明确规定法院在证据调查前应将争点向当事人阐明，且要求法官应向当事人开示法律见解，由此防免突袭裁判，以利发现真实与促进诉讼。据此，法院经由该程序确认某项争点，再由当事人围绕此争点充分进行争执，并最终对该争点作出实质裁判，则该争点应对参与审理的各方均具有拘束力。反之，如认为确定判决对该争点的判断在被赋予上述诉讼机会的辅助参加人与对方当事人间不产生拘束力，则显然有违程序利益保障与诉讼经济要求。① 而台湾地区司法实务上则一贯认为参加效不应扩及辅助参加人与对方当事人，同时在辅助参加人与对方当事人之间也不应产生既判力或争点效。"台湾高等法院"判例指出，"参加效力只发生于参加人与其所辅助当事人之间，参加人与他造当事人之间就参加诉讼并无任何效力可言"②。

透过对比较法上参加效主观范围问题的梳理不难看出，大陆法系国家和地区的司法实务均较为保守，认为参加效应谨守其相对性原则，效力范围应限于辅助参加人与被参加人之间，而对于辅助参加人与被参加人之间是否因确定判决的存在而产生参加效、既判力抑或争点效则持否定态度。而试图在辅助参加人与被参加人之间构筑判决效拘束力的观点则旨在打破辅助参加人诉讼上的从属地位，并据此贯彻统一的判决效体系，新堂幸司认为，既然"辅助参加人利用辅助参加以维护自己利益之认真程度，在实际上较诸在自己成为当事人之后诉中维护本身权益时，有过之而无不及，并且为使被参加人胜诉而倾注全力，辅助参加人为诉讼遂行实际

① 许仕宦：《参加诉讼之判决效》，载《月旦法学杂志》2016 年第 254 期。

② "台湾高等法院"2007 年度重上字第 574 号判决。另有一致观点可见，台湾地区"最高法院"2013 年度台声字第 338 号裁定与 2011 年度台声字第 307 号裁定均认为，从参加诉讼之参加人，其参加诉讼，并非直接为自己有所请求，仅在辅助当事人之一造为诉讼行为，使其胜诉之结果，间接保护自己私法上之利益，该诉讼仍为本案当事人间之诉讼，从参加人是以第三人之资格，辅助当事人之一造，究非请求确定私权之人或其相对人，不能认为是本案之当事人。易言之，第三人之辅助参加，形式上之目的在协助一造当事人取得胜诉判决，实质上之目的乃在保护第三人自己之利益；亦即从参加诉讼之法律性质，是参加人透过协助当事人一造取得胜诉判决以间接保护自己之权益，其对所辅助之当事人，虽不得主张本诉讼之裁判不当，惟非民事诉讼法第四百零一条所定之当事人，其与他造当事人间之关系，亦非确定判决之既判力所能及。转引自刘明生：《辅助参加之确定判决效力——既判力、争点效抑或参加效？》，载《月旦法学杂志》2017 年第 265 期。

上所花费之劳力、时间、费用,恐怕亦非在自己成为当事人时之下"[1],而且在一定比例的诉讼中,被参加人本身未必有专注诉讼的耐心,反而是辅助参加人更为积极主动地推进诉讼,这使得辅助参加获得了诉讼担当的机能。据此,应可认为共同形成裁判基础的主体都应受该确定判决的拘束。

本书认为辅助参加的目的在于针对主当事人间的确定判决将对第三人发生不利影响的情形,赋予该第三人参与诉讼并进而影响裁判结果的程序利益,而避免矛盾裁判或实现诉讼经济则显然只是辅助参加程序运作的制度功能。例如,基于辅助参加人在诉讼上的从属性,当被参加人作出诉讼上自认时,辅助参加人不得作出与之相抵触的行为,即不得否认或反对被参加人的自认。但由于辅助参加人因被参加人的行为而无法主张及举证以致受有败诉判决结果,此时,在辅助参加人与被参加人的后诉中,前诉被参加人自认的争点理应仍可重复争执(大陆法系国家和地区也均认可这一争点排除例外),由此可见,辅助参加制度的初衷不应定位于避免矛盾裁判与贯彻诉讼经济,而在于败诉责任的公平分担与贯彻诉讼法上机会平等的原则。因而,就诉讼制度的固有属性而言,辅助参加的制度目的与旨在贯彻法安定性与避免矛盾裁判的既判力相去甚远,因而难以将既判力制度扩张及于辅助参加人与对方当事人之间。同时,就判决效力体系而言,发生既判力主观范围扩张的场合一般为第三人和诉讼当事人针对诉争的法律关系具有同等的法律上地位,或者第三人从诉讼当事人处继受了诉争的法律地位,或者实定法直接赋予第三人与诉讼当事人同等的诉讼权利。而从程序保障而言,既判力主观范围扩张的程序前提在于,被视为与诉讼当事人具有同等地位的第三人获得了充分参与诉讼并影响裁判结果的机会,据此,为实现纠纷的统一解决、避免矛盾裁判及贯彻诉讼经济,应不允许该第三人对同一审理对象再为争执。[2]　而考察参加效所立足的辅助参加制度,应注意到,在辅助参加场合,辅助参加

---

　　[1]　纪钧涵:《当事人适格与判决效力主观范围扩张之研究》,台湾大学法律学研究所 2005 年硕士论文。

　　[2]　陈晓彤:《我国生效民事裁判既判力主观范围的解释学分析》,载《当代法学》2018 年第 3 期。

人的法律上地位应仅为一方当事人进行诉讼的辅助人。这一法律上的辅助地位集中体现为辅助参加人在诉讼行为的局限性，根据《德国民事诉讼法》第 67 条的规定，虽然辅助参加人可在诉讼判决确定前的任何阶段提出辅助参加的申请，但辅助参加人参与诉讼的时机应当按其参加时的程度进行诉讼，辅助参加人有提出各种攻击防御方法，并且有效地作出一切诉讼行为的权利，但其陈述和行为不得与主当事人的陈述和行为相抵触。对此，《日本民事诉讼法》第 45 条更细致规定了辅助参加人基于其法律地位而受有的诉讼权利与行为限制：一是辅助参加人在诉讼中可以提出攻击防御方法、申请异议、提起上诉、提起再审及其他一切诉讼行为，但是依据辅助参加时的诉讼程度不能为的诉讼行为，不在此限；二是辅助参加人的诉讼行为与被参加人的诉讼行为相抵触时，该行为无效；三是当事人对辅助参加提出异议时，在不允许辅助参加的裁判确定前，辅助参加人可以作出诉讼行为，而在不允许辅助参加的裁判确定后，辅助参加人的诉讼行为被当事人援用时，该诉讼行为仍然有效。可见因辅助参加制度的固有属性，"相当于当事人地位—既判力扩张"这一逻辑链条无法嵌入到辅助参加制度中，因而试图突破辅助参加人法律地位，进而将既判力扩张及于辅助参加人的观点本质上是借助程序保障与自我归责原理，强调纠纷解决实效性与诉讼经济性，但这一观点无异于透过牺牲第三人在实体法上应受保护的地位与诉讼上权利以达到迅速解决纷争的片面目的，且大陆法系一般通过共同诉讼辅助参加或追加当事人的制度应对既判力需要扩张及于第三人的问题，①而在辅助参加场合即试图将既判力扩张及于辅助参加人，将动摇上述制度的稳定性。况且正如学者所主张的将原本属于参加效排除事由的规定作为既判力扩张及于辅助参加人的例外，这种"混搭"显然枉顾了参加效与既判力间在作用效果上的质性差异，并不足取。最后，回到纠纷之中，辅助参加人参加诉讼并不是为了解决其与对方当事人间纠纷，也不为向对方当事人提起诉讼，参加诉讼的动机自然不在获得确定判决的既判力。因而通常辅助参加人在诉讼上较为依赖被参加

---

① 由于理解判决效对辅助当事人是否具有拘束力的前提是了解大陆法系既有的诉讼参加制度，因而关于大陆法系诉讼参加制度将在下一节作专门介绍。

人,即使持既判力扩张论的观点,也不得不承认,被参加人对诉讼毫不热心,而仅由辅助参加人积极运作的实例并非常态,故而程序法不应将小概率事件作为一种原则作出规定。反之,则有对辅助参加人裁判突袭之虞。

最后,在辅助参加人与对方当事人之间也不应承认有争点效的适用余地,其理据主要在于,结合辅助参加人的法律地位与争点效的适用要件,辅助参加人对于主诉讼诉争的法律关系并无处分权,且由于主要争点的判断对于当事人与辅助参加人而言可能并不一致,某争点在双方当事人看来属于主要争点,而在辅助参加人看来,该争点并无争执的必要,此时,辅助参加人未必积极对该争点展开主张与举证。同时,基于其辅助参加的法律地位,辅助参加人对于主诉讼中涉及的主要争点在主观上可能缺乏尽力争执的动机,客观上攻击防御方法也存在受限可能,无法满足当事人间对主要争点已为充分争执的争点效适用要件,加之确定判决对该主要争点的判断对辅助参加人而言可能缺乏明确性,因而最终将导致争点效失权效果的不当扩张,对辅助当事人形成突袭裁判的不当状态。此外,在前诉中,对方当事人获得败诉判决,此时若承认辅助参加人与对方当事人之间发生争点效,则对方当事人将失去通过再次诉讼纠正确定判决中不当判断的可能性。[①]

三、大陆法系诉讼参加制度述略

参加效的适用场景在于大陆法系的诉讼参加制度,而考察判决效能否扩张及于辅助参加人,也应将其放置在大陆法系诉讼参加这一制度背景之下。大陆法系国家的诉讼参加制度一般可区分为两种形态:其一,独立参加形态,即第三人作为独立当事人以诉讼的形式参加他人间的诉讼,具体又包括主参加、独立当事人参加及共同诉讼参加等类型;其二,辅助参加,是指第三人在他人间的诉讼中仅具有辅助一方当事人进行诉讼的

---

① 刘明生:《辅助参加之确定判决效力——既判力、争点效抑或参加效?》,载《月旦法学杂志》2017 年第 265 期。

作用,法律地位上从属于当事人。①

(一)独立参加

1.主参加制度

《德国民事诉讼法》第 64 条规定了主参加制度,即某人对于他人间一系属的物或权利②的全部或一部分,为自己有所请求时,在该诉讼受到确定裁判前,有权在该诉讼所系属的第一审法院,对诉讼双方当事人提起诉讼而主张自己的请求。由此可见,主参加诉讼本质上是第三人以本诉双方当事人为共同被告而提起的独立诉讼,因而在有主参加的场合,会形成两个相互独立又关联的诉讼,即主诉讼与主参加诉讼。虽然两者相互关联,但并不一定构成诉的合并。也就是说,本诉讼与主参加诉讼之间既可能合并审理,也可能分别审理,且法院在对主参加诉讼作出确定裁判前应终止本诉讼。

2.独立当事人参加

所谓独立当事人参加,指的是在诉讼系属中第三人作为当事人进行参加的一种形态,即第三人向本诉讼原、被告一方或双方提出自己的请求,并要求与原告请求一并作出无矛盾判决的情形。③ 这一制度为日本法所独创,《日本民事诉讼法》第 47 条第 1 款规定,主张诉讼结果侵害其权利或者诉讼标的的全部或部分为其权利的第三人可将该诉讼的当事人双方或者一方为相对方,作为当事人参加该诉讼。该条立法吸纳了德国的主参加制度与法国法上有关诈害防止的规定。大陆法系民事诉讼的典型构造为原、被告两方对垒的形式,但独立当事人参加制度却将三方间的

---

① 大陆法系国家和地区在诉讼参加制度的具体类型与法律规定上存在差异。德国法上的第三人参加诉讼制度分为主参加和辅助参加,其中辅助参加又可分为单一诉讼中的辅助参加和共同诉讼中的辅助参加两类。而日本民事程序立法在借鉴德国法与法国法的基础上,将第三人参加诉讼制度分为当事人参加与辅助参加两种,而其中当事人参加又分为独立当事人参加与共同诉讼参加。而我国台湾地区的诉讼参加制度亦源于德国法,具体分为主参加与辅助参加。参见蒲一苇:《民事诉讼第三人制度研究》,厦门大学出版社 2009 年版。

② 此处所谓"物或权利"就是指诉讼标的。丁启明译:《德国民事诉讼法》,厦门大学出版社 2016 年版。

③ 新堂幸司:《新民事诉讼法》,林剑锋译,法律出版社 2008 年版。

争议整合进一个诉讼之中,因而独立当事人参加是以三面诉讼为基本特质的,即参加人参加诉讼后,主诉讼就被改造成为原告、被告和参加人之间相互独立的三面诉讼结构,尽管这种三面诉讼由一个当事人提出时只能采取把其他人作为共同被告的共同诉讼形式,但在共同被告之间也存在对立关系,成为三方主体相互对立的三面诉讼关系,因而《日本民事诉讼法》第 47 条第 4 项规定,独立当事人参加诉讼中各方主体之间的诉讼关系准用有关必要共同诉讼的规定。虽然独立当事人参加制度吸纳了德国法上的主参加制度的经验,但独立当事人参加制度改变了纷争解决的相对性原则,以三方纠纷的一次性解决为目标,贯彻审理与裁判的统一性,将本诉讼与参加诉讼合并为一个诉讼,法院在审酌三方辩论主旨与证据调查结果的基础上形成心证并作出裁判,确定判决将在三方之间产生既判力。独立当事人参加的构成要件包括:一是本诉讼正处于诉讼系属之中;二是参加人具有参加理由,第三人主张主诉讼结果可能使其权利受到损害(也被称为诈害防止参加)或者对诉讼标的全部或一部分享有实体权利。在具体的参加方式上,日本法上采取了灵活务实的运作模式,考虑到纠纷的实际状态,第三人既可以主诉讼的双方当事人为被告(两面参加),也可以主诉讼的一方当事人为被告(一面参加),并且随诉讼进程的不断深入,参加人可在纠纷逐渐明朗时,通过追加请求而将一面参加变更为两面参加。

3.共同诉讼参加

共同诉讼参加是指当主诉讼的诉讼标的须在一方当事人与第三人间合一确定时,该第三人在主诉讼系属中作为一方当事人的共同诉讼人参加诉讼的情形。该诉讼参加类型只限于参加后构成必要共同诉讼的情形。第三人虽然没有对就主诉讼的诉讼标的起诉或应诉,但可作为当事人参加系属中的主诉讼,并成为其中一方当事人的共同诉讼人。共同诉讼参加实质上是第三人提起诉讼,其在诉讼形式与费用收取上均与第三人独立起诉相同。由于在共同诉讼参加中,参加人与主诉讼中一方当事人结为共同诉讼人,因而在参加人与被参加人间适用必要共同诉讼的相关规定。而就确定判决的既判力而言,不论参加人进入时主诉讼进程如何,既判力都将及于该参加人。共同诉讼参加制度是日本民事程序立法在借鉴德国法上共同诉讼辅助参加理论基础上又本土化的制度成果。《德国民事诉讼法》第 69 条规定，按照民法的规定，主诉讼中所作出的裁判对于辅助参加人与其对方的法律关系上发生既判力时，辅助参加人视为第 61 条规定的主当事人的共同诉讼人。但两者间的差异在于：其一，适用场合的差异。德国法上共同诉讼辅助参加适用于根据实体法规定，主诉讼确定判决既判力将及于参加人的场合。而日本法上的共同诉讼参加则以一方当事人与参加人构成必要共同诉讼为要件，因而前者的适用场合更为宽泛；其二，参加地位的不同。在德国法上，虽然较之一般辅助参加人更具独立性，但参加人仍处于辅助地位，而非当事人（仅被视为一方当事人的共同诉讼人）。而日本法上则要求共同诉讼参加人以诉的形式参加诉讼，应具有独立的当事人地位，参加诉讼的第三人必须具有自己起诉或应诉的资格。

（二）辅助参加

辅助参加，又称为从参加，是指就双方当事人间的诉讼有法律上利害关系的第三人，为辅助一方当事人胜诉，而在诉讼系属中，参加该诉讼的情形。辅助参加人的目的在于通过支持一方当事人获得胜诉判决来维护自己的利益，而被辅助一方被称为主当事人或被参加人。学理上一般认为辅助参加人的地位具有从属的性格，因为辅助参加人既不是就自己的请求提起诉讼，且本诉讼的确定判决也并不以辅助参加人为对象而作出。辅助参加的要件为他人间的诉讼正处于系属之中，且辅助参加人与该诉讼具有法律上的利害关系。所谓"法律上的利害关系"是指诉讼的裁判结果会对第三人的法律地位、权利义务产生影响。[①] 而本诉讼确定判决在辅助参加人与被参加人之间的效力形态即为"参加效"。如前所述，与既判力不同，由于辅助参加人的从属性，参加效基于共同诉讼行为的责任分担原理，在主当事人败诉时产生，且存在基于程序保障原则的参加效排除抗辩事由。据此，就判决效客观范围而言，在辅助参加场合，本诉讼的确

---

① 德国法上也将这一要件称之为辅助参加人对主当事人胜诉具有法律利益（所谓的参加利益），且主流观点认为不允许狭义和拘泥于形式地解释法律上利害关系的概念，一般只要既判力扩张至第三人，则应当总是肯定该第三人具有法律上的利害关系。参见穆泽拉克：《德国民事诉讼法基础教程》，周翠译，中国政法大学出版社 2005 年版。

定判决在本诉当事人之间产生既判力,在辅助参加人与主当事人之间存在参加效,而在辅助参加人与对方当事人之间则不存在任何效力。[①] 辅助参加极少由第三人主动提出,而通常是由第三人根据诉讼告知而参加。辅助参加的目的并非帮助当事人实施诉讼,而在于防止主当事人的败诉后果影响到主当事人与辅助参加人的法律关系,即防止败诉后果导致主当事人与辅助参加人之间的二次诉讼。例如,被告在诉讼上否认公证文书的形式效力,则制作该公证文书的公证员便可作为辅助参加人参加到原告一方进行诉讼,而此处公证员参加诉讼的法律上利害关系则是指一旦该公证文书因形式瑕疵而被驳回,继而公证员可能面临原告提起的追偿诉讼。[②]

就诉讼行为及其效力角度而言,由于辅助参加人并不具备当事人的诉讼地位,而仅属于当事人的辅助人,因而虽然大陆法系国家和地区一般认为辅助参加人可以实施一切诉讼行为,如《德国民事诉讼法》第 67 条规定,辅助参加人有提出各种攻击防御方法,并且有效地作出一切诉讼行为的权利;《日本民事诉讼法》第 45 条第 1 项规定,辅助参加人在诉讼中可以提出攻击防御方法、申请异议、提起上诉、提起再审及一切诉讼行为。但辅助参加人的上述诉讼行为原则上不得与主当事人的陈述与行为相抵触,且必须接受诉讼在他加入时已形成的状态。[③] 具体而言,范式主当事人已不再争辩的,参加人都不能再为争议或要求证据调查。除非主当事人同意,辅助参加人不能实施处分或者变更诉讼的行为(即无法进行诉的变更、作出认诺、舍弃或达成和解、提出反诉、撤诉及舍弃上诉等行为)。除法律另有规定,辅助参加人不能行使主当事人实体法上的权利(如不得行使主当事人的撤销权、解除权、抵销权等)。[④]

(三)共同诉讼的辅助参加

《德国民事诉讼法》第 69 条规定了共同诉讼的辅助参加制度,即按照

①　蒲一苇:《无独立请求权第三人参加诉讼的判决效力范围》,载《国家检察官学院学报》2016 年第 4 期。

②　丁启明译:《德国民事诉讼法》,厦门大学出版社 2016 年版。

③　穆泽拉克:《德国民事诉讼法基础教程》,周翠译,中国政法大学出版社 2005 年版。

④　蒲一苇:《民事诉讼第三人制度研究》,厦门大学出版社 2009 年版。

民法的规定，主诉讼中所作出的裁判对于辅助参加人与其对方的法律关系上发生既判力时，辅助参加人视为（同法）第 61 条规定的主当事人的共同诉讼人。其中所谓"民法的规定"应理解为"在立法程序当时被既判力学说归算为民法的规定"[①]，即程序法上的既判力主观范围扩张规定同样应纳入此处的"民法的规定"。共同诉讼的辅助参加制度通过将辅助参加人放置于与共同诉讼人相同的地位而扩张了辅助参加人的权限。但这一"相同地位"并不意味着该第三人成为真正的共同诉讼人，而仅是在不失去辅助参加人这一地位的前提下赋予其更多的权限。根据德国法上的通说观点，与一般的辅助参加人的诉讼权限相较，共同诉讼的辅助参加人可在诉讼上提出与主当事人相矛盾的陈述及行为，如允许其撤回主当事人的自认、对主当事人作出的认诺或舍弃提出异议等，但应注意的是，由于其应固守辅助参加的地位，该第三人仍不可提起中间确认之诉、提出反诉或者进行诉的变更、撤诉及达成对主当事人发挥效力的和解协议等。[②]例如，德国联邦最高法院判例认为普通辅助参加与共同诉讼辅助参加在有关上诉的合法性上存在差异，普通辅助参加人提出上诉的行为不得与主当事人撤回上诉的行为相抵触，而在共同诉讼辅助参加场合，则对参加人无此限制。[③] 同时，共同诉讼的辅助参加要求参加人与对方当事人间存在受本诉讼判决效力扩张影响的法律关系，若仅参加人与被参加人间受判决效力影响，则并不足以构成共同诉讼辅助参加。[④]

我国台湾地区"民事诉讼法"第 62 条规定，"诉讼标的对参加人及其所辅助之当事人必须合一确定者"，准用有关必要共同诉讼人间关系条款。台湾地区多数学者认为该条款即为共同诉讼的辅助参加，其中所谓诉讼标的合一确定是指依据法律规定，该第三人虽未参加诉讼，但本诉讼

---

① 穆泽拉克：《德国民事诉讼法基础教程》，周翠译，中国政法大学出版社 2005 年版。

② 穆泽拉克：《德国民事诉讼法基础教程》，周翠译，中国政法大学出版社 2005 年版。

③ 姜炳俊：《共同诉讼的辅助参加》，载《民事诉讼法之研讨》（十七），元照出版有限公司 2010 年版。

④ 姜炳俊：《共同诉讼的辅助参加》，载《民事诉讼法之研讨》（十七），元照出版有限公司 2010 年版。

确定判决的既判力同样及于该第三人的情形。与德国法上的观点一致，考虑到此时第三人受判决效的扩张拘束，为保护其利益，有提升该第三人诉讼地位的必要，但其仍为参加人而非共同诉讼人。台湾地区实务上也基本与主流学说观点持相同立场，如有判例指出，虽然在共同诉讼辅助参加场合，可准用有关必要共同诉讼的规定，但"究不能即认参加人为共同诉讼之当事人，故参加人与其所辅助之当事人一并提起上诉时，判决书当事人项下仍应列为参加人"。[①] 对于共同诉讼辅助参加的效果，台湾地区学界的主流观点与实务上的通行做法，均肯定不同于普通的辅助参加，共同诉讼辅助参加人可在诉讼上作出与主当事人相矛盾的陈述或行为，且该诉讼行为若有利于主当事人，则该行为效力及于参加人与主当事人，反之，则对全体不发生效力。但参加人不得实施仅能由当事人作出的行为，如对诉讼标的的舍弃、认诺、撤回或和解、诉之变更追加、中间确认之诉的追加、提起反诉等，参加人也无法在被参加人撤回诉讼后独立进行诉讼，且对方当事人不得对参加人提出上诉或反诉。[②]

四、参加型预决效力的主观范围

(一)我国法上的第三人制度

1.有独立请求权的第三人

与大陆法系诉讼参加制度相似，我国《民诉法》第 56 条第 1 款和第 2 款分别规定了有独立请求权第三人和无独立请求权第三人制度，用以应对司法实践中存在的复杂诉讼形态，扩充诉讼的解纷功能，满足诉讼经济的要求。其中，"有独立请求权"的客体是他人间已经系属于法院的案件的诉讼标的，有学者指出，《民诉法》第 56 条所确立的"诉讼标的"概念应理解为既有诉讼中当事人争议的实体内容，且这一争议实体

① 台湾地区"最高法院"1949 年台上字第 265 号。转引自姜炳俊：《共同诉讼的辅助参加》，载《民事诉讼法之研讨》(十七)，元照出版有限公司 2010 年版。
② 姜炳俊：《共同诉讼的辅助参加》，载《民事诉讼法之研讨》(十七)，元照出版有限公司 2010 年版。

内容可能指向从"生活（纠纷）事实"到"请求内容"等不同层次的内涵。[①]
而"独立请求权"则包含两层含义，即第三人在诉讼地位上区别于本诉
讼的原被告，其提出的是独立的权利主张；这种权利主张构成了第三人
与原被告间的争议实体内容，从而使原本单一的两面诉讼呈现出蕴含
有主客观合并的三方复杂诉讼结构。结合对立法规定的字面解释，学
界一般认为有独立请求权第三人制度的适用场景在于该第三人对他人
间争执的诉讼标的拥有全部或者部分的实体法上请求权，例如甲基于
买卖合同起诉要求乙返还某动产 A（主诉讼）。在主诉讼系属后，丙以
对 A 享有所有权为由对甲、乙提起返还之诉。此时，因丙对甲、乙诉争
的动产 A 所有权归谁所有的诉讼标的享有独立的请求权，其可在主诉
讼中提起以甲、乙为共同被告的参加诉讼。丙即属于我国法上的有独
立请求权第三人。同时，依据《民诉法解释》第 237 条的规定，即使甲在
诉讼中申请撤诉，经法院准许后，作为主诉讼中有独立请求权第三人的
丙将作为另案原告，主诉讼当事人甲、乙作为另案被告，而继续进行诉
讼。不过学界亦有观点指出有独立请求权第三人制度应适用于"诈害
诉讼防止的参加"[②]。虽然这一观点未获得广泛共识，但随着第三人撤
销之诉制度的引入，学者普遍认为该项制度的主旨在于防范虚假诉讼
对第三人利益的侵害，因而有学者进一步提出，除了现有立法上规定的

---

① 王亚新：《第三人参与诉讼的制度框架与程序操作》，载《当代法学》2015 年第
2 期。

② 诈害防止参加诉讼是指主张因诉讼结果使自己权利受到损害的案外第三人，
可以作为当事人，以诉讼的双方或者一方为对方当事人提出的参加之诉。尽管诈害防
止参加诉讼是以"诈害诉讼"作为基本适用场景，但并不以此为限，只要本诉讼在诉讼
结果上对第三人造成不利益，即可以提起诈害防止参加诉讼。一般而言，诉讼都是在
具有利益冲突的原、被告双方之间进行的，诉讼结果原则上不会对未参与诉讼的第三
人产生影响，但是在某些诉讼中，诉讼结果却可能侵害案外第三人的合法权益。就我
国目前的法律规定来看，在发生案外第三人的合法权益受到判决影响时，如果该第三
人对诉讼标的没有独立的实体法上请求权，也不属于无独立请求第三人的范畴，那么
该第三人就无法参与诉讼，而只能待诉讼结果确定之后，提出第三人撤销之诉，或者在
执行程序中提出执行异议甚至启动再审程序，这种事后救济的手段难免会造成诉讼上
的不经济及司法资源的浪费，不利于纠纷的一次性解决。参见江伟主编、邵明副主编：
《民事诉讼法》，复旦大学出版社 2016 年第 3 版。

"第三人认为对他人间的诉讼标的有独立请求权"这类基本形态之外，也可将"诈害诉讼防止的参加"中的第三人纳入有独立请求权的第三人的范畴，以期赋予该第三人事前的程序保障。①

可以说我国法上的有独立请求权第三人制度与大陆法系诉讼参加理论中的独立参加类型接近，当然就其理论细节而言，有独立请求权第三人是与德国法上的主参加制度更为接近，还是在吸纳"诈害诉讼防止的参加"类型后偏向日本法上的独立当事人参加则仍有讨论的余地，但其与参加效主观范围界定问题关联性较弱，因而不再展开。此外，就有独立请求权第三人参加诉讼与共同诉讼的交叉问题也在近来成为学界关注的一个重要理论议题，但因与本章节主题距离较远，因而也不再涉猎。②

2.无独立请求权的第三人

根据《民事诉讼法》第 56 条第 2 款的规定，虽然无独立请求权的第三人对他人间争执的诉讼标的并无独立的实体法上请求权，但案件的处理结果同他有法律上的利害关系，为维护其合法权益，而赋予其参加诉讼的权利，其在庭审中可以陈述意见、提供证据、参加法庭辩论。不过，依据《民诉法解释》第 82 条规定，在一审中，无独立请求权第三人无权提出管辖异议，无权放弃、变更诉讼请求或者申请撤诉③但法院判决承担民事责任的第三人，有当事人的诉讼权利义务，如无独立请求权第三人被判决承担民事责任的，有权提起上诉。虽然我国法上的无独立请求权第三人制度自 20 世纪 80 年代民事程序立法之初便告确立，但就现有立法而言，有关无独立请求权第三人的规定仍较为粗疏，尤其是对法院可以直接判决由无独立请求权第三人承担民事责任的制度安排，学界的主流意见一直

---

① 王亚新：《第三人参与诉讼的制度框架与程序操作》，载《当代法学》2015 年第 2 期。

② 有关共同诉讼与第三人参加诉讼制度之间的区分问题，可参见胡学军：《论共同诉讼与第三人参加诉讼制度的界分》，载《环球法律评论》2018 年第 1 期；王亚新、陈杭平、刘君博：《中国民事诉讼法重点讲义》，高等教育出版社 2017 年版。

③ 杜万华、胡云腾主编：《最高人民法院民事诉讼司法解释逐条适用解析》，法律出版社 2015 年版。

认为既没有理论上的正当依据,作为解决现实问题的处置也显得颇不公平。[①]

基于《民诉法》第 56 条第 2 款的规定,以判决是否要求无独立请求权第三人承担民事责任为标志,我国法上的无独立请求权第三人又可分为辅助型无独立请求权第三人与担责型无独立请求权第三人。前者的适用场景在于他人间诉讼的裁判结果可对第三人此后的权利义务关系或法律地位造成实质性影响,即案件的处理与其有法律上的利害关系。为此有必要赋予第三人一定的程序保障,使第三人能够在影响自己实体利益的诉讼结果确定之前获得参加诉讼的机会,通过自身的诉讼行为影响他人间诉讼的裁判结果。相反,如果剔除这一对第三人的程序保障,并让第三人受到他人之间诉讼结果拘束的话,其结果的正当性必然遭受质疑。其次,就发现真实与促进诉讼角度而言,在案件系属过程中将第三人引入诉讼程序,让其提出相关的事实主张和证据并参加辩论,不仅可能更易于查明案情,还能够扩大一次性解决纠纷的程序容量。[②] 例如最高人民法院《关于适用〈中华人民共和国合同法〉若干问题的解释(一)》第 29 条规定:"合同当事人一方经对方同意将其在合同中的权利义务一并转让给受让人,对方与受让人因履行合同发生纠纷诉至人民法院,对方就合同权利义务提出抗辩的,可以将出让方列为第三人。"其中,出让人实际已退出原合同,已无法成为原合同纠纷的适格当事人,但显然受让人与对方之间就合同履行问题的纠纷可能导致裁判结果对出让人与受让人间的权利义务关系产生实质上的影响,这一实质上的影响表现为该诉讼的结果可能造成出让人与受让人间的二次诉讼,继而可能导致出让人实体利益的变动。故而出让方有必要出于自身利益的考量主动申请或经诉讼告知而参加诉

---

① 王亚新、陈杭平、刘君博:《中国民事诉讼法重点讲义》,高等教育出版社 2017 年版。

② 例如最高人民法院《关于审理建设工程施工合同纠纷案件适用法律问题的解释(二)》第 24 条规定,实际施工人以发包人为被告主张权利的,人民法院应当追加转包人或者违法分包人为本案第三人,在查明发包人欠付转包人或者违法分包人建设工程价款的数额后,判决发包人在欠付建设工程价款范围内对实际施工人承担责任。该条中被追加为无独立请求权第三人的转包人或违法分包人的主要功能应在于协助法院查明发包人实际拖欠的工程价款。

讼,并辅助一方开展诉讼,同时作为原合同的订立方,亲身参与了合同条款的协商过程,其对于案件事实的查明也可能有一定帮助。因而,从制度设计的初衷与功能来看,辅助型无独立请求权第三人制度与大陆法系诉讼参加理论中的辅助参加制度"异曲同工"。

而担责型无独立请求权第三人类型则较为复杂。由于仍属于无独立请求权第三人范畴,该第三人对于当事人间争议的诉讼标的并无实体法上的请求权,但当事人间争议标的的裁判结果与其存在法律上的利害关系。同时,与辅助型无独立请求权第三人最为显著的差异在于,判决主文中会直接判令担责型无独立请求权第三人承担特定民事责任。在涉及担责型无独立请求权第三人的案件中,一方当事人往往有强烈的动机希望将该第三人引入诉讼,以便代替自己承担实体上的民事责任或为诉讼防御提供帮助。因此,也有学者从实体法视角出发将这一类型的第三人称为"义务型"的无独立请求权第三人。但学者关注的重点则在于法院判令其直接承担民事责任的根据何在,如何划清应否参加诉讼的界限,何种情形下才应由其承担责任及如何给其充分的程序保障等实际问题。在司法实践中,担责型无独立请求权第三人更为常见,具体形态也十分多样。在债权或合同领域,例如建筑承包中的总包与分包或转包、从第三方进货的销售或连环购销、加工承揽中的总承揽与分承揽、委托合同关系中的转代理等交易形态引起的纠纷,往往涉及这类第三人。同时,最高人民法院《关于适用〈中华人民共和国合同法〉若干问题的解释(二)》第 16 条针对《合同法》第 64 条(向第三人履行合同)与第 65 条(第三人不履行合同的责任承担)规定,法院可根据具体案情将上述案件涉及的第三人列为无独立请求权的第三人,但不得依职权将其列为该合同纠纷案件的被告或者有独立请求权的第三人。此外,侵权法领域非连带责任的共同侵权行为及结果也很可能导致形成与该类型无独立请求权第三人有关的复杂诉讼形态。在担责型无独立请求权第三人适用场景下,拘束当事人与第三人的判决效究竟应如何定位(参加效抑或既判力)较为复杂。以《民诉法解释》第 249 条所确立的当事人恒定原则为例,在诉讼系属中,发生特定诉讼继受时(即一方当事人将争议的民事权利义务转移给第三人),不影响当事人的诉讼主体资格和诉讼地位。人民法院作出的发生法律效力的判决、裁定对受让人具有拘束力。受让人申请以无独立请求权的第三人身份参加诉讼的，人民法院可予准许。受让人申请替代当事人承担诉讼的，人民法院可以根据案件的具体情况决定是否准许；不予准许的，可以追加其为无独立请求权的第三人。显而易见，该条所涉及的特定继受人应属于担责型无独立请求权第三人，且应注意到，根据大陆法系民事诉讼法教义学的一般原理，法条所谓的"拘束力"应属于既判力而非参加效（特定继受人为既判力主观范围扩张的重要类型之一）①。此时，无论受让人是否实际参加诉讼，其均为确定判决既判力所及，且诉讼中三方之间也相互受既判力所拘束。上述属于既判力主观范围扩张类型的担责型无独立请求权第三人可称之为"既判力扩张型第三人"，其与德国法上共同诉讼的辅助参加制度具有共通性，如前所述，《德国民事诉讼法》第69条规定，主诉讼中所作出的裁判对于辅助参加人与其对方的法律关系上发生既判力时，该辅助参加人被视为主当事人的共同诉讼人，此时辅助参加人受到本诉讼确定判决既判力的扩张拘束，就辅助参加人与当事人之间判决效性质而言，并无参加效适用余地，而应为既判力作用场合。

而在担责型无独立请求权第三人适用场景中还有一类被称之为"被告型第三人"。所谓"被告型第三人"，是指本诉的被告为摆脱或转嫁民事责任，在本诉系属中又对诉讼外的第三人主张权利而将该第三人引入诉讼的情形。就学者所主张的"被告型第三人"理论而言，其本质属于诉的合并，即在本诉诉讼系属中，被告又提起一个针对第三人的新诉，由于两诉间的牵连关系，而合并在本诉中审理。② 这与另有学者主张的"第三方被告说"就本质而言并无差异。③ 司法实务中这类案件也较为常见，例如发包人甲将某建筑工程发包给承包人乙，并签订建筑承包合同，而该工程中某项特殊用途的施工项目A，则由乙经过招投标后再次发包给具有施工资质的实际施工人丙。待工程整体验收阶段，甲认为A的工程质量未

---

① 许仕宜：《新民事诉讼法》，北京大学出版社2013年版。

② 张卫平：《第三人：类型划分及展开》，载《民事程序法研究》（第一辑），中国法制出版社2004年版。

③ 关于"第三方被告说"的理论，可参见张晋红：《民事诉讼当事人研究》，陕西人民出版社1998年版。

达合同约定的技术要求,经与乙多次协商无果后,甲遂以违反合同约定为由诉请要求乙承担违约责任,该案审理过程中,乙向法院申请将丙作为无独立请求权第三人纳入诉讼,对此,法院不仅将丙追加为无独立请求权第三人通知其参加诉讼,还在判决中直接判令其承担 A 的整改等责任。[①]此案中,基于合同的相对性原理,实际施工人对发包人与承包人间的合同纠纷并无实体法上独立的请求权,但显然该合同纠纷的裁判结果将直接影响实际施工人与承办人之间的合同关系,甚至将直接导致实际施工人在可能的后诉中承担民事责任,而同时,虽然本诉的审理对象为基于发包人与承包人间的合同关系,发包人是否有追究承包人违约责任的请求权,但纠纷发生的原因则在于实际施工人的施工作业是否符合工程约定标准,因而作为承包人,其自然极力期望将实际施工人加入诉讼,甚至直接由其对发包人承担民事责任。但应注意到,虽然法院最终是以无独立请求权第三人的诉讼地位通知实际施工人参加诉讼,但法院在实际审理过程中,审理的对象已经变为两个,也即承包人与实际施工人间的权利义务关系也构成了一个诉讼标的,此时,本诉讼与参加诉讼实质上属于诉的合并。最终,确定判决主文中要求由实际施工人直接向发包人承担项目工程的整改责任,此时虽然是合一裁判,但就判决效性质而言,应区别对待,即在发包人与承包人之间存在既判力,且承包人与实际施工人之间也存在既判力,而发包人与实际施工人之间则不存在判决效。应当注意到,在这种类型中,并不存在既判力主观范围扩张的情形,但当事人与第三人之间的判决效并非参加效而属于既判力。

(二)无独立请求权第三人与参加型预决效力主观范围

首先,在有独立请求权第三人参加诉讼的场合,由于该第三人对于当事人之间争议的诉讼标的独立地享有部分或全部的实体法上利益,故而形式上的一诉实质上属于诉的主观合并,此时三方围绕同一诉讼标的展开攻防,因而最终确定判决既判力也必然在三方间产生拘束力。所以,有独立请求权第三人与本诉当事人之间并无参加型预决效力作用。

---

① 该案例改编自《中国民事诉讼法重点讲义》设例 11-4,参见王亚新、陈杭平、刘君博:《中国民事诉讼法重点讲义》,高等教育出版社 2017 年版。

其次，无独立请求权由于其类型较为复杂，在必要类型化的基础上，应根据各类型的不同属性确定在第三人与主当事人之间是否存在参加型预决效力作用。基于本书的立场，在现有立法规范基础上，无独立请求权第三人可分为辅助型无独立请求权第三人与担责型无独立请求权第三人。其中，辅助型无独立请求权第三人与大陆法系诉讼参加制度中的辅助参加制度具有共通性，在理论构成上，同样注重第三人在诉讼地位上从属性与诉讼权利上的有限性，而为充实其维护自身实体利益的事前程序保障，而允许其参加到他人诉讼之中，并辅助一方当事人展开诉讼。因而，在辅助型无独立请求权第三人与主当事人之间自然有参加型预决效力作用的必要，而就比较法上观察，辅助参加场合也是产生参加效的领域。此外，针对辅助型无独立请求权第三人参加诉讼时，参加型预决效力能否扩张及于第三人与对方当事人的问题，有观点指出，根据我国无独立请求权第三人参加诉讼的实际状况，第三人并不需要在参加诉讼时表明支持或辅助一方当事人，且在诉讼中经常会变更"阵营"，因而如果将参加型预决效力局限于第三人与所谓被辅助一方当事人之间，则既缺乏对我国诉讼实际的关照也将参加型预决效力主观范围识别问题复杂化，据此应将参加型预决效力主观范围扩张至第三人与任意一方当事人之间。①但本书认为，这一观点不足取：其一，第三人与主当事人（参加人与被参加人）之间的"辅助/被辅助"的诉讼地位上的从属关系并非源于第三人参加诉讼时的声明，两者显然等价关系；其二，诉讼地位上的从属关系判断是以裁判结果对第三人实体利益的影响为标志。因为辅助参加的目的并非帮助当事人实施诉讼，而在于防止主当事人的败诉后果影响到主当事人与辅助参加人的法律关系，即防止败诉后果导致主当事人与辅助参加人之间的二次诉讼。因而，即使在实际诉讼上，对于某些争点，第三人与主当事人之间观点相左，也并非意味着诉讼上从属关系的变更；其三，参加型预决效力的作用根据在于程序保障下自我归责原理，基于诉讼上从属关系，第三人与主当事人应对其共同行为的结果负责，而在第三人与对方

---

① 陈晓彤：《民事诉讼中第三人权责不对称问题研究——以我国参加效制度的缺失与构建为中心》，载《苏州大学学报》2019 年第 1 期。

当事人之间缺乏这一共同行为的纽带,参加型预决效力自然也就无法扩张及于对方当事人;其四,若肯定参加型预决效力也及于第三人与对方当事人之间,则第三人或对方当事人可能失去程序救济的可能。如在债权人与保证人的诉讼中,主债务人作为无独立请求权第三人参加诉讼辅助保证人一方展开诉讼,虽然最终法院驳回债权人的诉讼请求,但在确定判决理由中认定主债务成立,此后,债权人又起诉要求主债务人履行给付义务,并主张适用前诉确定判决的参加型预决效力。此时,主债务人将缺乏必要的程序救济机会,一来其无法通过第三人撤销之诉或者再审(客体应为判决主文中的判断)寻求救济,二来其也无法主张参加效排除抗辩,因为参加效排除抗辩的前提在于第三人与被辅助当事人之间具有共同行为的利益,而显然一旦将参加型预决效力放宽,第三人与对方当事人之间并不具有共同行为的利益,反而具有对抗属性,则参加效排除抗辩也将因失去其基础而沦为具文;其五,将参加型预决效力扩张及于第三人与对方当事人之间也将动摇整个辅助参加制度,从参加人的权限到前述提及的参加效排除抗辩都将改写,其中,如仍坚持参加人的诉讼行为不得与对方当事人的行为相抵触,则参加人无异于丧失其参加利益与动机。据此,本书认为参加型预决效力的主观范围应谨守辅助型无独立请求权第三人与主当事人之间,而不得扩张至辅助型无独立请求权第三人与对方当事人之间。

最后,就担责型无独立请求权第三人而言,一如前文所述,在担责型无独立请求权第三人项下又存在两种情形,即"既判力扩张型第三人"与"被告型第三人",前者可与大陆法系诉讼参加理论中的共同诉讼的辅助参加制度通约,其实质是受判决既判力扩张所及的第三人参加诉讼的形态,除上文提及的特定诉讼承继人参加诉讼情形以外,诉讼担当时的利益归属人(如债权人代位诉讼中,债务人参加诉讼的情形[①])、诉讼标的物的

---

①　虽然针对债权人代位诉讼的诉讼标的及既判力主观范围问题仍有争议,但大陆法系通说认为,债权人代位诉讼的诉讼标的应为债权人代位行使债务人对次债务人的权利义务关系。在学理上构成法定的诉讼担当,就确定判决既判力的主观范围而言,因债务人为实质当事人,应受既判力效力所及。参见马登科:《案外人救济制度研究》,法律出版社 2016 年版。

持有人等以第三人身份参加诉讼时,由于第三人在实体上受既判力扩张所及,此时该第三人在诉讼地位上虽仍从属于主当事人,但为平衡程序保障与结果责任,在诉讼行为权限上,该第三人应有所扩展,而较辅助型无独立请求权第三人更为充实,我国《民诉法》第 56 条第 2 款及《民诉法解释》第 82 条也肯定了这一逻辑结论。据此,在既判力扩张型第三人与主当事人、对方当事人之间均受既判力的拘束,而无参加型预决效力的作用。而"被告型第三人"则虽然形式上为一诉,但实质上属于诉的主客观合并,诉讼审理的对象涵盖了当事人之间及第三人与主当事人之间所争议的权利义务关系。而最终即便确定判决要求第三人向对方当事人承担特定民事责任,也并非意味着在第三人与对方当事人之间存在既判力拘束,而仅是法院在处理三方(两两间)纠纷时,考虑到裁判的便宜性及后续执行的经济性而采取的一种司法裁判技术。因而在"被告型第三人"场合下,在第三人与主当事人之间发挥效用的仍为既判力(一定条件下也可能存在争点效),而无参加型预决效力适用的可能。

第三节　争点型预决效力的主观范围辨析

一、新堂理论中争点效的主观范围

新堂幸司认为,就主观范围而言,争点效原则上应与既判力相对性原则一致,而仅在同一当事人之间发生效力。不过,新堂幸司同时也提出可以在既判力主观范围扩张理论上嫁接争点效向第三人扩张的制度效用。[①] 一为争点效向言辞辩论终结后的诉讼承继人。例如,出卖人主张买卖合同无效要求买受人返还已转移占有的 A 物,法院经审理后认定合同无效而判令买受人返还 A 物,但在前诉判决确定后,买受人将其转让

---

① 　新堂幸司:《新民事诉讼法》,林剑锋译,法律出版社 2008 年版,第 492～503 页。

给第三人,此时,出卖人又诉请该第三人返还 A 物。在后诉中,第三人作为前诉言辞辩论终结后的承继人,其不得在后诉中再次争议出卖人与买受人间的合同效力问题。因为经过双方充分争执且为法院实际判断的合同效力问题作为主要争点已在出卖人与买受人之间产生争点效,如果在买受人将 A 物转移给第三人后,该争点效就不再产生拘束力,则必然动摇出卖人与买受人之间的既判力,对出卖人而言当属不公,因而在新堂理论解说中,这一情形下可认为主要争点已经由买受人代替第三人与出卖人进行了争议,自然该争点效也应及于该第三人;二为争点效向实质上被视为当事人的主体扩张。新堂幸司认为,从当事人处获得虚假受让之人(属于为他人利益而持有诉讼标的物的人),尽管该受让行为发生在前诉争点效基准时之前,争点效也应及于该受让人。此外,作为"新既判力说"的代表学者,新堂幸司也将争点效扩张至辅助参加人与对方当事人之间,其认为只要辅助参加人并无参加效排除适用情形,则辅助参加人实际上也被赋予等同于当事人的地位,并据此获得相应实施诉讼的机会,因而让被参加人承受的争点效及于辅助参加人,符合其与对方当事人之间的公平原则。在债权人单独起诉保证人、主债务人作为辅助参加人进入诉讼的场合,新堂幸司认为如果债权人与保证人就主债务存在与否这一争点穷尽了攻防手段,且法院对此也作出了主债务不存在的判断,则应当认可债权人就主债务存在与否已经现实地利用了实施诉讼的机会,让其对主债务人也承担这种责任,符合公平原则。①

但本书认为,正如前文对判决效是否扩张至辅助参加人与对方当事人间关系的讨论,以此处新堂幸司所举债权人、保证人与主债务人间的关联诉讼为例,值得斟酌之处在于:其一,在辅助参加场合,作为诉讼从属地位的主债务人是否具有充分的诉讼机会与对方当事人就主债务存否展开争执,且主债务人也在诉讼上就此争点实际与对方当事人进行了充分的攻防;其二,由于在债权人与保证人间的诉讼中,保证人除抗辩主债务不成立之外,尚有其他固有的抗辩手段(如主张保证合同无效或保证期间业已经过等),因而主债务存在与否并非一定能成为债权人与保证人之间争

---

① 新堂幸司:《新民事诉讼法》,林剑锋译,法律出版社 2008 年版,第 492～503 页。

执的主要争点，且有时主债务人信任保证人的固有抗辩，而未就主债务存在与否充分争执，此时主债务人不具有受到争点效拘束的期待可能性；其三，应当注意到，争点效的适用要件之一为前后诉同一的主要争点，亦即争点效的适用领域主要在于攻击防御方法层面，而在债权人与保证人纠纷中提炼出的主债务存在与否这一争点，在债权人与主债务人的后诉中却成为审理的对象即诉讼标的，这一争执对象由攻击防御方法转变为诉讼标的，其自然对当事人的诉讼遂行态度产生影响，而就诉讼的客观面而言，争执对象所属诉讼层面的变化也意味着程序保障周延程度的差异。据此，是否能够直接将争点效扩张至辅助参加人与对方当事人自然也需审慎对待；其四，争点效扩张及于辅助参加人与对方当事人之间同争点效理论体系的逻辑自洽性似有龃龉之处：一方面新堂幸司认为争点效在作用形态上应与既判力一致，不允许后诉当事人再为争执，后诉法院也应将之作为裁判的基础；另一方面，新堂幸司在争点效主观范围扩张中，例外的认可参加效排除抗辩，这是否意味着争点效主观范围的扩张撕裂了新堂理论中对争点效适用效果的逻辑链条。

不过，回归到我国法上，根据《民诉法解释》第 66 条①及最高人民法院《关于审理民间借贷案件适用法律若干问题的规定》第 4 条②的规定，针对一般保证，司法解释制定者回避了辅助参加制度与争点效主观范围扩张之间的理论泥沼，直接采取诉的强制合并，力图在一个诉讼中统一高效解决三方间的纠纷。③ 但即便如此也应看到，主债务存在与否作为诉的合并后法院审理的对象之一，确定判决对主债务存在与否的判断在债

---

① 《民诉法解释》第 66 条：因保证合同纠纷提起的诉讼，债权人向保证人和被保证人一并主张权利的，人民法院应当将保证人和被保证人列为共同被告。保证合同约定为一般保证，债权人仅起诉保证人的，人民法院应当通知被保证人作为共同被告参加诉讼。

② 《关于审理民间借贷案件适用法律若干问题的规定》第 4 条：保证人为借款人提供连带责任保证，出借人仅起诉保证人的，人民法院可以追加借款人为共同被告。保证人为借款人提供一般保证，出借人仅起诉保证人的，人民法院应当追加借款人为共同被告。

③ 司法解释制定者认为若仅审查从债务而不审查主债务，则可能导致认定事实不清，从而导致保证人在日后与债务人产生更大的纠纷，并且也对先前判决的既判力产生影响。参见《最高人民法院专家法官阐释疑难问题与案例指导》编写组编：《最高人民法院专家法官阐释疑难问题与案例指导（民间借贷卷）》，中国法制出版社 2016 年版。

权人与主债务人之间应产生既判力,而非争点效。而就连带保证而言,由于司法解释并未强制要求追加债务人为共同被告,所以在实际诉讼中,就存在债务人作为无独立请求权第三人参加诉讼的形态。此时,由于连带保证人对债权人负有全部给付的义务,根据处分原则,债权人仅选择起诉连带保证人时,法院不应一并判决债务人承担给付义务,且连带保证人的给付尚未发生,法院也不应以连带保证人具有向主债务人追偿权为由直接判令主债务人单独向债权人履行给付义务。据此,在这一诉讼形态中,主债务人属于上述所谓辅助型无独立请求权第三人。进而,前诉确定判决在连带保证人与主债务人之间产生参加效,但在连带保证人与债权人之间是否应产生争点效则又回到上文的讨论之中,基于上述考量,本书对此问题持否定态度。更何况,在司法实践中,债务人多数是经法院追加而"被迫"卷入诉讼,实际不少债务人并不积极参加诉讼,甚至可能因瑕疵或违法送达而致使主债务人未获正当通知,加之目前我国法上对第三人辅助参加的程序保障尚显不足,债务人作为无独立请求权第三人的诉讼地位模糊难辨,其反驳、抗辩、举证等诉讼行为的生效要件及效力尚不明确。[①] 所以即使自我国司法实践观察,也无法肯认新堂理论中将争点效扩张及于辅助参加人与被参加人的观点。

二、美国法上争点排除效力的主观范围

(一)相互性原则

作为新堂理论中争点效学说的重要理论来源,美国法上争点排除效力制度就其主观范围问题同样形成了丰富的学说与判例积累。其中,争点排除效力主观范围的界定一直围绕"相互性(mutuality)原则"展开。在正当程序原理指导之下,英美法上逐渐形成相互性原则来锚定争点排除效力的主观范围,具体而言,相对性原则是指前诉判决所认定的争点在后诉相同的当事人之间产生排除效力,而对当事人以外的第三人则不产

---

① 对于债权人、保证人与主债务人三方间诉讼及其判决效问题的讨论,可参见陈杭平:《前诉与后诉视角下的连带保证人追偿之诉》,载《法学》2019 年第 3 期。

生拘束力的原则。① 其法理依据在于，未参与前诉的第三人没有获得公正且充分的程序保障，因而其不受判决拘束，且其也没有承担前诉的诉讼风险，而如能从中获益则有失公允。美国学者指出："相互性原则的前提是所有的诉讼参加人应该被同等地对待，如果一个人不会因为某一判决而失去某种利益的话，那么他也就不应当通过某种方式从判决中获益。既然第一次程序中当事人不能针对非当事人作出的判决提出主张，那么该非当事人同样也不能凭借该判决来对抗该当事人。"②

在 1942 年以前，美国实务上基于正当程序原理与当事人间公平的考量，对相互性原则的适用要求较为严格，一般禁止前诉案外人在后诉中有利援引争点排除效力。但随着司法实务中各种情形的逐渐丰富，严格遵循相互性原则与现实纠纷的妥善处理产生了紧张，有学者质疑公平理念能否作为相互性原则的理论依据，甚至边沁都曾批评相互性原理牺牲了司法的经济性并且导致相互矛盾的结果的可能性，创造了"一种赌博的气氛"③。实际上，因为相互性原则并非根植于美国宪法上的任何规定，所以在司法实践中，法院可以自由决定对其适用与否的规则。而美国学者亦认为，"过去的两代人对排除法律最重要的发展，即在于推动允许非相互性地主张争点排除"④。

(二)非相互性原则

1942 年发生的伯恩哈德诉美国全国信托与储蓄协会（Bernhard v. Banks of America National Trust and Savings Association）案件中被认为是突破相互性原则的开端，该案主审法官罗杰·特雷纳（Roger Traynor）在判决理由中直接对相互性原则提出质疑，"到底为什么一个不受前诉判决拘束的人就不能在后诉对一个受前诉判决拘束的人主张其应

---

① Robert C. Casad and Kevin M. Clermont, *Res Judicata: A Handbook on its Theory, Doctrine, and Practice*, Durham: Carolina Academic Press, 2001, p.240.

② Moore and Currier, Mutuality and Conclusiveness of Judgements, 35 *L. Rev.* 1961, p.301. 转引自胡军辉：《美国民事既判力理论研究》，北京师范大学出版社 2015 年版，第 87 页。

③ 弗里尔：《美国民事诉讼法》，张利民等译，商务印书馆 2013 年版。

④ 弗里尔：《美国民事诉讼法》，张利民等译，商务印书馆 2013 年版。

受前诉判决拘束,实在令人非常难以理解"[①]。其认定在考量是否适用争点排除规则时,只需斟酌涉及的争点是否相同、前诉是否存在实体性的终局判决,以及禁反言原则所针对的人是不是先前诉讼中的当事人或其利害关系人。

尔后,很多法院也相继放弃了相互性原则,它们认为不能就一个争点继续进行诉讼,特别是在没有理由猜想将会有不同诉讼结果的时候。只要在两个诉讼中这个争点或这些争点具有相同性,并且在第一次诉讼时给予了充分的机会对该争点进行诉讼,那么非当事人可以对败诉的当事人主张再诉禁止。在 1971 年的 Blonder-Tongue Laboratories Inc. V. University of Illinois Foundation 一案中,美国联邦最高法院第一次认可了争点排除效力中的非相互性原则。该案中,联邦最高法院怀特(White)大法官正式认可了非当事人防御性使用(defensive use)争点排除规则的做法。[②] 在此后不久的 1979 年,联邦最高法院在由斯图尔特(Stewart)大法官执笔的帕克雷恩公司诉肖尔(Parklane Hosiery Co., Inc. v. Shore)一案中,又进一步支持了争点排除规则的攻击性使用。但是,基于认识到攻击性使用争点排除规则可能造成的危险,联邦最高法院在原则上承认争点排除规则攻击性使用的同时,也主张应根据具体的个案来决定是否允许这种攻击性的使用。[③] 就非相互性原则在判例上的发展而言,以 Parklane 案为界,传统的相互性原则已几乎完全被推翻,实务中均认可非前诉的当事人在后诉中主张对其有利的争点排除效力,除非"受拘束的后诉当事人于前诉欠缺充足和公平的机会对该争点进行攻击防御"或者"有其他情事可正当化赋予其就同一争点二次诉讼的机会"[④]。

非相互性原则是指当后诉的当事人与作出争点裁判的前诉当事人不完全一致时,争点排除效力仍有适用的余地,只要符合争点排除规则的适

---

① 弗兰德泰尔、凯恩、米勒:《民事诉讼法》,夏登峻等译,中国政法大学出版社 2003 年版。

② 胡军辉:《美国民事既判力理论研究》,北京师范大学出版社 2015 年版。

③ 苏本:《民事诉讼法——原理、实务与运作环境》,傅郁林等译,中国政法大学出版社 2004 年版。

④ 黄国昌:《民事诉讼理论之新开展》,北京大学出版社 2008 年版。

用要件,且在当事人相同情形下,该争点裁判已经具有争点排除效力时,前诉的案外第三人也应当受该争点排除效力的拘束,而不得再次提出争议。① 非相互性原则在诉讼上具体存在两种适用形态,即对方当事人为了利用特定争点作为自己抗辩的理由向前诉当事人主张前诉争点裁判具有争点排除效力,以及对方当事人以具有排除效力的争点作为自己请求的根据在诉讼中援引争点排除规则。前者被称为"防御性使用",而后者则被称为"攻击性使用"。防御性使用的典型场景是后诉中的被告(前诉案外人)主张前诉争点裁判对后诉原告(前诉原告)具有排除效力,据此否定原告后诉请求。此时,前后两诉原告相同,但被告相异。美国法上防御性使用争点排除规则的典型案例即是前文提到的伯恩哈德诉美国全国信托与储蓄协会案。而攻击性使用的场景则是后诉中的原告(前诉案外人)将发生排除效力的争点作为请求理由,以此支持自己在诉讼上的请求。此时,前后两诉被告相同,原告不同。而其典型案例是前述帕克雷恩公司诉肖尔一案。②

三、争点型预决效力的主观范围

以争点型预决效力的效力根据推论,争点型预决效力的主观范围同样应恪守相对性原则,即应在前、后诉当事人一致时,才有争点型预决效力适用的可能。但无论是日本学界还是美国法上的经验均表明,围绕判决效主观范围问题所展开的讨论,其重心几乎都在效力是否及于第三人这一议题上。基于本书的立场,在有第三人参加诉讼的场合,争点效是否能够扩张及于第三人也应结合不同类型的第三人制度予以考量,在有独立请求权第三人参加诉讼的场合,第三人在诉讼上的地位与权能同当事人无异,且由于三方主体间诉讼标的具有合一性,三方经过同一审理程序,对于主要争点经过三方的充分争执,为法院实质裁判后自然应在三方之间产生争点效,对此,在后诉中,任两方当事人间都不得对此争点再为

---

① 郭翔:《民事争点效力理论研究》,北京师范大学出版社 2010 年版。

② 郭翔:《民事争点效力理论研究》,北京师范大学出版社 2010 年版。

争执；在辅助型无独立请求权第三人参加诉讼的场合，一如前述，在主当事人与对方当事人间可能产生的争点效并不应及于辅助参加的第三人；在既判力扩张型无独立请求权第三人参加诉讼的场合，由于否定争点效扩张及于第三人将不可避免动摇既判力，因而为求纠纷解决的统一性与当事人的公平，有必要将争点效扩张及于既判力扩张型第三人；在被告型无独立请求权第三人参加诉讼的场合，此时，由于存在诉的合并，既判力应在各自主体间发挥作用，而就对方当事人与第三人而言，两者之间并无判决效拘束，争点效也无适用的空间。

此外，值得注意的是，《环境公益诉讼解释》第 30 条的立法理由在于，考虑到私益诉讼的被告已参加过公益诉讼的审理，已经充分行使了举证辩论等权利，故不应允许其在私益诉讼中对于环境民事公益诉讼生效裁判认定的事实再作相反主张。而私益诉讼的原告则可以在后诉中直接援引前诉对被告不利的认定。[①] 以美国法上争点排除规则的非相互性原理观察，对被告是否承担责任及责任大小（包括是否存在减轻责任的情形）的认定应属于诉讼标的层面的判断，而行为与损害之间是否具有因果关系的认定则应属于主要事实层面的判断。对后者而言，该条立法实际允许私益诉讼的原告攻击性使用该争点型预决效力，而当被告试图在私益诉讼中直接适用对其有利的认定时，法院对此却不予支持，则显然否定了被告对该争点的防御性使用。不过禁止被告防御性使用的规定确实符合争点型预决效力的理论逻辑，因为私益诉讼的原告未曾参加公益诉讼，[②] 缺乏在公益诉讼中对主要争点展开攻防的机会，自然也不应让其承担争点型预决效力的不利后果。虽然司法解释制定者认为其充分考虑了公益诉讼与私益诉讼的协调关系，但是否也应将私益诉讼中原、被告之间的利益平衡（公平）纳入立法考量。在非相互性原则的两类适用情形中，学界

[①]　郑学林、林文学、王展飞：《〈关于审理环境民事公益诉讼案件适用法律若干问题的解释〉的理解和适用》，载《人民司法》2015 年第 5 期。

[②]　根据《民诉法》第 55 条的规定，法律规定的机关和有关组织具有环境民事公益诉讼的原告资格，而环境民事公益诉讼的被告应为侵权人。同时，《环境民事公益诉讼解释》第 10 条第 3 款规定，公民、法人和其他组织以人身、财产受到损害为由申请参加诉讼的，告知其另行起诉。

的质疑与批评主要集中于攻击性使用争点排除效力的场合,[①]特别是针对大规模侵权案件和集团诉讼案件中攻击性使用争点排除规则的情形。在这类案件中,法院意识到放弃相互性原则允许前诉案外人在后诉中为支持自己的请求而主张对被告适用前诉争点裁判的排除效力,会对被告造成极不公平的诉讼局面。而对被告来讲,其必须小心谨慎地进行每个诉讼。即使在某个诉讼中对特定争点胜诉了,被告也仅是在该诉讼中胜诉了。因为以后的原告不是该诉讼的当事人,因此不会受该诉讼中争点排除效力的约束,在以后的诉讼中仍然还会与其再次争执该争点。而一旦被告败诉,后诉的原告则可以主张对其适用该诉讼的争点排除效力。最终形成这样一种状况,即原告的败诉只是一次诉讼的失败,原告的胜诉则是所有诉讼的胜诉;被告的胜诉仅是一次诉讼的胜利,而一旦败诉则意味着所有诉讼的败诉。[②]而事实上,对原、被告利益调节的失衡还不止于此。由于每次诉讼都是原告在充分准备基础上提起的,因此被告通常无法选择诉讼时机、诉讼法院和对方当事人。由于在每次诉讼中被告都面临巨大的风险,因此其更容易接受和解协议,甚至是对其不公平的和解协议。由于我国司法实务中环境公益诉讼的案例积累尚不充足,上述问题在本书所搜集的国内文献与实务案例中尚未显现,但不可否认的是应对上述担忧抱持一种审慎的关切。

① Glannon,Perlman,Raven-Hansen:Civil Procedure—a coursebook,third edition, New York:Wolters Kluwer,2017.pp.1274-1283.

② 郭翔:《民事争点效力理论研究》,北京师范大学出版社 2010 年版。

参考文献

一、中文类参考文献

(一)著作类

1.常怡主编:《比较民事诉讼法》,中国政法大学出版社 2002 年版。

2.田平安主编:《民事诉讼法原理》,厦门大学出版社 2015 年版。

3.郝振江:《非讼程序研究》,法律出版社 2017 年版。

4.李浩:《民事诉讼法》,法律出版社 2016 年版。

5.廖中洪主编:《证据法精要与依据指引》,人民出版社 2005 年版。

6.邵明:《正当程序中的实现真实:民事诉讼证明法理之现代阐释》,法律出版社 2009 年版。

7.郭翔:《民事争点效力理论研究》,北京师范大学出版社 2010 年版。

8.张卫平:《民事诉讼法》,法律出版社 2016 年版。

9.林剑锋:《民事判决既判力客观范围研究》,厦门大学出版社 2006 年版。

10.王耀海:《制度演进中的法治生成》,中国法制出版社 2013 年版。

11.张晋藩编著:《中国法制 60 年》,陕西人民出版社 2009 年版。

12.王德新:《诉讼文化冲突与民事诉讼制度的变革》,知识产权出版社 2017 年版。

13.《苏俄民事诉讼法典》,梁启明、邓曙光译,法律出版社 1982 年版。

14.多勃洛沃里斯基等:《苏维埃民事诉讼》,李衍译,常怡校,法律出版社 1985 年版。

15.涅瓦伊教授等:《经互会成员国民事诉讼的基本原则》,刘家辉译,法律出版社 1980 年版。

16.克林曼:《苏维埃民事诉讼中证据理论的基本问题》,马绍春、王明毅、陈逸云译,中国人民大学出版社 1957 年版。

17.《苏俄刑事诉讼法典》,郑华译,法律出版社 1955 年版。

18.王之相译,陈汉章校:《苏俄刑事诉讼法典》,法律出版社 1962 年版。

19.阿布拉莫夫:《苏维埃民事诉讼》(下),中国人民大学审判法教研室译,法律出版社 1957 年版。

20.达马斯卡:《比较法视野中的证据制度》,吴宏耀等译,中国人民公安大学出版社 2006 年版。

21.法学教材编辑部编审:《民事诉讼法学》(下),法律出版社 1989 年版。

22.马原:《〈民事诉讼法适用意见〉释疑》,中国检察出版社 1994 年版。

23.杨立新主编:《〈最高人民法院关于适用民事诉讼法若干问题的意见〉释义》,吉林人民出版社 1992 年版。

24.李国光主编:《最高人民法院〈关于民事诉讼证据的若干规定〉的理解与适用》,中国政法大学出版社 2002 年版。

25.杜万华、胡云腾主编:《最高人民法院民事诉讼司法解释逐条适用解析》,法律出版社 2015 年版。

26.江必新:《最高人民法院司法解释与指导案例理解与适用》(第 4 卷),人民法院出版社 2016 年版。

27.杜万华主编:《解读最高人民法院司法解释、指导性案例(民事诉讼卷)》人民法院出版社 2016 年版。

28.杜万华主编:《商事法律文件解读》(第 144 辑),人民法院出版社 2017 年版。

29.刘德权主编:《最高人民法院司法观点集成·民事诉讼卷》,人民法院出版社 2017 年版。

30.王亚新、陈杭平、刘君博:《中国民事诉讼法重点讲义》,高等教育出版社 2017 年版。

31.丁宝同:《民事判决既判力研究》,法律出版社 2012 年版。

33.常廷彬:《民事判决既判力主观范围研究》,中国人民公安大学出版社 2010 年版。

34.李木贵:《民事诉讼法》(下),元照出版有限公司 2010 年版。

35.邱联恭讲述,许士宦整理:《口述民事诉讼法讲义》(三),2015 年笔记版。

36.新堂幸司:《新民事诉讼法》,林剑锋译,法律出版社 2008 年版。

37.高桥宏志:《民事诉讼法:制度与理论的深层分析》,林剑锋译,法律出版社 2004 年版。

38.吕太郎:《民事诉讼法》,元照出版有限公司 2016 年版。

39.陈荣宗、林庆苗:《民事诉讼法》,三民书局股份有限公司 2014 年版。

40.王进喜:《美国〈联邦证据规则〉(2011 年重塑版)条解》,中国法制出版社 2011 年版。

41.许士宦:《诉讼参与与判决效力》,新学林出版有限公司 2010 年版。

42.最高院民事审判第一庭编:《民事诉讼证据司法解释的理解与适用》,中国法制出版社 2002 年版。

43.陈卫佐译注:《德国民法典》(第 4 版),法律出版社 2015 年版。

44.张卫平:《新民事诉讼法专题讲座》,中国法制出版社 2012 年版。

45.刘显鹏:《民事诉讼当事人失权制度研究》,武汉大学出版社 2013 年版。

46.田中成明:《现代社会与审判:民事诉讼的地位和作用》,郝振江译,北京大学出版社 2016 年版。

47.穆泽拉克:《德国民事诉讼法基础教程》,周翠译,中国政法大学出版社 2005 年版。

48.胡军辉:《美国民事既判力理论研究》,北京师范大学出版社 2015 年版。

49.弗兰德泰尔、凯恩、米勒等著:《民事诉讼法》(第 3 版),夏登峻等译,中国政法大学出版社 2003 年版。

50.邱联恭:《程序选择权论》,三民书局股份有限公司 2004 年版。

51.江伟主编,邵明副主编:《民事诉讼法》,复旦大学出版社 2016 年第 3 版。

52.王泽鉴:《民法思维:请求权基础理论体系》,北京大学出版社 2009 年版。

53.段厚省:《请求权竞合要论》,中国法制出版社 2013 年版。

54.邓辉辉:《既判力理论研究》,中国政法大学出版社 2005 年版。

55.兼子一、竹下守夫:《民事诉讼法》,白绿铉译,法律出版社 1995 年版。

56.张卫平、李浩:《新民事诉讼法原理与适用》,人民法院出版社 2012 年版。

57.段文波:《规范出发型民事判决构造论》,法律出版社 2012 年版。

58.许可:《民事审判方法:要件事实引论》,法律出版社 2009 年版。

59.刘学在:《民事诉讼辩论原则研究》,武汉大学出版社 2007 年版。

60.苏本等:《民事诉讼法——原理、实务与运作环境》,傅郁林等译,中国政法大学出版社 2004 年版。

61.尧厄尼希:《民事诉讼法》(第 27 版),周翠译,法律出版社 2003 年版。

62.陈计男:《民事诉讼法论》(下),三民书局股份有限公司 2006 年版。

63.罗森贝克、施瓦布、戈特瓦尔特:《德国民事诉讼法》(下册),李大雪译,中国法制出版社 2007 年版。

64.刘明生:《民事诉讼法实例研习》,元照出版有限公司 2015 年版。

65.蒲一苇:《民事诉讼第三人制度研究》,厦门大学出版社 2009 年版。

66.许士宦:《新民事诉讼法》,北京大学出版社 2013 年版。

67.张晋红:《民事诉讼当事人研究》,陕西人民出版社 1998 年版。

68.马登科等:《案外人救济制度研究》,法律出版社 2016 年版。

69.《最高人民法院专家法官阐释疑难问题与案例指导》编写组编:《最高人民法院专家法官阐释疑难问题与案例指导(民间借贷卷)》,中国法制出版社 2016 年版。

70.弗里尔:《美国民事诉讼法》,张利民等译,商务印书馆,2013 年版。

71.杨淑文、姜世明主编:《跨世纪两案民事程序法学之新视野》,元照出版有限公司 2012 年版。

72.邱联恭:《争点整理方法》,三民书局股份有限公司 2001 年版。

73.唐力:《民事诉讼构造论》,法律出版社 2006 年版。

74.赵泽君:《民事争点整理程序研究》,中国检察出版社 2010 年版。

75.胡晓霞:《民事审前程序研究》,中国法制出版社 2013 年版。

76.施蒂尔纳编:《德国民事诉讼法学文萃》,赵秀举译,中国政法大学出版社 2005 年版。

77.尹腊梅:《民事抗辩权研究》(修订版),知识产权出版社 2013 年版。

78.丁宝同:《民事诉讼审前证据交换规则研究》,厦门大学出版社 2013 年版。

79.汤维建:《新民事诉讼法适用疑难问题新释新解》,中国检察出版社 2013 年版。

80.刘思达:《割据的逻辑:中国法律服务市场的生态分析》,译林出版社 2017 年版。

81.《德国民事诉讼法》,丁启明译,厦门大学出版社 2016 年版。

82.《日本民事诉讼法典》,曹云吉译,厦门大学出版社 2017 年版。

(二)论文类

82.吴英姿:《预决事实无需证明的法理基础与适用规则》,载《法律科学》 2017 年第 2 期。

83.李浩:《民事证据的若干问题——兼评最高人民法院〈关于民事诉讼 证据的司法解释〉》,载《法学研究》2002 年第 3 期。

84.胡军辉:《民事诉讼中如何处理既判事实预决效力问题的思考》,载 《政治与法律》2010 年第 8 期。

85.常廷彬:《预决事实若干问题研究》,载《河北法学》2008 年第 5 期。

86.郭翔:《美国判决效力理论及其制度化借鉴——基于争点效力理论的 分析》,载任重:《民事程序法研究》(第 14 辑),厦门大学出版社 2015 年版。

87.邵明:《论法院民事预决事实的效力及其采用规则》,载《人民司法》 2009 年第 15 期。

88.赵泽君:《论民事诉讼争点排除规则》,陈桂明、田平安主编:《中国民 事诉讼法学六十年专论》,厦门大学出版社 2009 年版。

89.丁宝同:《论争点效之比较法源流与本土归化》,载《比较法研究》2016 年第 3 期。

90.翁晓斌:《论已决事实的预决效力》,载《中国法学》2006 年第 4 期。

92.纪格非:《"争点"法律效力的西方样本与中国路径》,载《中国法学》 2013 年第 3 期。

93.段文波:《预决力批判与事实性证明效展开:已决事实效力论》,载《法 律科学》2015 年第 5 期。

94.曹志勋:《反思事实预决效力》,《现代法学》2015 年第 1 期。

95.江伟、常廷彬：《论已确认事实的预决力》，载《中国法学》2008 年第 3 期。

96.陈刚、程丽庄：《我国民事诉讼的法律效力制度再认识》，载《法律科学》2010 年第 6 期。

97.史图钦：《苏维埃民事诉讼上的预决（判决前提）》，张紫葛译，载西南政法学院诉讼法教研室编：《民事诉讼参考资料》，1982 年版。

98.张卫平：《改革开放以来我国民事诉讼法学的流变》，载《政法论丛》2018 年第 5 期。

99.张戈译：《国际法协会 2004 年柏林大会国际商事仲裁委员会关于既判力原则与仲裁的中期报告》，载《商事仲裁》（第十二集）2015 年第 1 期。

100.张卫平：《既判力相对性原则：根据、例外与制度化》，载《法学研究》2015 年第 1 期。

101.任重：《论中国民事诉讼的理论共识》，载《当代法学》2016 年第 3 期。

102.吕太郎：《所谓争点效》，载《法令月刊》2000 年第 51 卷 10 期。

103.沈冠伶：《民事判决之既判力客观范围与争点效》，载《法学丛刊》2009 年第 214 期。

104.陈启垂：《从参加效力》，载《月旦法学教室》2017 年 12 月第 182 期。

105.刘明生：《辅助参加之确定判决效力——既判力、争点效抑或参加效？》，载《月旦法学杂志》2017 年第 265 期。

106.胡军辉：《判决如何影响实体从属第三人》，载《社会科学家》2009 年第 4 期。

107.陈晓彤：《判决对实体牵连关系第三人产生的效力》，载任重：《民事程序法研究》（第 18 辑），厦门大学出版社 2017 年版。

108.吴杰：《论本案判决的反射效力——以连带债务诉讼为视角》，载《法律适用》2010 年第 1 期。

110.王亚新、陈晓彤：《前诉裁判对后诉的影响》，载《华东政法大学学报》2015 年第 6 期。

111.邱联恭：《民事诉讼之目的》，载《台大法学论丛》1996 年第 24 卷第 1 期。

112.任重:《反思民事连带责任的共同诉讼类型——基于民事诉讼基础理论的分析框架》,载《法制与社会发展》2018 年第 6 期。

113.梁梦迪:《争点效之研究》,台湾大学法律学院 2012 年硕士论文。

114.林淑菁:《民事判决效客观范围之研究》,台北大学法学系 1995 年硕士论文。

115.张卫平:《民事诉讼中的诚实信用原则》,载《法律科学》2012 年第 6 期。

116.纪钧涵:《当事人适格与判决效力主观范围扩张之研究》,台湾大学法律学院 2005 年硕士论文。

117.许仕宦:《参加诉讼之判决效》,载《月旦法学杂志》2016 年第 254 期。

118.许仕宦:《第三人诉讼参与与判决效主观范围》(下),载《月旦法学杂志》2010 年第 179 期。

119.邱联恭:《程序主体概念相对化理论之形成及今后》(下),载《月旦法学杂志》2012 年第 202 期。

120.三月章:《既判力》,邱联恭译,《台大法学论丛》1983 年第 12 卷。

121.克莱蒙特:《既判力:司法之必需》,袁开宇译,《清华法治论衡》2015 年第 2 期。

122.陈玮佑:《民事判决既判力正当性的再考察》,台湾大学法律学院硕士论文,2009 年。

124.梁曙明、李伟:《〈关于规范人民法院再审立案的若干意见(试行)〉的理解与适用》,载《人民司法》2002 年第 11 期。

127.林诚二:《再论诚实信用原则与权利滥用禁止原则之机能》,《台湾本土法学杂志》2001 年第 22 卷。

128.段文波:《程序保障第三波的理论解析与制度安排》,载《法制与社会发展》2015 年第 2 期。

129.姜世明:《释明程序中之证据方法提出》,载《月旦法学杂志》2010 年第 182 期。

130.沈冠伶:《判决理由判断之拘束力》,载《台湾法学杂志》2009 年第 129 期。

131.傅郁林:《先决问题与中间裁判》,载《中国法学》2008 年第 6 期。

133.骆永家:《既判力之作用》,载《台大法学论丛》1975 年第 2 期。

134.刘明生:《诉讼参加与第三人撤销诉讼程序之研究》(上),载《辅仁法学》2013 年第 45 期。

135.张兴美:《第三人撤销之诉制度的使命探究》,载《法制与社会发展》2018 年第 4 期。

136.任重:《法律意义上的虚假诉讼存在吗》,任重执行主编:《民事程序法研究》(第 12 辑),厦门大学出版社 2014 年版。

137.廖姿婷:《第三人撤销诉讼之原告适格》,台湾大学法律学院 2007 年硕士论文。

138.严仁群:《诉讼标的的本土化》,载《法学研究》2013 年第 3 期。

139.陈杭平:《诉讼标的理论的新范式》,载《法学研究》2016 年第 4 期。

140.曹志勋:《民事诉讼标的理论研究——以德国学说发展为脉络》,上海交通大学博士后出站报告,2016 年 10 月。

141.金春:《日本民事诉讼法学的理论演变与解释方法论》,载《交大法学》2018 年第 4 期。

142.蒋陆军:《争点效理论研究》,西南政法大学 2007 年硕士论文。

143.吴杰:《德国诉讼标的理论的演绎及其启示》,载《学海》2008 年第 3 期。

144.陈杭平:《论事实问题与法律问题的区分》,《中外法学》2011 年第 23 期。

145.陈刚:《法系意识在民事诉讼法学研究中的重要意义》,载《法学研究》2012 年第 5 期。

146.刘明生:《辩论主义与协同主义之研究》,载《政大法学评论》2011 年第 122 期。

147.赵彦榕:《民事判决理由效力之研究》,中正大学法律学系研究所 2011 年硕士论文。

148.张卫平:《中国第三人撤销之诉制度的制度构成与适用》,载《中外法学》2013 年第 1 期。

149.陈晓彤:《我国生效民事裁判既判力主观范围的解释学分析》,载《当代法学》2018 年第 3 期

150.蒲一苇:《无独立请求权第三人参加诉讼的判决效力范围》,载《国家检察官学院学报》2016 年第 4 期。

151.姜炳俊:《共同诉讼的辅助参加》,民事诉讼法研究基金会:《民事诉讼法之研讨》(十七),元照出版有限公司 2010 年版。

152.王亚新:《第三人参与诉讼的制度框架与程序操作》,载《当代法学》2015 年第 2 期。

153.胡学军:《论共同诉讼与第三人参加诉讼制度的界分》,载《环球法律评论》2018 年第 1 期。

155.陈晓彤:《民事诉讼中第三人权责不对称问题研究——以我国参加效制度的缺失与构建为中心》,载《苏州大学学报》2019 年第 1 期。

156.陈杭平:《前诉与后诉视角下的连带保证人追偿之诉》,载《法学》2019 年第 3 期。

157.郑学林、林文学、王展飞:《〈关于审理环境民事公益诉讼案件适用法律若干问题的解释〉的理解和适用》,载《人民司法》2015 年第 5 期。

158.王亚新:《论民事、经济审判方式的改革》,载《中国社会科学》1994 年第 1 期。

159.任重:《论中国民事诉讼的理论共识》,载《当代法学》2016 年第 3 期。

160.赵泽君:《民事争点整理程序的合理性基础及其建构》,载《现代法学》2008 年第 2 期。

161.任重:《民事诉讼协动主义的风险及批判——兼论当代德国民事诉讼基本走向》,载《当代法学》2014 年第 4 期。

162.邱联恭:《争点整理方法论》,载《月旦法学》2000 年第 62 期。

164.王亚新:《民事诉讼准备程序研究》,载《中外法学》2000 年第 2 期。

166.段文波:《庭审中心视域下的民事审前准备程序研究》,载《中国法学》2017 年第 6 期。

(三)其他类

167.张卫平、曹建军:《民事诉讼理论研究:深化与细化》,《检察日报》2018 年 1 月 4 日第 003 版。

168.(2014)民提字第 98 号民事裁定书。

169.(2017)粤 01 民终 14560 号民事判决书。

170.(2012)江民一初字第 2609 号民事判决书。

171.(2018)苏 02 民终 345 号民事判决书。

172.(2018)辽 01 民终 2061 号民事判决书。

173.(2017)沪 0115 民申 43 号民事裁定书。

174.(2014)渝五中法民终字第 02750 号民事判决书。

175.(2017)最高法行申 265 号行政裁定书。

176.(2017)最高法民再 164 号民事判决书。

177.(2015)珠中法民二初字第 21 号民事判决书。

178.(2015)沪一中民四(商)终字第 1800 号民事判决书。

179.(2018)苏 02 民终 345 号民事判决书。

180.(2010)民四终字第 20 号民事判决书。

181.(2011)甘民再字第 173 号民事判决书。

182.(2012)民再申字第 130 号民事裁定书。

183.(2013)民四终字第 2 号民事判决书。

184.(2005)民一终字第 86 号民事裁定书。

185.(2014)民提字第 187 号民事判决书。

二、外文类参考文献

(一)著作类

186.Glannon, Perlman, Hansen, *Civil Procedure—a coursebook*, third edition New York：Wolters Kluwer，2017.

187.Robert C. Casad and Kevin M. Clermont，*Res Judicata：A Handbook on its Theory，Doctrine，and Practice*，Durham：Carolina Academic Press，2001.

(二)论文类

188.东松文雄：争点に対する判決理由中の判断の拘束力について——要件と効果との均衡に視点をおいた理論構成の試み，《判例時報》,1991 年 10 月 11 日。

189.小林秀之:《民事訴訟法ケース・スタディー 19—争点効・反射効》,发《法学セミナー》,1992 年 11 月第 455 号。

190.三木浩一:《判決効の相対性》,载《法学セミナー》2000 年第 45 期。

191.原強:《反射効、その他》,载《法学教室》2004 年第 282 期。

192.铃木正裕:《判決の反射的効果》,载《判例タイムズ》1971 年第 22 期。

193.竹下守夫:《判決の反射的効果についての覚え書》,载《一桥论丛》1986 年第 95 卷。

194.山木户克己:《判決の証明効》,载《民商法杂志》1978 年第 78 卷。

195.伊东乾:《行為効の理論——民事訴訟法学の礎石として》,载《法学研究》1977 年第 50 期。

196.伊藤真:《補助参加の利益再考——判決の証明効に対する疑問》,载《民事诉讼杂志》1995 年第 41 期。

197.松浦馨:《当事者行為の規制原理》,载《讲座民事诉讼 4 审理》,弘文堂 1985 年版。

198.新堂幸司:《民事訴訟法学の展開》,载《民事诉讼法研究》2000 年第 5 卷。

199.吉村德重:《判決理由中の判断の拘束力——コラテラル・エストッペルの視点から》,载《法政研究》1976 年第 33 卷。

200. Geoffrey Hazard: Revisiting the Second Restatement of Judgments: Issue Preclusion and Related Problems, 66 *Cornell L. Rev.* 564,1981.

201.Hinton,Judgment of Conviction—Effect in a Civil Case as Res Judicata or as Evidence,27 *IILL. L. REV*,1932.

202.Geoffrey C.Hazard Jr,Revisiting the Second Restatement of Judgments: Issue Preclusion and Related Problems,*Yale Law School Legal Scholarship Repository*,1981.

203.Robert C.Casad,Intersystem Issue Preclusion and the Restatement (second)of Judgments,66 *Cornell L.Rev*,1981.

后　记

　　论文付梓前夕,法律编辑室甘世恒主任询问是否需要更改论文原初的致谢。思虑良久,决定还是予以保留。论文出版是对自己六年民诉研习、十年求学生涯的小结,譬如完成一次学术泅渡,原初的致谢也蕴藏当年的滋味。予以保留,是要时刻提醒自己勿忘内心的真意与一路而来的初心,一以贯之续写人生新篇。以下为原初的致谢:

　　提笔一刻,十年的求学生涯终于要宣告结束。在这个速度至上的年代,这或许是最不划算的"买卖",而之所以还能守住一方书桌,全因有人为此负重前行,两鬓渐白的双亲,身怀六甲的爱妻,数年寒暑相易,除嘘寒问暖,金援力助,从未有半点嗔怪责备,就连远在千里的岳父母都时常寄来衣被日用,叮嘱保重身体,而从未有半分怨言。春晖寸草,无以为报,琴瑟和鸣,没齿难忘!

　　逝者如斯,十年一梦,梦醒时分忽觉人生不啻为一场道别,鄙作既成,南国秋雨渐浓,师长亲朋一一惦念在心。入廖师门下六年,我从一窍不通的青涩蜕为略知一二的老成,其中廖师心血可想而知。廖师年轻时正逢国家巨变,79年入读西政,尔后怀抱教育理想,投身三尺讲席,三十年来,笔耕不辍,二十年来,桃李满园。廖师学贯中西,治学严谨,待人谦和,生活质朴,不慕权贵,安贫乐道,堪为一代知识分子的楷模!

　　求学不易,一路走来,仰赖各位师长提点才有幸一窥民诉法学的堂奥。泰山北斗如常怡教授、睿智通达如田平安教授、虚怀若谷如唐力教授、风度翩翩如李祖军教授、严谨求实如马登科教授、精益求精如赵泽君

教授、锐意进取如段文波教授、温润似玉如王杏飞教授。同时，感谢肖晖副教授的倾囊相授，鞭策我不断开拓新知。

　　人生如逆旅，我亦是行人。求学路上，有同窗挚友相伴，也曾把酒当歌、也曾热泪盈眶，不忘的是结伴同行的扶持、不变的是惺惺相惜的深情。守望相伴的廖门亲朋、待我如手足的王慧师姐、如兄如父的江涛专委、意气相投的毋爱斌师兄、言传身教的黄飞律师、围炉夜话的赵飞龙同学以及2016级民诉博士班的各位兄弟姐妹，李戈师兄的大气持重、祝颖师姐的贤惠如兰、陈元庆师兄的儒雅幽默、马家曦师兄的学富五车、尹志勇师兄的慷慨纾难、林洋师兄的才高八斗、隋璐明同学的质朴踏实、刘小砚同学的优雅聪慧都让我求学期间获益颇丰！

　　不忘昨日的来路，认清明日的去向。褪去学生时代的稚嫩与青涩，在崭新的人生舞台，不忘来时的初心，牢记肩头的使命，满载爱与期待，奋斗更美好的人生！

　　小 Orange，期待你的到来！

2022 年 7 月 1 日于羊城